素质教育系列教材

礼仪修养通识教程

林丹彤　编著

电子工业出版社
Publishing House of Electronics Industry
北京·BEIJING

内 容 简 介

本书主要内容如下：第一章介绍礼仪修养概述，第二章介绍个人礼仪修养，第三～九章介绍具体的礼仪，包括交际礼仪、公共场所礼仪、拜访与接待礼仪、餐饮礼仪与饮食文化、大学生礼仪、初涉职场的礼仪修养、专题活动礼仪，第十章介绍中国传统礼俗，第十一章介绍其他国家礼俗。本书适合作为各类院校学生的礼仪修养课程用书，也可以作为社会人员自学社交礼仪的读物。

未经许可，不得以任何方式复制或抄袭本书之部分或全部内容。
版权所有，侵权必究。

图书在版编目（CIP）数据

礼仪修养通识教程 / 林丹彤编著. —北京：电子工业出版社，2019.1（2024.7 重印）
ISBN 978-7-121-35433-5

Ⅰ．①礼… Ⅱ．①林… Ⅲ．①礼仪—高等学校—教材 Ⅳ．①K891.26

中国版本图书馆 CIP 数据核字（2018）第 286823 号

责任编辑：朱怀永　　　　文字编辑：李　静　　　　特约编辑：王　纲
印　　刷：北京虎彩文化传播有限公司
装　　订：北京虎彩文化传播有限公司
出版发行：电子工业出版社
　　　　　北京市海淀区万寿路 173 信箱　邮编 100036
开　　本：787×1092　1/16　印张：13.5　字数：345.6 千字
版　　次：2019 年 1 月第 1 版
印　　次：2024 年 7 月第 8 次印刷
定　　价：39.80 元

凡所购买电子工业出版社图书有缺损问题，请向购买书店调换。若书店售缺，请与本社发行部联系，联系及邮购电话：（010）88254888，88258888。
质量投诉请发邮件至 zlts@phei.com.cn，盗版侵权举报请发邮件至 dbqq@phei.com.cn。
本书咨询联系方式：（010）88254604，lijing@phei.com.cn。

前　言

礼仪是人类文明与进步的标志，但当前的应试教育和急功近利的价值取向造成大学生的礼仪修养与社会的要求形成强烈的反差。步入社会后不懂礼仪的"好人"不一定受欢迎，而缺乏基本素养而机械、教条地执行交际规范的则被视为矫情、虚伪……所以礼仪教育应该是从内到外的完整塑造。

从学科基础来看，礼仪涉及社会学、民俗学、心理学、伦理学、美学、行为学、语言学、公共关系学等，是一门综合性学科。但当前有关礼仪教育的书籍对于相关的内涵基础知识仅仅一带而过，甚至只字不提，这给礼仪教育造成了一定的片面性。有感于此，编者在参考大量有关资料的基础上编撰讲义，在教学和研究中不断修改完善，从而形成本书。本书的特点是兼顾知识性和操作性，可以帮助读者较快地掌握日常社交场所必须具备的礼节和仪式，又适当说明了这些礼仪存在的合理性，使读者知其然也知其所以然，从而能够自觉根据场合灵活应用。

本书的编写形式新颖，除导读、正文、案例和思考题外，还配有不少图片、视频和背景资料，部分资料以二维码的形式给出，极大地延展了本书的知识性和趣味性。本书适用于各类院校学生的素质教育，也可以作为自学社交礼仪的社科类普及读物。

本书的出版得到了电子科技大学中山学院教务处和教材科的鼎力支持，我的学生助理方晓宣协助整理了部分图文，南通工贸技师学院的顾蓓妍老师参与了本书的部分编写工作，策划编辑李静为本书的出版付出了辛勤劳动，在此一并表示感谢。编者在编写过程中参考了大量的书籍和网络资料，感谢这些作者，如果由于疏漏未能在参考文献中注明，敬请告知。最后，欢迎业界同仁和读者提出宝贵意见。

林丹彤

2018 年 5 月于中山

目 录

第一章　礼仪修养概述 ·· 1
　　一、礼仪的概念与特征 ·· 1
　　二、礼仪的原则与类别 ·· 3
　　三、礼仪的功能与习成 ·· 5
　　四、传统礼仪的起源与发展 ·· 7
　　【思考与练习】 ·· 9

第二章　个人礼仪修养 ·· 10
　　一、健康的审美观 ··· 11
　　二、仪容美 ··· 13
　　三、仪表美 ··· 18
　　四、仪态美 ··· 26
　　【思考与练习】 ··· 31
　　【表情和仪态练习】 ··· 32

第三章　交际礼仪 ·· 34
　　一、称呼礼仪 ··· 34
　　二、握手礼仪 ··· 39
　　三、介绍礼仪 ··· 41
　　四、名片礼仪 ··· 44
　　五、交谈礼仪 ··· 48
　　六、通信礼仪 ··· 57
　　【思考与练习】 ··· 64

第四章　公共场所礼仪 ·· 65
　　一、公共场所通用礼仪 ··· 65
　　二、特定公共场所礼仪 ··· 74
　　【思考与练习】 ··· 78

v

第五章 拜访与接待礼仪 ········· 80
一、拜访礼仪 ········· 80
二、迎送礼仪 ········· 83
三、馈赠礼仪 ········· 85
四、送花礼仪 ········· 91
【思考与练习】 ········· 93

第六章 餐饮礼仪与饮食文化 ········· 95
一、餐饮基本礼仪 ········· 95
二、中华饮食文化与中餐礼仪 ········· 106
三、西餐礼仪 ········· 114
四、自助餐礼仪 ········· 120
五、咖啡常识及饮用礼仪 ········· 123
六、茶文化与饮茶礼仪 ········· 126
七、酒文化与饮酒礼仪 ········· 135
【思考与练习】 ········· 139

第七章 大学生礼仪 ········· 140
一、大学生交往礼仪 ········· 140
二、大学生学习场所礼仪 ········· 141
三、大学生食宿礼仪 ········· 144
【思考与练习】 ········· 147

第八章 初涉职场的礼仪修养 ········· 149
一、求职准备 ········· 149
二、面试礼仪及技巧 ········· 156
三、面试禁忌 ········· 161
四、职场相处之道 ········· 162
【思考与练习】 ········· 164

第九章 专题活动礼仪 ········· 165
一、开业典礼 ········· 165
二、庆典仪式 ········· 170
三、剪彩仪式 ········· 172
四、交接仪式 ········· 175
五、会见会谈礼仪 ········· 177
六、签约仪式 ········· 180
【思考与练习】 ········· 182

第十章　中国传统礼俗 ·· 184
【思考与练习】 ·· 187

第十一章　其他国家礼俗 ·· 188
　　一、亚洲主要国家礼俗 ··· 188
　　二、欧洲主要国家礼俗 ··· 193
　　三、美洲主要国家礼俗 ··· 198
　　四、非洲主要国家礼俗 ··· 201
　　五、大洋洲主要国家礼俗 ·· 203
　　【思考与练习】 ·· 204

主要参考文献 ··· 205

第一章 礼仪修养概述

 主要内容

- 礼仪的概念与特征
- 礼仪的原则与类别
- 礼仪的功能与习成
- 传统礼仪的起源与发展

 二维码链接

社交心理素质的自我检测
沿用至今的部分古代礼仪（鞠躬、抱拳、作揖）
被抛弃的古代礼仪——三书六礼

社交心理素质的自我检测

沿用至今的古代礼仪（鞠躬、抱拳、作揖）

被抛弃的古代礼仪——三书六礼

礼仪，作为人类的一种文化，规范人们的行为。从一个人对它掌握的程度，可以看出这个人的文明与教养的程度；从一个国家或一个民族对它的重视程度，可以看出这个国家或民族文明与进步的程度。

本章主要介绍礼仪的一些基础知识，包括礼仪的概念、特征、原则及如何学习礼仪等。

一、礼仪的概念与特征

（一）礼仪的概念

礼仪是体现一定社会道德观念和风俗习惯，规范人们礼节动作、仪容举止的行为准则。从现代含义上看，"礼"是指以一定的社会道德观念和风俗习惯为基础所形成的大家共同遵守的行为准则，而"仪"则是指人们的仪容举止、神态服饰和按照礼节进行的仪式。很明显，礼仪是内容与形式相统一的人际交往规范，能体现一个社会的文明程度。

1. 礼貌

礼貌，是指人们在日常生活交往中表现的谦虚、恭敬、友好的品质。礼貌体现一个时代的风尚和道德规范，体现人们的文化层次、文明程度和道德水平。虽然世界各地在礼貌的表现形式上有所不同，但其尊敬、友爱的本质是一致的。例如，熟人见面打招呼，尽管方式不同、问候的语言不同，但向对方表示友好的目的是相同的。因此，在生活中注意自己的修养，懂得体谅别人、愿意帮助别人、知道尊重别人的人，就是有礼貌的人。

2. 礼节

礼节，是日常生活和工作中表达对别人的尊敬、问候、祝愿所用的规则和形式，属于外在的行为规范，是礼貌在语言、行为、仪态等方面的具体体现。如乘车时为了表示对老年人的尊重、对病人的关心，通过让座这一行为表现出来；待人时，为了表示对前辈、师长、上级的尊敬，通过谦虚的态度，认真听他们的谈话表现出来。另外，在得到别人帮助的时候说声"谢谢"，有客人到家里拜访时热情招待等，这些礼节都是对礼貌很好的展示。

3. 礼仪

所谓礼仪，是对礼节、仪式的统称，是指在人际交往、社会生活中用一整套约定俗成的程序、方式来表现律己、敬人的完整行为。特别是在比较正式或重大事件的活动程序中能体现礼仪的特点，例如，开学典礼、毕业典礼、婚礼等，都有特定的程式，用以营造庄重、喜庆等氛围。从心理学角度看，仪式感越强，对人的心理影响越大。

礼仪与礼貌、礼节三者之间既有联系又有区别，礼貌强调个人的道德品质，而礼节侧重于这种品质的外在表现形式。所以，礼貌和礼节多指交往过程中的个别行为，而礼仪是由一系列的、具体的礼节所构成的。因此，我们强调一个人要有修养、懂礼貌，这是实施礼节、礼仪的内在思想基础。如果不会采用适当的礼节来表达对别人的友好和尊敬，与人交往时往往会显得很尴尬，甚至会造成对方的误解。另外，只注意某些礼节而忽视了另外一些礼节，也达不到礼仪的要求。

（二）礼仪的特征

1. 传承性

任何国家的礼仪规范都不是一成不变的，而是在本国传统礼仪的基础上继承、发展起来的。离开了对本国、本民族既往礼仪成果的传承、扬弃，就不可能形成当代礼仪，这就是礼仪传承性的特定含义。我国古代流传至今的尊师敬老、父慈子孝、礼尚往来等反映民族美德的礼仪，还会世世代代相传，发扬光大。当然，中国传统礼仪是在漫长的阶级社会中形成的，主要体现了等级制度的社交规范，是阶级社会的统治者为维护自身高高在上的地位，强迫臣民们遵守的，对其中不符合现代平等交往原则的部分礼仪，应该加以甄别和摒弃。礼仪的传承性说明了礼仪是人类长期积累的财富，是社会进步和文明的标志之一。

2. 发展性

礼仪作为一种文化现象，是人们在长期的共同生活和相互交往中逐渐形成的，它以风俗、习惯和传统等形式固定下来，并随着人类文明的进程而不断完善。某一阶段被公认的礼仪规范随着历史的发展，有的被肯定、有的被否定、有的被发扬、有的被抛弃。

同时，礼仪文化随着时代的不断进步而时刻发生变化。例如，现代人利用手机短信、微信和 E-mail 等形式来表示节日的问候和祝福，这就是时代进步所带来的新生事物。另外，随着对外交往的不断扩大和各国政治、经济、思想、文化等诸多因素的互相渗透与融合，我国的传统礼仪自然也被赋予了许多新鲜内容，礼仪规范也更加国际化，礼仪变革向着符合国际惯例的方向发展。如何形成一套既富有我国传统特色，又符合国际惯例的礼仪规范，已成为人们必须重视的问题。这种礼仪文化的培养和形成有助于国家走向世界，更好地与国际接轨。

3. 差异性

不同的文化背景孕育出不同的礼仪。我国幅员辽阔，且是一个多民族国家，不同民族、不同地域的风俗习惯和礼仪文化各有千秋。例如，北京和广州两地摆婚宴的时间就不一样，广州流行的是晚餐举行婚宴，而北京则是中午，二婚才是晚上设宴。

礼仪的差异性更多地体现在不同国家之间，尤其是不同语言、不同宗教信仰的国家之间。例如，见面问候致意的形式就有很多种，有脱帽点头致意的，有拥抱的，有双手合十的，有手抚胸口的，有用嘴碰脸颊的，更多的还是挥手致意。这些礼仪形式的差异均源于各地风俗的差异，具有约定俗成的影响力。有些地方的礼仪习俗甚至千奇百怪。例如，同样的手势，在不同的国家所代表的含义可能完全不同。

> **案例："OK"手势**
>
> 一位美国工程师被派到他们在德国收购的分公司，和一位德国工程师在一台机器上并肩作战。当这个美国工程师提出建议改善新机器时，那位德国工程师表示同意，并问美国工程师自己这样做是否正确。这个美国工程师用"OK"手势予以回答。结果，那位德国工程师放下工具就走开了，并拒绝和这位美国工程师进一步交流。后来这个美国人从他的一位主管那里了解到，这个手势对德国人意味着"你是个屁眼儿"。
>
> （资料来源：根据百度网社交礼仪课程案例整理）

4. 适应性

一般来说，礼仪的运用是规范的，但是在社交活动中必须根据不同的对象、不同的场合灵活运用相应的礼仪。具体注意以下几点。

第一，适应对象。入乡随俗，尊重交往对象的国情、民族、文化背景。

第二，适应关系。礼仪交往应与对方的身份以及彼此之间的亲密程度保持一致。通常对待关系密切者或身份一般者，礼仪可以相对简单；而对待关系疏远者或身份较高者，礼仪应比较讲究。

第三，适应场合。正式场合，礼仪要规范；非正式场合，礼仪可以简单。

二、礼仪的原则与类别

（一）礼仪的主要类别

礼仪的内容很广泛，它涉及社会生活的各个方面，民族、宗教、工作、学习、生活等各个不同的领域均有特定的礼仪要求。因此，礼仪的内容多种多样。依据适用对象、适用范围的不同，礼仪大致可以分为七个类别。

1. 政务礼仪

政务礼仪指国家机关工作人员、国家公务员在执行国家公务、协调各方面关系时应遵循的行为规范。

2. 商务礼仪

商务礼仪指商务人员在商务活动中应遵循的行为规范。

3. 服务礼仪

服务礼仪指服务行业的从业人员在为顾客服务过程中应遵循的行为规范。

4. 社交礼仪

社交礼仪指社会成员之间交往，以及人们在公共场所应遵循的行为规范。

5. 外事礼仪

外事礼仪是指涉外交往中应遵循的礼节。外事行为规范有国际惯例，也有各国根据自己的具体情况制定的有关规则。外事礼仪是国际交往中必须掌握的礼仪风俗。遵守国际惯例，尊重所在国的礼仪习俗，是国际交往的重要原则之一。

6. 习俗礼仪

习俗礼仪是指与各民族传统风俗习惯有关的礼仪。

7. 宗教礼仪

宗教礼仪是指各种宗教特有的规范准则，主要有佛教礼仪、道教礼仪、基督教礼仪、伊斯兰教礼仪等。

（二）礼仪的原则

尽管礼仪种类繁多，但是却有一些共同的基本原则，掌握了这些基本原则，即使在一些特殊场合也不会出大的差错。

1. 体谅他人

懂得换位思考，谨记"己所不欲，勿施于人"，时时处处为他人着想的人自然会受大家欢迎。

2. 入乡随俗

"十里不同风，百里不同俗"。与来自不同地区、不同文化背景的人交往，要注意了解对方的风俗习惯和禁忌，到外地出访旅游更应如此。这不仅是礼仪的需要，更是为了避免因文化差异而造成不必要的误会。

> **案例：中外有别的"老"字**
>
> 有位酒店员工赞扬一位 82 岁高龄的澳大利亚老太太来华旅游："你这么大年纪，还到中国旅游学习，真不简单啊！"按照中国人的文化心态，得到如此恭维，定会眉开眼笑，可是这位异国老妇一听，脸色晴转多云，颇为不快地说："是吗？你认为老人出国旅游是奇怪的事情吗？"这使那位本以为以此赞扬可博取老人欢心的员工自讨没趣。为什么会这样？
>
> **分析：** 在许多西方国家，老人讲究独立，不愿别人称自己老，不喜欢别人恭维自己的高龄。西方人特别是上了年纪的人忌讳别人称呼其"老"字。

3. 尊者决定法则

身份地位高的人拥有决定权，这是常规。落实到社交场合也是如此，如初相识的两人所行的见面礼，究竟是点头致意还是握手甚至拥抱，应当由身份较高的一方决定，尊者首先示意，另一方随之配合；又如通电话时，也是由尊者先挂断电话。所以弄清什么人是社交场合的尊者是比较重要的。一般来说，社交场合年长者、女士是尊者，工作场合职位高者是尊者。

4. 平等

平等体现在两个方面。首先，与人交往，应该平等相待，交往者既不应该因为自己年长、地位高而骄傲、自负、盛气凌人，也不必因为自己年轻、地位低而自卑、自惭、卑躬屈膝。要彬彬有礼，但不低三下四；要热情大方，但不轻浮谄媚；要自尊，但不自负；要坦诚，但不粗鲁。

此外，对待交往对象必须一视同仁，给予同等程度的礼遇。不应该因为交往对象彼此之间在年龄、性别、种族、文化、职业、身份、地位等方面有所不同而区别对待，但允许根据不同的交往对象，采取不同的具体方法。

三、礼仪的功能与习成

（一）礼仪的功能

礼仪之所以被提倡，之所以受到社会各界的普遍重视，是因为它具有多重功能和特征，它不仅有助于个人，更有助于社会。礼仪的功能体现在以下几个方面。

1. 塑造形象

礼仪能帮助人们更好地、更规范地设计和维护个人形象，更充分地展示个人的良好教养与优雅的风度。如果一个人重视美化仪容、仪表、举止、服饰、谈吐、教养等方面，在交往中以礼待人，人际关系将会更加和谐，生活将变得更加温馨。

在社交活动中，人们常常根据对方的外貌、举止、表情、谈吐、服饰等表面特征，给对方做出初步评价和形成某种印象，即第一印象。这种人际认知的第一印象虽然具有表面性和片面性，但一旦形成以后，往往使人产生某种心理定势，对人际交往的成败和人际关系融洽与否起着重要作用。

在社会交往中，每个人都要在不同的场合扮演不同的角色。有时以个人身份待人接物，此时表现的纯粹是个人形象；有时则是以个人形式代表组织或单位与他人或单位交往，此时表现的则是组织或单位的形象；而在涉外交往中个人的言谈举止则被外界视为一个民族、一个国家的形象。

2. 人际沟通

"世事洞明皆学问，人情练达即文章"，这句话其实说的就是人际交往技能的重要性。一个人只要同其他人交往，就不能不讲礼仪。因为礼仪是整个社会的调解器、润滑剂，它不仅有协调各类人际关系的作用，还能为人们定位社会角色。运用礼仪除了可以使个人在交际活动中充满自信、胸有成竹、处变不惊，还能帮助人们更好地向交际对象表达自己的尊重、敬佩、友好与善意，增进彼此之间的了解和信任。从心理学的角度来讲，人都有自尊的需要，都希望得到他人的尊重。在交往中，他人对自己周到的礼仪能很好地满足自尊的需要，与此同时就会产生正面的情感体验，从而营造良好的交往气氛，架起沟通的桥梁。所以，从这个意义上来说，礼仪是人际交往的"通行证"。反之，如果在人际交往中表现得粗鲁无礼，就是对他人的不敬，这就会使人产生负面情感，从而阻塞人际沟通的心理通道，严重的还会酿成事端。

3. 协调关系

社会文明的发展程度决定着礼仪的发展水平。同时，礼仪也对社会风气产生广泛、持久和深刻的影响。在一个社会里，讲礼仪的人越多，人际关系就会越和谐。

礼仪讲究的是自我约束、尊重他人。在这个前提下，人们相互了解、相互合作，自觉地认识和处理个人与他人、个人与社会的关系，表现良好的社会公德和职业道德，有助于形成良好的社会风气，并创造和谐、温馨的人际环境和社会环境。礼仪通过评价、劝阻、示范、熏陶、感染等教育形式来纠正人们不正确的行为习惯，倡导人们按礼仪规范的要求行事，从而协调人际关系，维护社会生活的有效运转。

（二）礼仪的习成

1. 知行合一

礼仪本身是一门应用学科，因此学习礼仪，必须坚持知行合一。礼仪涉及的内容十分广泛且复杂，仅仅了解是不够的，关键是要去实践，而且需要反反复复地实践。例如，这一次在某一个场合自己做得不好，就应该加以总结并在下一次遇到同样情况时做得好些，经过多次实践，就会成为一种自然而然的习惯。一个人只有在与别人的交往实践中，通过比较和总结，才能认识到自己哪些行为是符合礼仪规范要求的，哪些是不符合礼仪规范要求的。总之，学习礼仪必须依赖于实践，学会的礼仪必须应用于实践。

2. 内外兼修

内外兼修是学习礼仪时一个不可忽视的问题。要真正成为一个社交活动中的成功人士，仅仅记下书上所讲的内容是不够的。有人说，礼仪是漂亮的包装。这是对礼仪极大的误解。

真正的礼仪追求的是内在"真善美"与外在优雅的举止风度、优美自然的谈吐、大方得体的个人形象的统一，偏重或忽视任何一个方面都是不正确的。强调内在修养，但却缺乏得体的外在形象和言谈举止，甚至衣冠不整、小动作不断，这样怎么会让人喜欢？而把自己打扮得整洁时尚，却没有较高的修养和气质，也不会让别人有好感。所以，要提倡内外兼修，两个方面相辅相成。

3. 灵活应用，随机应变

社会生活本身是灵活多变的。从书本上学到的礼仪知识具有一定的概括性和理论性，而在真正的交往中，你会发觉由于人与人之间的不同、场合与场合之间的差别，需要做出一些适当的、非常规的变动。到不同的地方要尊重当地的风俗礼仪，对待不同身份的交往对象应该有相应的尺度，礼仪应用要求做到"恰如其分"，避免生搬硬套。

四、传统礼仪的起源与发展

礼仪是人类文明的产物，是伴随着社会进步而逐渐形成和发展起来的。礼仪的形成和发展，经历了一个从无到有、从低级到高级的过程。了解礼仪的起源和发展对于构建和完善新时代礼仪规范意义重大。

（一）礼仪的起源

首先，礼仪源于礼，礼是为维持自然"人伦秩序"而产生的。在群体生活中，男女有别，老少有异，这既是一种天然的人伦秩序，又是一种需要被所有成员共同认定、保证和维护的社会秩序。例如，在刀耕火种时代，人类已知道应有的礼貌。那时，人类的祖先以打猎为主，世界对他们来说充满着危险。因此，当不同部落的人相遇时，如果双方都怀着善意，便伸出一只手来，手心向前，向对方表示自己手中没有石头或其他武器，走近之后，两人互相摸摸右手，以示友好。这一源于安全交往需要的动作沿袭下来，成为今天人们表示友好的握手礼。礼的产生除用作巩固社会组织和加强部落之间联系的手段外，还为"止欲制乱"而制礼。

其次，礼起源于原始的宗教祭祀活动。《说文》中解释："礼，履也，所以事神，致福也。"这就是说，"礼"是祈福祭神的一种仪式。由于原始人类认识自然的能力很低，面对变幻莫测的自然现象和无法驾驭的自然力量，原始人往往迷惑不解，从而对自然界充满了神秘莫测感和恐惧敬畏感，于是便产生了"万物有灵"的原始宗教观念。在这种观念的影响下，原始人开始一厢情愿地用原始宗教仪式等手段来影响神灵。祭祀活动就是人类表达这种崇拜之意而举行的仪式。后来，人类的自然崇拜逐渐扩展到人类自身，开始转移到那些在与自然界的斗争中创造奇迹，做出贡献的"英雄"身上。如中国古代"教民农桑的伏羲氏""尝百草的神农氏""治水有功的大禹"等。他们都成了人类心目中的神，理所当然地受到了人类的祭祀、赞颂等。随后，祖先也成为人类崇拜的对象。于是原始人虔诚地向这些"神灵"和"祖先"打恭跪拜，表示崇拜、祈祷、致福。祭祀活动日益频繁，原始人的"礼"便产生了。

（二）传统礼仪的形成期

夏商周三代是我国礼仪的形成期。这一时期，我国进入奴隶制社会，生产力比原始社会大大提高，社会财富越来越丰富，社会文化也有了长足的进步。奴隶主阶级为了巩固国家的统治，维护自身的利益，编制了较为完备的王朝礼乐制度，提出了许多重要的礼仪概念，成为影响后世的礼仪文化传统。

《论语·为政》记载："殷因于夏礼，所损益可知也。周因于殷礼，所损益可知也。其或继周者，虽百世可知也。"诚如孔子所言，后代的礼通常是前代的礼的继承和发展，而在悠久的中国古代历史里，"周礼"具有深远的影响力。

周礼不仅包括人们的日常行为规范，还包括国家政治、经济、军事、外交等各个方面的典章制度。礼具有法律的性质和作用，从个人到国家的一切行动都必须纳入它的轨道，以体现"上下有义，贵贱有分，长幼有序，贫富有度"的阶级社会原则，从而维护周代的王朝统治。《周礼》是第一部有关礼的专著，它与后世编撰的《仪礼》和《礼记》一起，合称"三礼"，它们可谓涵盖各种礼仪制度的百科全书。

周礼包罗万象，极其庞杂。按照性质和内容划分，其可分为五大类，称为"五礼"，分别指吉礼、凶礼、军礼、宾礼和嘉礼。吉礼是与祭祖有关的礼仪，包括祭天、祭地、祭人鬼，以此祈福。所谓"礼莫重于祭"，在五礼之中，吉礼也是最重要的。凶礼是与葬丧灾变有关的礼仪。例如，对不同关系的人的死亡，需表示不同程度的哀悼；某国遭遇自然灾害，天子和群臣需派遣使者表示慰问。军礼是与军事有关的礼仪，包括征伐、狩猎、检校户口、营建工程及勘定疆界等。宾礼是与外交有关的礼仪，比如：诸侯朝见天子，天子聘诸侯，或者诸侯会盟。嘉礼则是用来协调人际关系、沟通感情的礼仪，是饮宴婚冠、节庆活动方面的礼节仪式，嘉是美、善的意思。后代的帝王登极、太后垂帘、帝王圣诞、立储册封、帝王巡狩等，也属嘉礼。嘉礼主要内容有六：一曰饮食，二曰婚冠，三曰宾射，四曰飨燕，五曰脤膰，六曰庆贺。嘉礼的用意在于亲和万民，其中，饮食礼用以敦睦宗族兄弟，婚冠礼用以对成年男女表示祝贺，宾射礼用以亲近故旧朋友，飨燕礼用以亲近四方宾客，脤膰礼用以亲兄弟之国，庆贺礼则用在国有福事时。

周礼便是以方方面面的礼仪形式来组织王朝的社会生活，确认人民的等级身份的。它的内容和形式与五帝、夏、商时代一脉相承，"五礼"更是成为典章制度而为后世继承，一直延续到20世纪初。

（三）传统礼仪的变革期

春秋战国时代是我国礼仪的变革期。这一时期，经济形态发生变化，土地国有制瓦解，土地私有制产生，同时各诸侯国势力增强，东周王朝无力以传统的礼乐制度对之加以约束，于是出现了"礼崩乐坏"的局面。

春秋战国时代，士阶层异峰突起，学术界百家争鸣。以孔子为代表的儒家学者系统地研究了礼的起源、本质和功能，全面地解释了与等级社会配套的礼仪规范和道德义务。儒家学者认为社会纷乱源自物欲横流、名分紊乱，要匡正时弊，必须重建周礼的权威。孔子非常推崇周代的礼制，认为"克己复礼为仁"，要求以周礼来约束人的一切行为。"非礼勿视，非礼勿听，非礼勿言，非礼勿动"（《论语·颜渊》）。可见，孔子对于礼的观点具有保守倾向。而在春秋战国时代，旧式的具有法律性质的礼不再符合时代的需要，随着各国制定成文法，礼当中关于典章制度的内容越来越少，更多地呈现为道德原则，以及体现道德原则的繁复形式。

（四）传统礼仪的强化和衰弱期

从秦汉时期到清朝末年，是我国封建礼仪从逐渐强化又走向衰弱的时期。

公元前221年，秦始皇统一中国，建立了中国历史上第一个中央集权封建王朝。秦朝以法治国，严刑峻法，施行过度，二世而亡。汉初采用黄老学说，讲求无为，与民休息，有利于国家的经济恢复，却不利于王朝的集权统治。汉武帝时代，封建君主专制制度进一步理论化、系统化。董仲舒提出"天人感应"学说，使皇权神圣化，并将"三纲五常"定为儒家礼仪的核心，使封建社会的人伦道德关系更加规范化。董仲舒的学说为皇权采纳后，儒家礼教推行全国，对后世产生了巨大的影响。以礼治国，成为中国历代封建王朝的核心统治政策。

从积极的方面看，礼限定了社会成员的地位、责任和义务，使之行动有节，从而保障了社会的和谐和国家的安定。从消极的方面看，礼压抑了人的主体意志，使个体丧失主动性和创造力，妨碍了人际间的平等交往、人性的自由舒张和思想的蓬勃发展。

【思考与练习】

1. 什么是社交礼仪？社交礼仪有哪些特征？
2. 社交礼仪有何作用？
3. 你认为怎样才能学好社交礼仪？
4. 举出两个例子说明为什么学习礼仪要求做到"灵活运用、随机应变"？

第二章　个人礼仪修养

主要内容

- 健康的审美观
- 仪容美
- 仪表美
- 仪态美

二维码链接

周总理的"镜铭"
内在美
外在美
仪态礼仪视频：酒店礼仪

周总理的"镜铭"

内在美

外在美

仪态礼仪视频：酒店礼仪

现代社会中，有修养的人在事业、生活中表现出良好的个性，受到人们的欢迎。总的来说，他们具有以下十大特征。

（1）外不殊俗，内不失正。注重仪容仪表，符合大众审美观；注重内在修养，不失正气、正义和公正。

（2）内外兼修，知书达理。拥有一定的学历和经验，明白事理。

（3）本性善良，乐于助人。对他人慷慨大方，救人于危困之中。

（4）悦纳自己，善待他人。对自己充满信心，用欣赏的眼光看待周围的人和事。

（5）人敬我一尺，我敬人一丈。对待他人谦虚有礼，体现出诚挚的态度。

（6）己所不欲，不施于人。将心比心，自己不想要的东西和行为，不会强加于他人身上。

（7）崇上礼下，注重礼节。尊重上司，礼待下属，与他人和谐相处。

（8）勇于担当，有责任感。敢于直面困难，不推诿。

（9）乐于分享，不斤斤计较。不计较个人得失，不会无限膨胀私欲。

（10）谈吐有节，态度和蔼。同别人谈话的时候，总是先听完对方的发言，然后阐述自己的见解或补充对方的看法和意见。即使自己不能接受对方的观点，也不当面指责对方"胡说八道"，而是心平气和，以理服人。

一、健康的审美观

何谓"美"？美是由内而外的。

美=内在美+外在美=（健康的体质+良好的气质）+符合普遍审美规律的外形

（一）内在美

真诚、善良、谦和、勇敢、自信、好学，这些优良品德是内在美的必要组成。如何培养内在美呢？

相信真善美的存在并以此要求自己。可以风趣幽默、灵活处世，但必须坚守道德底线。经常阅读好书，所谓"腹有诗书气自华"。学习一种乐器或书法、绘画，或至少会欣赏一些艺术形式，提升艺术修养。保持好奇心，勇于接受挑战。

（二）外在美

1. 头、面部

头发亮泽有弹性，长度不超过身高的 1/3，过长会显得比例失调，头发长度超过身高的 1/3 应盘起。肤色红润有光泽，肌肤有弹性。眼睛大而有神，五官端正并与脸型配合协调。女性标准面部比例如图 2-1 所示。

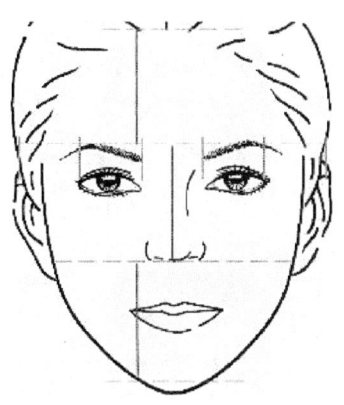

图 2-1　女性标准面部比例

2. 形体

由于时代、民族、地域、审美心理不同，对高矮胖瘦的看法也不尽相同。

1）胖瘦

唐朝的统治阶级为显示富足，以体胖为美。宋代贵族女子足不出户，身若轻柳、指如葱根，以纤弱为美；男子则是玉树临风，以单薄清瘦为美。我国现代人则不论男女皆以苗条为美。那怎样才算胖瘦适宜呢？一般公认的测算公式是

$$体质指数（BMI）=体重（kg）/身高（m）^2$$

体质指数分级情况见表 2-1。

表 2-1　体质指数分级

组别	BMI
0（正常）	19.0～24.9
Ⅰ（Ⅰ度肥胖）	25.0～29.9
Ⅱ（Ⅱ度肥胖）	30.0～40.0
Ⅲ（Ⅲ度肥胖）	>40.0

但是，对那些竞技体育的运动员和健身者来说，高 BMI 值并不一定意味着健康状况不佳；相反，他们的 BMI 值之所以高，是因为他们增加的是肌肉的重量，并不是脂肪。另外，孕妇和哺乳期的女性也应除外。正在发育的小孩和老年人也不适用 BMI 值的测算方法。

2）高矮

以高为美还是以矮为美也受民族、地区的影响。如美国男士 1.80m 属高矮适中，而爱斯基摩人 1.50m 就算高个子。我国东北地区男士身高 1.75～1.80m 算适中，而南方地区男士身高 1.70～1.75m 就算适中，所以这些标准也不是绝对的。

3）形体美的基本原则——比例协调

形体美的总原则是身体各部分之间的比例恰当，整体无粗笨、虚胖或过分纤细的感觉，重心平衡，比例协调。男士以肩宽，胸肌发达，肌肉线条明显结实，上体呈"V"形为美；女士以身体侧视呈"S"形，玉手柔软，十指纤长为美。

具体标准：肌肉强健协调，富有弹性，皮下脂肪适当。双肩对称，男宽女圆，微显下削，双肩宽度是头部宽度的 2.1 倍以上。脊柱正视呈直线，侧视具有正常的体形曲线，肩胛骨无翼状隆起和上翻的感觉。腰细而有力，微呈圆柱形，腹部扁平。骨盆发育正常，关节不粗大突出，臀部鼓实微呈上翘。如果是女性，理想的腰臀比例为 0.67～0.80。玛丽莲·梦露、黛安娜、奥黛丽·赫本、黛米·摩尔和辛迪·克劳馥这些名人就一直保持着 0.7 的完美腰臀比例。如果是男性，这一比例为 0.85～0.95。双臂骨肉均衡，腿型修长，大腿曲线柔和，小腿腓肠肌稍突出，足弓高。

从人体美学来讲，净身长 7 个头是最接近于普通人的比例。而美感最强的比例是净身长 7.5～8 个头，净身长 7.5 个头是好看的比例，而净身长 8 个头是黄金比例，即所谓的九头（脸）身。东亚人的身材平均比例是 6.75 个头左右，欧美人是 7.15 个头左右，男女平均比例差不多。腿长占身高的比例平均为 44%，最佳是 48%～51%。

现在有些女性追求身材苗条，美容界又提出了一个"身高体重最佳比例"：

150～155cm　41～45kg

155～160cm　45～48kg

160～165cm　48～52kg

165～170cm　52～56kg

170～175cm　56～60kg

175～180cm　60～64kg

180～185cm　64～68kg

以纤瘦为美的人可执行"美容"标准，以健壮为美的人可执行"体质指数"标准，只要感觉身体健康有力量就可以。

二、仪容美

（一）仪容的概念

仪容，指人的容貌，由发式、面容及人体所有未被服饰遮掩的肌肤构成，是个人仪表的基本内容。就个人的整体形象而言，它反映一个人的精神面貌、朝气和活力，是传达给接触对象感官最直接、最生动的第一信息。

容貌是天生的，天生丽质也好，相貌平平也好，随着岁月的流逝，任何人也难以青春永驻。所以，在天生的容貌基础上，要提倡科学保养、积极美容。长期养护、适当美化，可以使人的容貌改观。"三分模样，七分打扮"，说的就是这个道理。

（二）容貌的保养及修饰

保养是为了健康，修饰是为了使容貌符合或优于普遍的审美标准。除对头发、面容的修饰外，还包括个人卫生，要做到身上无异物、无异味等。

首先，保持良好的心态与充足的睡眠，有助于人体正常的新陈代谢，使头发和肌肤富有光泽，正所谓"笑一笑，十年少；愁一愁，白了头"。其次，注意科学合理的饮食和运动，多喝水，多吃水果蔬菜，不酗酒，不抽烟，都有益于美容。最后，适当参加户外活动，以促进表皮细胞的新陈代谢。出汗有助于体内有害物质的排泄，适度"日光浴"也有益于皮肤健康。

1. 头发

一个人的风貌呈现在别人眼前时，头部首先被人注意到，直接影响留给别人的印象。整洁大方的发型会给人留下神清气爽的美感，而蓬头垢面难免使人产生萎靡邋遢的感觉。头发整洁、发型得体是美发的基本要求。

1）头发护理

头发要保持整洁、健康、无异味。

（1）及时洗护。洗发宜用40℃左右的温水。洗发时，要用手指肚轻轻揉搓，不能用指甲抓头皮。洗发水在头上停留的时间越短越好，湿发自然风干对发质最有益。可在洗发之后根据头发的受损程度选择不同的护发产品，但使用不能太过频繁，每周1~2次比较合适。

（2）认真梳理。经常梳头相当于按摩，可有效促进头部血液循环。梳头首先要选一把好梳子，以牛角梳、玉梳、木梳为佳。尽量不用塑料梳子，用这种梳子梳理头发时容易起静电，会破坏头发组织。梳头时不要用力过猛，避免损伤、拉断头发。梳头次数太多，会过分刺激头皮，新的研究表明，发丝不宜受到过分摩擦，因此梳头每次不超过50下。

（3）经常修剪。除洗护外，头发应该经常修剪，尤其是短发，每月应修剪1~2次。留长发的女士应将枯黄、开叉的发梢剪掉，保持头发美观。

（4）谨慎烫发、染发。烫发、染发都会对头发造成一定伤害，因此要慎重，把握好分寸。同时要重视烫染后的护理，否则不仅会损伤头发，还有损自己的形象。

2）发型的选择

发型的选择要考虑自身发质、年龄、职业、身材、脸型、时尚等因素，做到自然、大方、美观。

（1）从发质来看，直而硬的头发容易修剪整齐，应以修剪技巧为主，避免花样复杂；细而软的头发容易整理成型，适合小卷曲的波浪式发型。

（2）从年龄来看，少年以自然美为主，不宜烫发；青年人长、中、短发均可；中年人宜选择整洁简单、线条柔和的发型；老年人宜选择庄重、朴实大方的发型。

（3）从个头来看，高瘦型宜梳长发、直发或大波浪卷发，高大型宜梳短直发、大波浪卷或盘发等，矮小型宜梳超短式或盘发，矮胖型宜梳运动式或盘发等。

（4）从脸型来看，圆形脸宜额前头发高梳，两边遮住两颊；方形脸可以刘海遮额，两边遮颊；长形脸以刘海遮颊，两边蓬松外翻为宜；三角形脸可以刘海遮颊，双耳之上头发厚，双耳之下头发薄；倒三角形脸可露出前额，双耳之下头发厚，以不对称式发式为宜。

2. 面部基本护理

面容是仪容里最引人注目之处，脸面对人的自尊心具有无与伦比的重要性，男士要养成每日剃须修面的好习惯，女士在保养护理方面应更为讲究。

1）洁肤

温水洗脸，选择适合自己的洁肤产品，鼻头、下巴、额头这些容易生成黑头的地方，可多按摩一会。不要忽略颈部的清洁，清洁时要从下往上按摩，有助于防止颈部皮肤松弛。按摩完毕后尽量使用流水，一边冲洗一边用指肚顺着皮肤纹理清洗会更干净。用干松毛巾轻轻擦干水珠，千万不要用粗糙的毛巾使劲搓揉面部。最后用冷水拍拍面部，长期坚持能增强皮肤的抵抗能力。除每日1～2次的日常洁肤外，有条件的每周还可以用面膜进行一次深层清洁，可彻底清除污垢。

2）爽肤

爽肤水的作用在于再次清洁以恢复肌肤表面的酸碱值，并调理角质层，使肌肤更好地吸收营养，为使用保养品做准备。注意在选择爽肤水时摇一摇瓶身，如果出现很多很细的泡沫但很快就消失了，说明其中含有酒精。这类爽肤水偶尔使用可以起到消炎的作用，但是不要长期使用，因为酒精挥发时会带走皮肤中的水分，从而破坏皮肤中的蛋白质，加速皮肤老化。

3）润肤

爽肤后还应为肌肤补充营养，白天用日霜，夜间用晚霜，眼周使用眼霜。一般来说，润肤油和润肤霜比较适合冬天使用，润肤露则比较适合全年使用。使用防晒霜来阻挡日晒很重要，提倡全年防晒。

3. 五官四肢修饰的具体要求

1）眼睛

眼睛是人际交往中被他人注视最多的地方，自然是修饰面容的首要之处。

（1）保洁。眼部分泌物要及时清除。若眼睛患有传染病，应自觉回避社交活动。

（2）修眉。若感到自己的眉形不佳，可对其进行必要的修饰。但不提倡文眉，更不允许剃去所有眉毛。此外，文面、文身一般也在禁止之列。出入正规场合较多者，欲文身时应三思。

（3）眼镜。若有必要，可佩戴眼镜。戴眼镜不仅要美观、舒适、方便、安全，而且还应经常对其进行揩拭或清洗。在社交场合与工作场合，按惯例不应戴太阳镜，免得给人以拒人千里之外之感。

2）嘴巴

（1）口腔。牙齿洁白，口腔无味，是基本要求。要做到这一点，一是在饭后刷牙，没有条件刷牙时可采用漱口水和牙线清洁口腔和牙齿；二是一年至少洗牙一次；三是在重要应酬之前忌用烟、酒、葱、蒜、韭菜、薤头、腐乳之类气味刺鼻的东西。

（2）胡须。从前，男士蓄须是身份和个性的体现；现在，留长须的人很少了，喜欢蓄须的人要考虑工作是否允许，有的行业、岗位明文规定不能蓄须。已蓄须者，无论胡子长短，都要经常修剪，保持整洁卫生。未蓄须的成年人，切忌胡子拉碴地参加各种社交活动，这是很失礼的。

3）鼻子

保持鼻腔清洁，不要随处吸鼻子、擤鼻涕，不要在人前挖鼻孔。参加社交应酬之前，勿忘检查一下鼻毛是否长出鼻孔之外，如是应及时修剪。

4）耳朵

在洗澡、洗头、洗脸时，不要忘记清洗一下耳朵。必要时，还须清除耳孔之中的分泌物，但切忌在他人面前进行。有些人耳毛长得较快，甚至还会长出耳孔之外，应对其进行修剪。

5）脖颈

脖颈与头部相连，属于面容的自然延伸部分，要使之经常保持清洁卫生，尤其是脖后、耳后。

6）肩臂

在非常正式的政务、商务、服务、学术、外交活动场合，手臂尤其是肩部不应当裸露在衣服之外。

7）手指

指甲的长度以不超过手指指尖为宜，保持指甲的清洁，指甲缝中不能留有污垢；一般不要涂色彩怪异的指甲油，应以健康粉红色为主。

8）腿部

正式场合，男士不能暴露腿部。越是正式的场合，女士的裙子应越长；在庄严的场合，裙长应超过膝部。

9）脚

正式场合，脚不能暴露。

4. 适当化妆

拥有令人满意的肤色和长相固然可喜，如果欠佳可以通过饮食、按摩、化妆等方法，使之接近普遍的审美规律。

适当化妆是一个人气质、修养的体现，也是对交际对象的充分尊重。应当根据自己的身份地位、职业特点、个性气质、特定场合来选择不同的妆型，使妆扮适宜。

化妆总的原则是少而精，具体表现在适度、协调、富有个性等方面。例如，风华正茂的学生，青春靓丽，一般不必化妆，社交活动中化妆也未尝不可，但只能淡妆，切忌浓妆艳抹。职业女性，尤其是社交场合中的女士，就应化淡妆。

1）适度

除特殊场合外，一般的生活妆和工作妆均以淡妆为宜，要做到自然且没有明显的修饰痕迹，略施粉黛，扬长避短。

2）协调

面部化妆的色彩应该和服装一起进行整体考虑。服装的颜色往往是多种色彩的组合，在众多的色彩中，面积大的色块可以作为主色调，唇膏的颜色要与之配合，可以增强色彩的整体感和感染力。如果上衣与裙子或裤子是两种颜色，唇膏的色彩应与接近面部的上衣颜色相协调。

3）富有个性

化妆虽然有许多共性的规律，但也要因人而异，因形不同。化妆如果仅仅停留在描眉、涂眼影、抹口红上，那只能算是初级阶段，只是掌握了化妆的技术。而通过化妆对自我形象进行塑造，扬长避短，从外部形式上充分体现内在气质和性格，才是化妆的精髓，才是表现个性魅力的最高境界。可以通过化妆来突出自己的性格，如娟秀文静型、理智成熟型等。

为了使自己脸上符合一般审美标准的部位具有个性美要求，在化妆时应注意仔细分析脸型及五官的特点，先找出哪些是理想的，哪些是不理想的，哪些是应该强调的，哪些是应该遮盖的，只有明确了自身的基础条件，才能确定正确的化妆修饰方法。此外，在强调优点时也不要太过分，避免有画蛇添足之感；掩饰不足时也不要太勉强，要看一看是否可行。如果无法用化妆来掩饰，就要想方设法创造独特的个性美。

4）化妆程序

（1）脸部清洁，拍上化妆水及擦上乳液。

（2）擦上粉底，由内至外轻轻推匀。

（3）使用遮瑕膏。在需要修正或遮瑕的部位轻轻点上遮瑕膏。遮瑕膏最好选用比肤色稍深一点的产品，可以涂抹在黑眼圈或有斑点的地方。

（4）上蜜粉。沾上蜜粉后弹掉多余的蜜粉，然后依次擦双眼、鼻子、嘴边、其他脸部地方及脖子。

（5）上腮红。使用腮红刷沾腮红粉后在两颊涂上腮红，上完腮红可以用腮红刷把多余的粉均匀地轻刷至全脸。如果是膏状腮红，则用在蜜粉之前。

（6）眼部彩妆。先刷眉毛，再画眉。刷眉后夹睫毛。用睫毛夹将睫毛夹翘，由睫毛根部开始渐渐向外移，反复几次把它夹卷，再上睫毛膏。

（7）选择与上衣颜色相近的唇膏，画出自己喜欢的唇型。

最后，注意卸妆要彻底。

（三）面部表情

面部表情有时候可以发挥语言难以表达的作用。美国心理学家艾伯特·梅拉比在一系列实验的基础上得出了一个公式：

信息的总效果=7%的书面语言+38%的音调+55%的面部表情

在人们进行社交活动的过程中，面部直接反映自己的生理和情感状况，会给对方留下深刻的印象。眼睛、眉毛、嘴巴、鼻子及面部肌肉的变化，构成了千变万化的面部表情。因此，除了要保持干净、卫生外，还要注意表情传递给别人的信息。

1. 眼神

眼睛是心灵的窗口。在面部表情中起主导作用的往往是眼睛。在人际交往中，目光交流不仅可以表示对他人正在述说的事情的重视，也可以表达对他人的兴趣和喜爱。

（1）注视的时间。在交流过程中要把握注视对方的时间。目光游离，注视时间过短，表示对对方的一种轻视；不断地把目光投向对方，占全部相处时间的 1/3～2/3，表示友好、重视；注视时间占全部相处时间的 2/3 以上，或者目光始终盯在对方身上，可以视为有敌意，或者表示对对方十分感兴趣。

（2）注视的角度。根据注视的角度，可以分为平视、俯视、仰视、斜视。平视常常用在普通场合，与身份、地位平等的人进行交流的过程中；俯视和仰视很少使用，适用于地位差距较大的晚辈和长辈之间，或者上级和下级之间，一般商务活动场合则较少使用；当位于对方侧面时，切忌斜视，这会让人觉得十分失礼。

（3）注视的部位。直接的眼神交流是最好的，视线接触是人们交流过程中最传神的非语言交流，如果因为胆怯不敢直视对方的眼睛，那么将目光落在对方鼻梁上也可以给对方造成你正在注视他（她）的错觉。简单来说，目光落在对方的双眼和鼻子组成的三角区内都是可行的。

（4）眼睛里的情感。眼睛是灵魂之窗，可以通过眼神来传递各种情感。

2. 笑容

笑容是善良、友好、赞美的象征，亲切、温馨、发自内心的笑容既能缩短人与人之间的距离，又能创造良好的沟通氛围。笑要注意适时、适地、适度，要自然、真诚，切忌做作和皮笑肉不笑。按照人类面部笑容由浅至深的程度，笑容可分为以下几种。

（1）含笑，不露齿，不出声。

（2）微笑，最自然、大方，适用范围最广。

（3）轻笑，露上齿 6～8 颗。

发自心底的笑容就像扑面的春风，能温暖人心，消除冷漠，获得理解和支持。一个人如果不会笑，就会遇到许多困难，失去本该获得的机遇和财富。笑是一门学问，一种艺术。

> **案例：希尔顿旅馆的微笑服务**
>
> 美国"旅馆大王"希尔顿于1919年把父亲留给他的1.2万美元连同自己挣来的几千美元投资出去，开始了他雄心勃勃的经营旅馆生涯。当他的资产从1.5万美元奇迹般地增值到几千万美元的时候，他欣喜地把这一成就告诉母亲。想不到，母亲却淡然地说："依我看，你跟以前根本没有什么两样……事实上你必须把握比5100万美元更值钱的东西。除了对顾客诚实外，还要想办法使来希尔顿旅馆的人住过了还想再来住。你要想出简单、容易、不花本钱而行之久远的办法去吸引顾客，这样你的旅馆才有前途。"
>
> 母亲的忠告使希尔顿陷入迷惘：究竟什么办法才具备母亲指出的"简单、容易、不花本钱而行之久远"这四大条件呢？他冥思苦想，不得其解。于是他逛商店、串旅店，以自己作为一个顾客的亲身感受，得出了准确的答案——"微笑服务"。只有它才实实在在地同时具备母亲提出的四大条件。
>
> 从此，希尔顿实行了"微笑服务"这一独创的经营策略。每天他对服务员说的第一句话是"你对顾客微笑了没有？"他要求每个员工不论如何辛苦，都要对顾客投以微笑，即使在旅店业务受到经济萧条的严重影响时，他也经常提醒员工："万万不可把我们心里的愁云摆在脸上，无论旅馆本身遭受的困难如何，希尔顿旅馆服务员脸上的微笑永远是属于旅客的阳光。"因此，在经济危机中幸存的20%旅馆中，只有希尔顿旅馆服务员的脸上带着微笑。经济危机刚过，希尔顿旅馆就率先进入新的繁荣时期，跨入黄金时代。

三、仪表美

（一）仪表的概念

仪表，即人的外表，包括姿态、风度和服饰，是一个人修养、内涵和性格的外在、静态的表现。仪表在人与人交往的初始阶段，往往起决定性的作用，因为一个人永远没有第二次机会给别人留下美好的第一印象。

> **案例：穿休闲服与德国人谈合作的老总**
>
> 郑伟是一家大型国有企业的总经理。有一次，他获悉有一家著名的德国企业的董事长正在本市进行访问，并有寻求合作伙伴的意向。他于是想尽办法，请有关部门为双方牵线搭桥。让郑总经理欣喜若狂的是，对方也有兴趣同他的企业进行合作，而且希望尽快与他见面。到了双方会面的那一天，郑总经理对自己的形象刻意地进行了一番修饰。他根据自己对时尚的理解，上穿夹克衫，下穿牛仔裤，头戴棒球帽，足蹬旅游鞋。无疑，他希望自己能给对方留下精明强干、时尚新潮的印象。然而，事与愿违，郑总经理自我感觉良好的这一身时髦的"行头"，却偏偏坏了他的大事。郑总经理的错误在哪里？
>
> （资料来源：金正昆. 涉外礼仪教程. 北京：中国人民大学出版社，2005.）
>
> 【分析】
>
> 郑总与德方同行的第一次见面属国际交往中的正式场合，应穿西服或传统的中山装，以示对德方的尊重。但他没有这样做，德方会认为此人形象不合常规，着装随意，不够沉稳，又或者不了解商务礼仪常识，说明文化程度不高，难以相信其管理能力，合作之事当再作他议。

（二）塑造好形体

良好的仪表以形体美为基础。形体美有遗传性，一般来说，男士长到23～25岁，女士长到20～22岁形体基本定型，不再长高。而体重虽然也受遗传因素影响，但借助科学的、有计划的、有针对性的方法，也可以通过后天的训练塑造富有魅力的形体。

1. 锻炼

车尔尼雪夫斯基曾说过："生命是美丽的，对人来说，美丽不可能与人的健康分开。"生命在于运动，人的身体"用进废退"，通过身体锻炼，可以增强各器官的功能，优化外形。人体时刻都在进行新陈代谢，它是影响生命力的主要因素，是生命的特征。形体训练、体质锻炼是促进新陈代谢的最有效手段，能使人体骨骼和肌肉匀称而发达，器官的功能更加强大和稳定。但值得注意的是，体质锻炼和形体训练要做到有效的统一。前者指的是体质，是人体生命的内在质量；后者指的是体形，是人体的外在形状。许多女士为了形体优美，过分地束胸勒腰或节食减肥，虽然一定时期体形瘦了下来，但同时也引起了内分泌失调、体质下降、健康状况变差等现象，这是极不可取的。因此，体质锻炼要和形体训练相结合，既要塑造美好的形体，又要增强健康的体质。

2. 合理的饮食和休息时间

人体是先天的赋予与后天的合理饮食、休息、锻炼的"合金"。营养是保证人体正常生长发育和进行各种活动的重要因素。营养的好坏，直接影响人体的健康水平。在形体训练的同时，合理选择食物、科学配餐、平衡膳食、充分摄取人体必需的营养素，是塑造形体美的物质保证。同时要保持合理的饮食结构和饮食习惯：早、中、晚一日三餐必不可少，尽可能少吃含脂肪、油、糖等热量高的食物，多吃蔬菜、水果、粗粮、豆类、鱼、牛奶、肉等对身体有益的食物，要做到不挑食、不节食、不吃垃圾食品。

（三）借助服饰改善仪表

服饰即服装和饰品，我们可借助衣服、饰物，以及假发、假胸、假肢、假牙等物品来改变形体。虽然这种方法塑造的形象是短暂的、临时的、非本质性的，但它可以起到美化形象的作用，而且目前这方面的知识和内容极其丰富。

莎士比亚说过"服装往往可以表现人格"，中国也有句话叫"佛靠金装，人靠衣装"。可见服饰是一个人向外界传达信息的重要媒介，它反映人的喜好、审美能力和对生活的品位、理解。无论何种服装穿在身上都必须保持整洁，这是最起码的服饰礼仪。要根据自身的特点和气质选择合适的服装，既要突出个性，又要顾及潮流。一个对生活充满信心的人，他的服饰应是整洁、美观的；一个文化素养高的人，他的穿戴常常是端庄、高雅的。穿衣打扮，各有所好，也体现礼貌。

1. 着装原则

1）TPO原则

T（Time）即时间，既指每一天的早、中、晚3个时间段，也包括每年春、夏、秋、冬4

个季节，以及人生的不同年龄阶段。时间原则要求着装考虑时间因素，做到随"时"更衣，尽量避免穿着与流行趋势格格不入的服装。P（Place/Position）即地点，地点原则意味着在不同地方和场所，着装应有所区别。O（Object）表示目的，不同的场合有不同的服饰要求，只有与特定场合的气氛相融合的服饰，才能产生预期的效果。

> **TPO 案例**
>
> 小刘和几个外国朋友相约周末一起聚会娱乐，为了表示对朋友的尊重，星期天一大早，小刘就西服革履地打扮好，戴上漂亮的领结前去赴约。北京的八月天气酷热，他们来到一家酒店就餐，边吃边聊，不一会儿，小刘已是汗流浃背，不住地用手帕擦汗。饭后，大家到娱乐厅打保龄球。在球场上，小刘不断为朋友鼓掌叫好，在朋友的强烈要求下，小刘勉强站起来整理好服装，拿起球做好投球准备，当他摆好姿势用力把球投出去时，只听到"嚓"的一声，上衣的袖子扯开了一个大口子，弄得小刘十分尴尬。

2）合乎身份、扬长避短

"合乎身份"指的是服饰与年龄、职业、环境相协调。中山装穿在中老年人身上，显得成熟稳重，穿在青少年身上则老气横秋；教师的服饰要求端庄大方，公务员的服饰要求稳重、朴实，给人廉洁、可信赖之感；政治家、公众人物是媒体关注报道的对象，他们的穿着更不可掉以轻心。着装要与环境场合相协调，庄重的场合不能太随便，悲伤的场合不能太刺目。

"扬长避短"指的是要通过服饰将自身形体和容貌方面不太理想的短处进行遮挡或修饰，将自身形体、容貌、气质等方面的优势充分展现出来，使整体形象尽可能接近或优于普遍审美标准，如脖子短的人宜穿 V 领或 U 领的上衣。

（1）根据身材选择合适的款式。身材矮胖的人，应避免选择过于鲜艳、大花、大格子的服装，而应穿着垂直细线条式样、颜色素雅、剪裁合体的服装。身材高瘦的人，要避免穿垂直线条的衣服。宽胯粗腿的女孩适合穿高腰的蓬蓬裙。偏瘦和偏胖的人都不宜穿过于紧身的衣服。

（2）根据脸型选择合适的领型。

① 长脸型。长脸型适合的领型：圆领、披肩领及立领。长脸型的人应选择可以减小脖颈处露肤度的领型，可以在视觉上缓和长脸线条；立体感的圆领能让脸部线条看起来更圆润。长脸型的人不适合的领型：大 V 领。

② 方脸型。方脸型适合的领型：圆润小 U 领、圆领。方脸型的人应选择可为面部线条增加柔和度的领型，在视觉上让脸型显得圆润纤小，圆润小 U 领和圆领是不错的选择。圆领可以平衡面部轮廓，缓和方脸型棱角分明的轮廓；有细节设计的领口可以缓和面部硬朗轮廓，让面部看起来小巧精致。方脸型的人不适合的领型：方形领、菱形领。

③ 圆脸型。圆脸型的人适合的领型：U 领、V 领。圆脸型的人比较适合可以拉长脸型的 U 领和 V 领，适度露肤可以延长脸部线条，结合显瘦的发型，能有效改善婴儿肥的视觉圆润感。圆脸型的人不适合的领型：开阔的圆领。浅色的服装也会加重面部饱满感。

④ 尖脸型。尖脸型适合的领型：立体感荷叶边外翻领、立领。立体感荷叶边外翻领可以有效缓和面部的尖锐轮廓，圆润的领口在视觉上能增强脸部的圆润感，使面部线条看起来不那么尖锐。尖脸型的人不适合的领型：深 V 领。

2. 着装造型的基本知识

要想较好地达到扬长避短的效果，需要掌握一定的造型知识，尤其是比例、质感、色彩方面的知识。

1）比例

有关人体最佳比例的内容前面已经详细叙述过，应利用着装使身材看起来接近最佳比例。例如，长及膝盖的连衣裙、风衣、开衫等整体感强的服装能使人看起来高挑，加上高腰的设计更是呈现长腿的视觉效果。没有高腰设计的服装可以加上腰带，或者在长外套底下穿短上装，加腰带适合上身瘦的人，后一种方式适用范围更广。

2）质感

质感是物品的表面特性，如顺滑、粗糙、厚薄等。质感的搭配至少要考虑三个方面，第一，肤质与服装的质感相协调。假如皮肤光滑，那么适合所有面料的服装；假如皮肤不够光滑，则应避免丝绸这类面料，以免反衬出肤质欠佳，可以选择棉麻、针织等面料。第二，个性与服装的质感相协调。文静秀气者不宜穿牛仔服，外向好动者避免丝绸等顺滑面料，以免格格不入。第三，上下装的质感要协调，不能一个厚重一个轻薄、一个粗糙一个细腻，如不能将毛呢和雪纺搭配。

3）色彩

色彩，通常是服装留给人们记忆最深的印象之一，而且在很大程度上也是服装穿着成败的关键所在。在着装造型的三大要素中，色彩对他人的刺激最快速、最强烈、最深刻。

人们在穿着服装时，在色彩的选择上既要考虑个性、爱好、季节，又要兼顾他人的观感和所处的具体场合、民族习惯。对一般人而言，在服装的色彩上要想获得成功，最重要的是要掌握色彩的特性、色彩的搭配与调和、色彩的选择。

（1）色彩给人的心理感受。从本质上说，色彩是没有温度、重量的，但从功能来看，色彩却给人冷暖、轻重、软硬、缩扩等心理感受，这是因为人们在长期的生活中对某些色彩产生了相应的联想。例如，太阳和火是红、黄色的，所以看到这些颜色就产生温暖的心理暗示；树林、海水是凉爽的，所以看到蓝、绿等颜色就有凉的心理暗示。其他轻重、软硬、缩扩等成因类似。

① 色彩的冷暖。每种色彩都拥有区别于其他色彩的独特的相貌特征，即色相。色彩因色相不同而使人产生温暖或寒冷的感觉。使人有温暖、热烈、兴奋之感的色彩，叫暖色，如红色、黄色等；使人有寒冷、抑制、平静之感的色彩，则叫冷色，如蓝色、黑色等。

② 色彩的轻重。色彩明暗变化的程度，称为明度。不同明度的色彩，往往给人以轻重不同的感觉。色彩越浅，明度就越高，它使人有上升感、轻感；色彩越深，明度就越低，它使人有下垂感、重感。人们平日的着装，通常讲究上浅下深。

③ 色彩的软硬。色彩鲜艳明亮的程度，称为纯度。色彩纯度越高，就越鲜艳、纯粹，并给人以软的感觉；色彩纯度越低，就越为深、暗，并给人以硬的感觉。前者适用于喜庆场合的着装，后者则适用于庄重场合的着装。

④ 色彩的缩扩。色彩的波长不同，给人收缩或扩张的感觉便有所不同。一般来讲，冷色、深色属于收缩色，暖色、浅色则为扩张色。运用到服装上，前者使人苗条，后者使人丰满，若运用不当，会令人在形体上出丑露怯。

（2）色彩的搭配与调和。服装的色彩往往是几种搭配起来使用的，搭配时有下述几种常用的方法可循。

① 同色系配色。同色系配色包括同一色相配色和同一色调配色。同一色相配色是指把同一颜色按深浅、明暗不同进行搭配，如浅灰配深灰、墨绿配浅绿等；同一色调配色如粉红配粉蓝，可以创造和谐之感。这种方法适合于工作场合或庄重的社交场合着装的配色。

② 近（类）似色配色。近（类）似色配色包括类似色相和类似色调配色。类似色相配色是指色环中互相邻近的颜色相配，选定一种颜色为主色，其余的为陪衬，数量不等。但实际应用中，只要含有相同的基色都可纳入此范围，如可用泛红的黄色、泛红的蓝色相配。类似色调配色，包括深色调和暗色调、浅色调和淡色调、鲜艳色调和强烈色调相配，如橙色配黄色、黄色配草绿、白色配灰色等，也有和谐之感。

③ 点缀法。点缀法，即在统一色调的服装上点缀不同色的袖边、领口、口袋或装饰品等，起到画龙点睛的作用。这种配色法显得文雅又庄重。这种方法主要适用于中老年或稍庄重的场合、工作场合的着装配色。

④ 渐变配色。渐变配色是指使色相逐渐发生变化、明度和彩度有规律地渐增或渐减的配色方法。有色相的渐变推移和色调的渐变推移等。利用同一色彩的深浅浓淡，按一定方向或次序组合，会形成有层次的明暗变化，产生优美的韵律感。渐变配色既活泼又和谐。

⑤ 呼应法。上下装或上衣和帽子、鞋、提包等采用同一种色彩，使其遥相呼应，如身着黑色裙子，上身应着黑白条或黑白花上衣；戴红帽子应配红色包或红白花纹的上衣。这种呼应配色使人感到和谐又活泼，适用于各类场合。

⑥ 对比法。对比法，即在上下装、上衣的领子和袖子、上衣的某一部位和上衣整体、裙子和裤子的不同地方，运用冷暖、深浅、明暗等两种特性相反的色彩进行组合的方法，形成鲜明的反差，给人以活泼、明快的感觉，适合各种场合的着装配色，常见于儿童、运动员、杂技表演者等人员的着装。

对比配色包括对比色相和对比色调配色。对比色相配色会产生强烈的反差效果，对比色调配色则安静柔和。使对比色达到调和的方法有三：一是降低纯度，如浅绿配浅红；二是调整主次色的面积；三是选用中性色加以调和，如白、金、银等。

⑦ 三等距色配色。在色环上任意放置一个等边三角形，三个顶点所对应的颜色组合在一起，即为三等距色配色。如紫—橙—绿，以中性色调和。但不宜用三原色相配。

呼应法、对比法、三等距色配色都要以一种色彩为整体的基调，再适当辅以其他颜色。

（3）选择适合自己肤色的衣服颜色。

① 白皙皮肤，大部分颜色都合适，黄色系和蓝色系最能突出洁白的皮肤，令整体显得明艳照人，淡橙红、柠檬黄、苹果绿、紫红、天蓝等明亮色彩也合适。

② 淡黄或偏黄皮肤，宜穿蓝色调服装，酒红、淡紫、紫蓝等色彩能令面容更白皙，但强烈的黄色系如褐色、橘红等最好不穿。

③ 健康小麦色，给人健康活泼的感觉，黑白这种强烈的对比搭配与这种肤色出奇地合衬，深蓝、炭灰等沉实的色调也适合，女性还适合桃红、深红、翠绿这些色彩，能突出开朗的个性。

④ 深褐色皮肤，适合茶褐色系，显得更有个性。墨绿、枣红、咖啡色、金黄色都能使人显得自然高雅。蓝色系则格格不入，不要穿蓝色上衣。

3. 正装

在办公室或外出处理一般公务，服饰应符合一般的职业正装要求。在庄重场合，如参加会议、庆典仪式、正式宴会、商务或外事谈判、会见外宾等隆重庄严的活动，服饰应当力求庄重、典雅。正式场合应严格符合穿着规范。例如，男士应穿西装，系领带，西装应熨得平整，裤子要熨出裤线，衣领袖口要干净，皮鞋锃亮等。女性如果穿长筒袜，袜口不要露在衣裙外面。

无论男女，在工作岗位上需要穿制服的，制服要整洁笔挺，鞋袜匹配，通常不戴首饰，如有工号牌，必须佩戴。

1）三色原则

三色原则，是选择正装色彩的基本原则。正装的色彩以少为宜，最好控制在三种之内，并且无任何图案。最标准的套装色彩是深色，并应首选蓝色、灰色、棕色、黑色。衬衫的色彩以白色为最佳。皮鞋、袜子、公文包的色彩宜为深色，并以黑色最为常见。正式场合着装应避免多色、鲜艳或带有花哨的图案，男士尤其要注意。

2）"三一定律"

"三一定律"是指鞋子、腰带、公文包应为同一颜色。女士追求时尚，男士关注档次，要把有档次的服装穿出档次，"三一定律"的搭配技巧不可不知。

3）男士西装穿着及搭配

西装是当今国际通行的男士正装。西装一般由衬衫、外套、长裤、领带和马甲组成，它的穿着比较讲究。现代男士西装基本上是沿袭欧洲男士服装的传统习惯而形成的，具有一定的礼仪意义。双排扣西装给人以庄重、正式之感，多在正式场合穿着，适合于正式的仪式、会议等；单排扣西装穿着场所普遍，宜作为工作中的职业西装或生活中的休闲西装。有明袋的上装只适合在较随便的场合穿着，暗袋上装适合正式场合。

（1）西装的外套。新买来的西装在穿着之前，要把袖子上的商标（小布条）剪掉。西装的外套穿着要求挺拔，不能有褶皱。衣长以略高于臀线为宜。通常西装的外袋是合缝的（即暗袋），它可保持西装的形状，使之不易变形，不要随意拆开。左胸的口袋，只可插鲜花或手帕，三角形、双尖形、花瓣式等形状的手帕，能使男士平添风度。切忌把钢笔、手机等装在左胸外口袋，这些小物品可放在外套左右胸内侧口袋里。

西装的版型分四类：日式，上衣 H 型，垫肩不高，领较短窄，不过分收腰，后摆不开衩，多为单排扣；英式，垫肩较薄，腰部略收，V 领较窄，多为单排扣，后摆两侧开衩；欧式，上衣倒梯形，多为双排两粒扣或六粒扣，强调肩与后摆，不重视腰部，垫肩高，V 领宽，后摆不开衩；美式，方正宽松，较欧式短些，无垫肩，V 领适中，后摆中间开衩，多为单排扣。英、日式较适合中国人体型。

想保持西装完美的原形，一季最多干洗两次，且应尽量找专业干洗店干洗。

（2）西装的扣子。双排扣的西装比较庄重，一般要把扣子系好，不宜敞开。单排两粒扣的西装是传统规范的式样，其扣法很有讲究：只系上面一粒表示庄重，敞开都不扣则潇洒，两粒都扣显得呆板,只扣下面一粒显得流气。三粒扣的西装,扣好上面两粒为佳,只扣中间一粒也行,全扣或不扣未尝不可,切忌只扣最下面一粒,也不宜只扣下面两粒。对于一粒扣的西装,系扣为庄重,敞开不扣则显随意。

(3)西装的衬衫。衬衫一般应选用高织精纺的纯棉、纯毛面料,或以棉、毛为主要成分的混纺长袖衬衫。尖角式的硬领,领口一定要挺直,不能有折痕,而且要比外套的领子高出1.5cm左右,并贴紧脖子。衬衫袖口应长出西装袖口约2cm。西装和衬衣色调成对比,以纯色为宜,其中白色是最容易搭配的颜色,细竖条纹衬衣不宜配竖条纹西装。下摆不可过长,而且要塞进裤子里,不要散在外面。衬衫配领带时,应把所有的扣子系上,不能将袖子卷起。不系领带时,最上面的扣子不要扣。另外,不穿西装外套只穿衬衫打领带仅限室内,而且正式场合不允许。

(4)领带。领带质地一般以真丝、纯毛为宜。花色与图案方面,取西装与衬衣的中间色最保险。一般来说,素色、斜纹、圆点和几何图案的领带能够与任何款式的西服或衬衫搭配。有图案的领带配素色无花的衬衣。在炎炎夏日里最好佩戴丝和绸等材质的轻软型领带,领带结也要打得比较小,给人以清爽感。在颜色方面,秋冬季以暖色调为主,春夏季以冷色调为主、暖色调为辅。

领带长度以大箭头垂到腰带下沿处为佳,可上下浮动一寸左右。领带夹主要用于固定领带,也起美观作用,一般夹在衬衫的第三、第四粒扣子中间,即衬衫口袋中部略上一点。也可将领带夹别在里面而不外露,只起固定作用。穿马甲或毛衣,一定要把领带放在毛衣、马甲里面,毛衣、马甲的下摆切不可塞进裤子里面。西装套装应打领带,单件西装不必系领带,夹克等则不能打领带。领带的三种打法如图2-2所示。

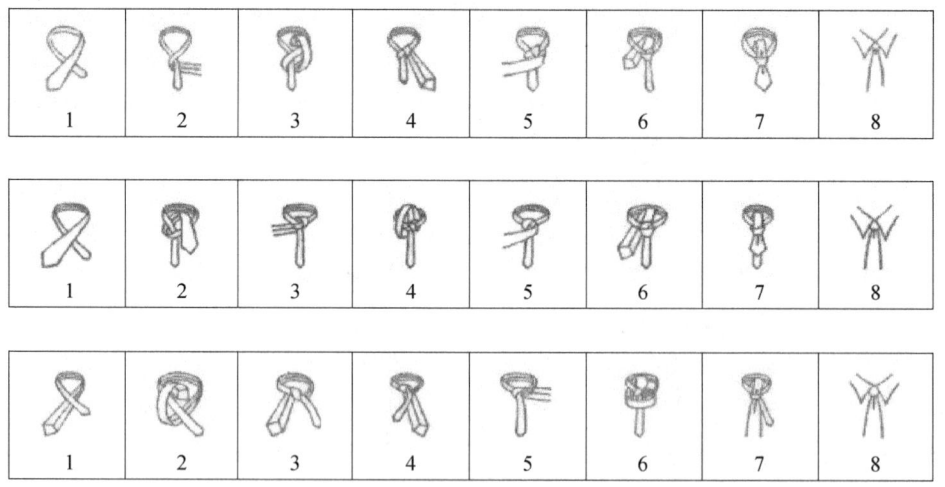

图2-2 领带的三种打法

(5)西装的长裤。西装长裤的立裆长度以裤带的鼻子正好通过胯骨的上端为好,裤长以裤脚接触脚背为佳,一般达到皮鞋后帮的一半。裤线要清晰、笔直。裤扣要扣好,拉链全部拉严。裤兜也与上衣袋一样,不能装物,以求裤型美观。但裤子后兜可以装手帕、零用钱等。腰部不能别钥匙、手机、打火机等。

（6）配套的鞋袜。"西装革履"意味着穿西装一定要配皮鞋，千万不要穿凉鞋、布鞋、旅游鞋等，而且皮鞋要擦亮。黑色、牛皮、系带的皮鞋可配各种颜色的西服，其他色彩的皮鞋要与西服的颜色相同或接近才能相配。配袜子也应讲究。袜子的颜色应与皮鞋相同或接近。不宜用白袜子配黑皮鞋，男士切忌穿女士常用的肉色丝袜。袜子宁长勿短。

4）女士职业装

女性服装千变万化，但作为职业女性，最基本的要求是干净整洁，宁可简朴，也不要过分讲究，更不能珠光宝气，正式场合千万别穿无后带的凉鞋。

女士职业装以西装套裙、一步裙为宜，成套穿着，并配上与之协调的衬衣、高领羊绒衫或有领 T 恤，与衬衣搭配时领口上应系上领结、领花或丝巾、领带。配中跟或高跟皮鞋，配连裤袜或长筒袜，以肉色、灰色、黑色为宜。

穿丝袜时，不要穿有钩丝、破洞的袜子，不要将袜口露在裙外。鞋跟越高，丝袜越薄。注意整体搭配协调，服装与鞋子也要在颜色、款式上加以搭配。例如，套装配高级皮鞋，运动装配旅游鞋等。内衣如同隐私，不可外露，不要乱追时髦，露背低胸的吊带装、踏脚健美裤、皮短裙等服装在休闲娱乐时可以穿，而在工作或上课时穿却有伤大雅。

4. 传统礼服

在西方，按礼仪规范，有一般礼服、社交礼服、晨礼服、大礼服、小礼服之分。在我国，一般以西服套装、旗袍等充当礼服。在庄重场合，一般不宜穿夹克衫、牛仔裤等便装，更不能穿短裤或背心。

（1）西方男士传统礼服包括：常礼服（晨礼服），适用于隆重典礼、婚礼、教堂礼拜等，可以西服套装充当；小礼服（晚餐礼服、便礼服），适用于隆重晚宴、音乐会等；大礼服（燕尾服），除特殊规定外，已很少使用。

（2）西方女士礼服款式包括：常礼服（质地、颜色相同的上衣和裙子）、小礼服（长至脚背的露肩连衣裙）、大礼服（单色拖地或不拖地的连衣裙式服装，并戴同色帽子、长纱手套及首饰）。

（3）我国对于礼服的要求没有西方严格。参加涉外活动，女士可穿西装套裙、连衣裙、旗袍、中式上衣配长裙或长裤，以及其他民族服装。但旗袍不宜穿黑色的，开衩不宜太高。男士可以穿西服套装、中山装、唐装或民族服装。

5. 饰品

饰品包括帽子、手套、围巾、腰带、鞋袜、手提包、眼镜、首饰等。饰品是装束的点缀，既可画龙点睛，也会画蛇添足，因此不得不讲究。

1）墨镜、帽子、手套

在室内、礼仪场合通常不戴，但作为女士服装一部分的帽子和薄纱手套例外。

2）腰带、鞋、包

最好是统一材质和颜色，或者至少两两是接近的颜色。

3）首饰

（1）戒指。戒指具有明显的象征性，切不可乱戴，以免闹出笑话。戒指戴一枚即可，两枚足矣，通常戴在左手上。若戴 3 枚以上的戒指，则显得俗不可耐。戴在食指上，表示尚未恋爱，正在求偶；戴在中指上，表示已有心上人，正在恋爱之中；戴在无名指上，表示已正式订婚或已结婚；戴在小指上，则表示不想婚恋，奉行独身主义；也有人中指和无名指同时戴着戒指，则表示已婚，并且夫妻关系很好。

（2）项链。佩戴项链，要考虑自己的身材、脸色、衣服颜色等因素。一般说来，体型较胖、脖子较短的人应佩戴较长而细的项链。相反，身材苗条修长、脖子细长的人则最好佩戴宽或粗一些的短项链，造成视错觉以弥补颈项美感的不足。项链的颜色应与服装、肤色有较大的对比度。

（3）耳环。佩戴耳环要与脸型、头型、发式、服装相适应。圆脸的人适宜佩戴链式耳环或耳坠，不要戴又大又圆的耳环；方脸的人适宜佩戴小耳环或耳坠，不要戴过于宽大的耳环；长脸的人适宜选用宽大一些的耳环，不要戴过长且下垂的耳环。

（4）手镯和手链。佩戴手镯和手链的讲究略同。一只手臂上，只能戴一件。如果在左臂或左右两臂同时戴，表示已经结婚；如果仅在右臂戴，表示佩戴者是自由不羁的人。

四、仪态美

仪态指人的姿势，即身体呈现的各种形态，包括站、坐、走、蹲等。潇洒的风度，优雅的举止，常常被人们羡慕和称赞，能给人留下深刻的印象。人们往往凭借一个人的仪态来判断其品格、学识、能力和其他方面的修养程度。

"优雅、大方、自然本身就是一种礼仪"。中华民族是一个非常注重仪态修养的民族，讲究仪态端庄、行为优雅。而一个人能在举手投足之间显出自然高贵的气质，必须靠适当的教导和不断的练习，将肢体语言运用到炉火纯青的地步，直到化为自己生活的一部分。

（一）站姿

站姿反映一个人的修养、性格、身体状况和人生经历。正确的站姿能够帮助呼吸和改善血液循环，减轻身体疲劳，同时会给人以挺拔笔直、舒展俊美、庄重大方、精力充沛、信心十足、积极向上的美好印象。站姿，是人类身体直立时的一种姿势。现代生活美学观普遍认为人体的总重心高是一种美。女性应是亭亭玉立，文静优雅。男性应是刚劲挺拔，英姿稳健。

1. 站姿的基本要求

（1）头正：头部正，头顶平，身体的中心要平衡。
（2）梗颈：脖颈挺直，下颌微收。
（3）展肩：双肩舒展，保持水平并稍微向后下方下沉。
（4）挺胸：躯干要尽量舒展，给人以挺拔之感。
（5）收腹：微微收紧腹部，但要呼吸自然。
（6）提臀：臀部肌肉向内、向上收紧，重心有向上升的感觉。

（7）腿直：两腿直立贴紧，内侧肌肉夹紧，身体重心尽量提高，女士要双膝盖和双脚靠紧。

（8）平视：目视前方。

（9）微笑：心情愉快，精神饱满，充满活力，给人以感染力。

当达到标准站姿时，身体有悬顶感、挺拔感，仿佛有一根绳子从天花板连接着头部和身体。

2. 站姿的种类

站姿的分类，主要以一个人的脚位为依据和标准。男女站姿的差异主要表现在手位与脚位的不同（图2-3～图2-5）。

（1）正步站姿。两脚并拢，两膝并严，两手可自然下垂。通常在正式场合示礼前及各种训练前的预备姿态下采用此种站姿，男女均适用。

（2）扇形站姿。两脚跟靠拢，脚尖呈45°～60°，身体重心在两脚上，男女均适用。

（3）丁字步站姿。两脚尖略展开，一脚向前将脚跟靠于另一脚内侧中间位置，腰肌和颈肌略有拧的感觉。男士可一手前抬，一手侧放；也可一手侧放，一手后放。女士可两手交叉于腹前，身体重心可在两脚上，也可在一只脚上，通过两脚的重心转移来减轻疲劳。

（4）分腿站姿。两脚左右分开，与肩同宽，脚尖朝前且两脚平行，手可交叉于前腹，也可交叉于后背，通常男士采用此种站姿，女士不宜采用此站姿。

图2-3　扇形站姿

图2-4　丁字步站姿

图2-5　分腿站姿

3. 站姿的训练

（1）靠墙：脚后跟、小腿肚、臀部、双肩、头部的后下部位和掌心靠墙。

（2）顶物：可以把书本放在头顶中心，头、躯体自然保持平衡，以身体的 8 个方位来进行训练，可以纠正低头、仰脸、头歪、头晃及左顾右盼的毛病。

（3）照镜：按照站姿的要领及标准，发现问题及时加以调整。

（二）坐姿

1. 坐姿的基本要求

（1）头部：端端正正，双目平视，面带微笑，下巴内收，不能出现仰头、低头、歪头、扭头等情况。

（2）躯干：挺拔直立，腰部内收，不能塌腰放松呈瘫软状，通常只坐椅子的 1/2～2/3。

（3）双手：有扶手时，可以双手搭放或一搭一放。无扶手时，女士右手搭在左手上，可相交放于腹部或轻放于双腿之上；男士双手掌心向下，自然放于膝盖上。两手摆法的三种情况如图 2-6～2-8 所示。

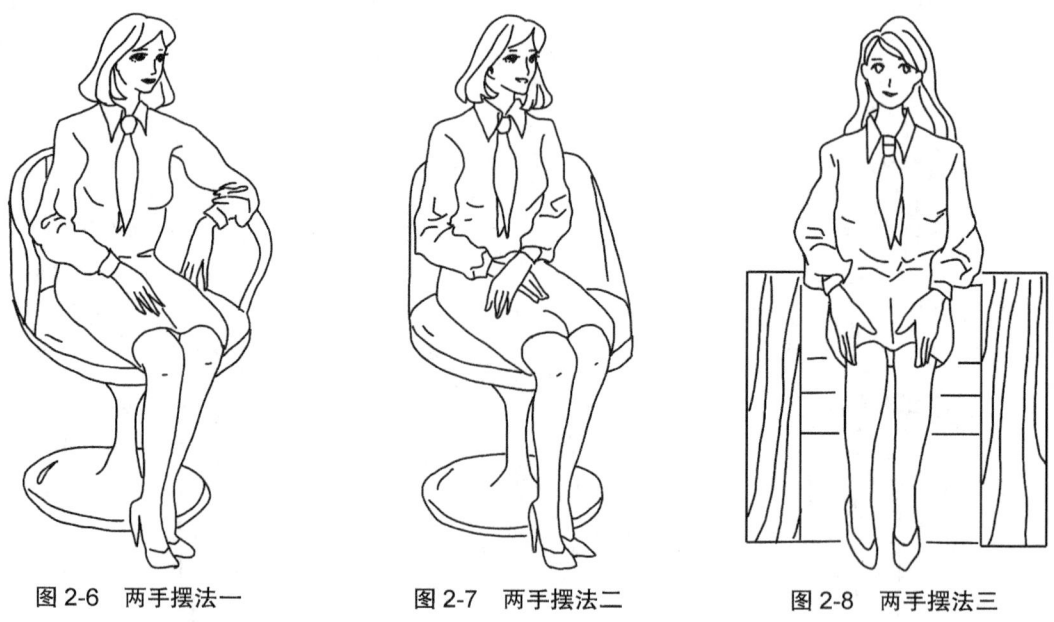

图 2-6　两手摆法一　　　　图 2-7　两手摆法二　　　　图 2-8　两手摆法三

（4）腿部：男士膝盖可以分开，但不可超过肩宽；女士膝盖不可以分开。因脚位不同而有不同的坐姿（详见坐姿的种类）。

（5）朝向：当与他人交谈时，应将整个上身朝向对方，以示对其重视和尊重。

2. 坐姿的种类

坐姿的分类，主要以一个人的脚位为依据和标准。男女坐姿的差异主要表现在膝盖与脚位的不同。

（1）垂直式坐姿。即上身与大腿、大腿与小腿、小腿与脚部都呈直角，小腿垂直于地面，双膝、双脚完全并拢，也叫正襟危坐式，适用于最正式的场合，男女均可用。

（2）标准式坐姿。即在垂直式坐姿的基础上，女士两脚呈小丁字步，男士两脚自然分开45°，适合各种场合。

（3）屈直式坐姿。即大腿与膝盖靠紧，一脚伸向前，另一脚屈回，两脚前脚掌着地并在一条直线上。这是女士非常优雅的一种坐姿，在坐稍低矮的椅子时尤为适用，适合一般场合。

（4）前伸式坐姿。即双腿与双脚并在一起，向前伸出一脚左右的距离，按方向共有3种：正前伸式、左前伸式和右前伸式。按脚位的不同又分为3种：两脚完全并拢、小丁字步式和踝部交叉式。脚尖切勿翘起，适合各种场合，以女士为主。

（5）分膝式坐姿。两膝左右分开，但不超过肩宽，小腿与地面垂直，两脚脚尖朝向正前方，两手自然放于大腿之上，适合一般场合，只适用于男士。

（6）重叠式坐姿。即通常所说的"二郎腿"。它通常被认为是一种不严肃、不庄重的坐姿，但在日常生活中经常出现，只要掌握要领也可以充分展示这种坐姿的风采。两人并坐时，哪侧坐人，就跷哪侧的腿，即把大腿的外侧朝向另一方，两脚的脚尖尽量指向同一方向，翘起来的脚尖要用力朝向下方，不可以指向他人，更不能让对方看到鞋底，否则是对他人最大的不敬。

（三）走姿

走姿，是人在行走过程中所形成的姿势，它始终处于动态之中。要求"行如风"，即行走如同吹拂的风，洒脱飘逸。

1. 走姿的基本要求

（1）步姿。行走时，上身稍向前倾，两臂自然前后摆动，两手自然弯曲，昂首、挺胸、收腹、提腰，上身不动，两肩不摇，重心在大脚趾和二脚趾上。男士昂首、闭口、平视前方，两臂摆幅38°～40°。女士要头正、目光平视，上身自然挺直、收腹，两手前后摆动幅度要小，以含蓄为美；脚步要干净利落，不可拖泥带水或行走声音过大。

（2）步位。男士行走时，两脚跟交替行进在两条平行线上，脚部稍外展，脚尖可偏离中线10°，两脚间横向距离约3cm；女士两脚在一条直线上，脚尖稍外展。在行走中，膝盖的内侧和脚踝内侧有摩擦感。

（3）步幅。两步之间的距离以一步为宜，男士走路要大于自己的一个脚长，女士着裙装时要小于自己的一个脚长。

（4）步速。步速是指一个人的行走速度。正常情况下，步速应自然舒缓，显得成熟自信。一般而言，行走的速度标准如下：男士每分钟步速为108～110步，女士每分钟步速为118～120步。

（5）步韵。步韵是指一个人行走时步伐有节奏感，富有韵律。这就要求一个人的膝盖和脚踝部位富有弹性。脚步的强弱、轻重、快慢、幅度及姿势，必须同出入场合相适应。当走在室内的时候，要轻而柔；走在没有地毯的地方，脚跟提起，脚掌着地，要轻而缓；走在高兴的场合要轻快，走在悲伤的场合要沉重。

2. 走姿的训练

（1）顶物训练。将书本类物品置于头顶训练行走，可以纠正行走时低头、摇头、东张西望、脖颈不直、弯腰弓背等毛病。

（2）掐腰训练。手部掐腰，上身正直，训练行走，可以纠正行走时摆胯、送胯、扭腰等动作。

（3）步位和步幅训练。在地上画一条直线，行走时按要求走出相应的步位与步幅，可以纠正"八字步"及步幅过大或过小的毛病。

（四）蹲姿

蹲姿是人的身体在低处取物、拾物时所呈现的姿势，它是人体静态美和动态美的结合。

1. 正确的拾物姿态

（1）直腰下蹲。当需要捡拾低处或地面上的物品时，要走到物品左侧；当面对他人下蹲时，要侧身相向；当需要整理鞋袜或在低处整理物品时，可面朝前方，两脚一前一后，一般情况是左脚在前，右脚在后，目视物品，直腰下蹲。

（2）弯腰拾物。直腰下蹲后，方可弯腰捡低处或地面上的物品，以及整理鞋袜或在低处工作。

（3）直腰站起。取物或工作完毕后，先直起腰部，使头部、上身、腰部在一条直线上，再稳稳站起。

2. 注意事项

弯腰撅臀是日常生活中最常见的一种蹲姿，这种姿势对后面的人来说是一种失礼、不敬的行为，尤其女士穿裙装时不可采用此蹲姿。两腿左右平行分开，即使是直腰下蹲，也有伤大雅，被称为"蹲厕式"，而且是对他人的无礼。

（五）手势

禁忌的手势包括不卫生、不稳重、不敬的手势。例如，抠鼻子、剔牙、玩指甲、手舞足蹈属于不卫生、不稳重，用手对人指指点点是不敬。

在不同文化背景下，同一种手势可能表示不同的意义。例如，手心向下，弯曲手指，在中国大人常用来招呼小辈"到这边来"；在英美这一动作是招呼动物的，不宜当众表现。以下介绍几种常见的手势。

1. "OK"手势

在英美，该手势表示"同意、了不起、顺利"。在我国和法国则表示"零"或"没有"。在日本、缅甸、韩国，则表示"金钱"。在地中海国家常用来暗示一个男子是同性恋者。在巴西、希腊，则表示对人的咒骂和侮辱。

2. 跷起大拇指

在中国，是表扬、肯定的意思。在英国、澳大利亚和新西兰等国家，旅游者常用它作为搭车的手势，它是一种善意的信号。如果将大拇指急剧向上跷起，则变成了侮辱人的信号，如在希腊，急剧地跷起拇指，意思是让对方滚开。

3. "V"形手势

在第二次世界大战期间，英国首相丘吉尔曾在一次演说中伸出右手的食指和中指，手心向外，构成一个"V"形的手势来表示胜利。从此，这一手势便在世界迅速流行开来。而在澳大利亚、新西兰和英国使用手心向内的"V"形手势，则是一种侮辱人的信号。

4. "塔尖式"手势

研究表明，那些自信的人经常使用这一手势，用以显示他们的高傲情绪。下级在上级面前，晚辈在长辈面前，外行在内行面前，应尽量避免使用凸起的"塔尖式"手势，以免给人造成无礼之感。

5. 双手抱于胸前

该姿势表明不耐烦、不认同，但又碍于情面、身份等不能离去。

6. 背手

大量的观察证实，执勤的巡警、漫步在校园的校长、高级军官将领及权势和地位较高的人都有背手的习惯。显然，这是一种表示至高无上、自信或狂妄态度的人体信号。人们常常把它同"权力"和"权威"联系在一起。手是大脑思维活动的显示器。如果将手隐蔽起来，他人便无法察觉大脑的活动，对于他人来说，这种被隐蔽的威力更大。此外，人将手背于身后，将前胸突出，这本身就是一种"胆量"的显示。其实，将手背于身后不仅带有某种权威色彩，并且对于大多数人来说，这种行为还会起到一种"镇定"作用。也就是说，当人们处于紧张状态或处于焦躁不安的状况时，将手背于身后，可以缓和这种紧张情绪，达到"镇定"的目的。

（六）递送、接取物品

在方便的情况下，一律双手递送、接取物品，不方便双手并用时，也可用右手，但绝不可单用左手。双方距离过远时，无论是递送还是接取物品，均应起身站立，主动走近对方。递送有文字、图案、正反面的物品时，要正面向上且文字朝向对方。递送带尖、带刃或其他易于伤人的物品时，应"授人以柄"。

【思考与练习】

1. 着装的 TPO 原则指的是什么？

2. 坐姿的基本要求有哪些？

3. 案例：小李的困惑。

小李的口头表达能力不错，对公司产品的介绍也得体，人既朴实又勤快，在业务人员中学历又最高，老总对他抱有很大期望。可做销售代表半年多了，他的业绩总上不去。问题出在哪儿呢？

原来，他是个不修边幅的人，双手拇指和食指喜欢留着长指甲，里面经常藏着很多"东西"。脖子上的白衣领经常是酱黑色的，有时候手上还记着电话号码。他喜欢吃大饼卷大葱，吃完后，不知道去除异味。在大多数情况下，他根本没有机会见到想见的客户。有客户反映小李说话太快，经常没听懂或没听完客户的意见就着急发表看法，有时说话急促，好像每天都忙忙碌碌的，少有停下来的时候。

你认为小李在哪些方面要提高？如何改进呢？

4. 观看电影《公主日记》。通过观看电影，分析各角色的言行是否得体，以及主人公成长的心路历程。

思考：什么样的人才具有人格魅力？你要成为什么样的人？

写观后感，两周内完成。男生可以选择写《窈窕绅士》的观后感。

【表情和仪态练习】

1. 微笑训练

借助小镜子寻找最佳微笑模式。通过一些相似的发音口型，找到适合自己的最美的微笑状态。例如，"一""茄子""呵""哈"等。观察、比较哪一种微笑最美、最真、最善，最让人喜欢、接近、回味。

2. 站姿训练

（1）背靠着墙，使后脑、肩、腰、臀部及足跟均能与墙壁靠紧，此时的站立姿势是正确的。

（2）利用顶书的方法来练习，为使书不掉下来，颈部自然会挺直，下巴向内收，上身挺直。

（3）按标准要求站立时，用心体会以下几个要领：一是上提下压（下肢、躯干肌肉线条伸长为上提，双肩保持平下、放松为下压），二是前后相夹（是指在腰部肌肉收缩的同时，臀部肌肉收缩且向前发力），三是左右向中（是指人体两侧对称的器官向中线用力）。

3. 坐姿训练

（1）入座。（评价标准：从容不迫地慢慢坐下，动作轻；注意双脚的摆放和裙子的处理；动作优雅。）

（2）练习坐姿。（评价标准：上半身挺直；挺胸、收腹、立腰，微收下颌，脊柱向上伸直；只坐座椅的 1/2 或 1/3；背部与臀部成直角。）

（3）坐时双手、双脚摆放训练。

（4）两个人并排坐，练习与人谈话时的动作。

（5）练习离座。

4. 走姿、蹲姿训练

（1）走姿基本要领：双目平视，收颌，表情自然平和。两肩平稳，双臂前后自然摆动，上身挺直，收腹立腰，重心稍前倾。走姿轻盈、稳健，体现积极向上的精神状态。

（2）蹲姿基本要领：下蹲时左脚在前，右脚在后，向下蹲去，左小腿垂直于地面，全脚掌着地，大腿靠紧，右脚跟提起，前脚掌着地，左膝高于右膝，臀部向下，上身稍向前倾，左脚为支撑身体的主要支点。

# 第三章　交际礼仪

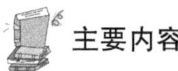 **主要内容**

- 称呼礼仪
- 握手礼仪
- 介绍礼仪
- 名片礼仪
- 交谈礼仪
- 通信礼仪

 二维码链接

姓、氏、名、字、号及避讳
官场"称呼学"
美国人的姓名
中国历史上的名片
建立人脉的24个黄金法则
文言文书信格式

姓、氏、名、字、号及避讳

官场"称呼学"

美国人的姓名

中国历史上的名片

建立人脉的24个黄金法则

文言文书信格式

　　人际交往中有一条十分重要的原则，叫作3A原则，即接受（Accept）对方、重视（Attach）对方、赞同（Agree）对方。"接受对方"，是指求同存异，容纳对方，不要排斥对方。"重视对方"，是指要使对方感受到自己的尊重，对方在自己心目中十分重要，而非无足挂齿。"赞同对方"，是指要善于发现对方之长，善于发现彼此的共同之处并及时加以肯定，既不要自高自大，也不要曲意奉承对方。只有心存敬意和真诚，才会自然而然地以礼待人。

一、称呼礼仪

　　称呼是指人们在日常交往中所采用的相互之间的称谓语。在人际交往中，人与人见面、给他人写信及参加其他社交活动，选择正确、适当的称呼，反映自身的教养和对对方尊敬的程度，甚至还体现双方关系发展和密切的程度，也反映一定的社会风尚，因此掌握恰当的称呼方式是十分必要的。

（一）称呼的基本原则

1. 合乎当地常规

如对年轻女孩的称呼，各地就很不一样，我国香港、澳门等地延续传统叫法"小姐"，可是如果在其他地区这样称呼年轻女子则会招人谩骂。

2. 照顾对方心理

在中国传统习惯中，称呼"老"是一种尊重，但是在许多西方国家，老人讲究独立，不愿别人称自己老，不喜欢别人恭维自己的高龄。越来越多的国人受西方观念影响，即使客观上年纪不小，也不喜欢别人按实际情况称呼自己，如二三十岁的人，喜欢被小朋友称呼为"哥哥姐姐"而不是"叔叔阿姨"。

3. 体现双方关系

称呼也直接反映了双方关系的亲疏和地位的高低。例如，同窗好友会直呼其名甚至昵称，如果毕业后共事，其中一方首先升迁了，那么在工作场合和有他人在场的情况下，职位低的一方最好用尊称来称呼职位高的一方，以示尊重；但在同学聚会等类似场合，则应该仍使用同窗时的称呼以示亲近。

4. 就高不就低

这有两方面的含义，其一，任副职的往往省略"副"字，如当正主任不在场时，习惯将副主任称呼为"主任"；其二，当某人同时具备几种身份时称其最高者，如具有硕士学位的陈老师是大学讲师，最近任职某学院副院长，对他最合适的称呼应该是陈院长。

5. 多用敬称

1）"您"

对长辈、平辈，可称其为"您"。对待晚辈，可称其为"你"。这种称呼适用于任何朋友、熟人。

2）"先生"

"先生"是对有身份而且年纪比自己大的人的称呼。在我国古代，一般称父兄、老师为先生，也有称郎中（医生）、道士等为先生的。在我国港澳台等地区，已婚妇女称自己的丈夫或别人家的丈夫为先生，如某女士与闺蜜谈及彼此丈夫的爱好："我先生喜欢打网球，你先生呢？"

3）"老师"

"老师"多用于文艺界、教育界，是对有成就、有身份的人的称呼。

4）"公"或"老"

"公"或"老"是对德高望重的人的称呼，如"秦公""王老"。若被尊称人的名字是双字，则将头一个字加在"老"之前，如称周培源先生为"培老"。

5）"师傅"

该词原本是对工、商、戏剧行业中传授技艺的人的一种尊称，后泛指对所有有技艺的人的称谓。

特别提醒：当着 A 的面对 B 提及 A 时，不能将 A 称为他（她），而要使用对 A 的直接称呼，如当着班长的面与 B 同学交谈时应该这样说："B 同学，班长说今天全班同学一起去看球赛。"

（二）生活中的称呼

1. 称呼亲属

1）对自己亲属的称呼

亲属，即本人直接或间接拥有血缘关系或姻亲关系的人。日常生活中，对亲属的称呼是约定俗成的。在与外人交谈时，对辈分或年龄高于自己的亲属，可以在其称呼前加"家"字，如"家父""家母"；也可表示尊重，如广东人称呼儿媳为"家嫂"。对辈分或年龄低于自己的亲属，可在其称呼前加"舍"字，如"舍弟""舍侄"。对自己的子女，则可在其称呼前加"小"字，如"小儿""小女""小婿"。

2）对他人亲属的称呼

对他人的亲属，应采用敬称。对其长辈，宜在称呼前加"尊"字，如"尊母""尊兄"。对其平辈或晚辈，宜在称呼之前加"贤"字，如"贤妹""贤侄"。若在其亲属的称呼前加"令"字，一般可不分辈分与长幼，如"令堂""令爱""令郎"；还可用于指代，即取代"他（她）"字。

2. 亲近的称呼

用类似血缘关系的称呼，可令人感到信任和亲切，如"爷爷""奶奶""大爷""大妈""叔叔""阿姨"等。也可以在这类称呼前加上姓氏，如"王爷爷"等。这类称呼的适用范围较广泛，尤其适用于邻居、至交。

3. 称呼陌生人

对陌生人和初次交往者，按照其身份特点进行称呼。如称工人为"师傅"；在非正式场合，根据年纪称"大叔""大妈"等。

（三）工作中的称呼

1. 称呼职务

以交往对象的职务相称。一般在较为正式的官方活动、政府活动、公司活动、学术性活动中使用，以示身份有别、敬意有加，而且要就高不就低。这种称呼可分为 3 种情况。

（1）称职务，如"市长""处长""主任"等。

（2）姓氏+职务，如"王处长""张科长"等。

（3）姓名+职务，如"王涛书记""孙成县长"等。这种方式仅适用于正式场合作介绍时。

2. 称呼职称

对于有专业技术职称的人，尤其是具有高级、中级职称者，可用职称相称。以职称相称，也有 3 种情况。

（1）称职称，如"教授""工程师"等。

（2）姓氏+职称，如"王教授""李工程师"等。

（3）姓名+职称，如"姜伟教授""李俊工程师"等。

3. 称呼职业

在工作中，有时可按行业进行称呼。对于从事某些特定行业或特定工作的人，可直接称呼对方的职业，也可以在职业前加上姓氏、姓名。称呼职业也有 3 种情况。

（1）称职业，如"老师""医生""会计"等。

（2）姓氏+职业，如"王老师""李医生""张会计"等。

（3）姓名+职业，如"刘平老师""王永平法官"等。

4. 称呼学衔

通常称呼博士的学衔，如学衔、姓氏+学衔、姓名+学衔、学科+学衔+姓名。

特别提醒：通常称呼地位高的人，为表示尊重，无论称呼其职务、职称、职业还是学衔，当面都不宜叫其姓名全称，但为第三方介绍时可这样称呼。

5. 称呼性别

在接待工作中，对男士称"先生"，未婚女士称"小姐"，不知道其婚姻状况的女子统称"女士"。

6. 称呼姓名

在生活中和工作中均可使用。

（1）直呼姓名。在年龄、职务相仿，好同学、好朋友、好同事之间常用这种称呼。

（2）只呼其名，不称其姓。通常是上级称呼下级、长辈称呼晚辈。在亲友、同学、邻里之间，也可使用这种称呼。

（3）只呼其姓，不称其名，但要在姓前面加上"老""大""小"。例如，"老张""大李""小孙"等。

（四）外交中的称呼

国际交往中，因为国情、民族、宗教、文化背景的不同，称呼就显得千差万别。既要掌握一般性规律，又要注意国别差异。

（1）一般来说，对于任何成年人，均可以将男子称为"先生"，将女子称为"小姐""女士"。

（2）对地位高的官方人士，一般为部长以上的高级官员，按国家情况称阁下、职务或先生，如"部长先生""大使先生阁下"等。

（3）对军界人士，称军衔，如"将军""元帅""上校"等。

（4）对宗教人士，称呼其神职，如"牧师""神父""传教士"。

（5）对于君主制国家的王公贵族，称呼上应尊重对方习惯，对国王、皇后称"陛下"，对王子、公主称"殿下"，对有爵位、封号者称其爵位、封号或简单称为"阁下"。

不同国家在称呼方面，有自己的称呼礼仪。

（1）在英国、美国、加拿大、澳大利亚、新西兰等讲英语的国家，姓名一般由两部分构成，通常名字在前，姓氏在后，如"乔治·布什"。女子结婚后，其姓名通常由本名与夫姓组成，如"希拉里·克林顿"，其中"希拉里"为本名，"克林顿"为夫姓。

（2）俄罗斯人的姓名包含本名、父名和姓氏3个部分。妇女的姓名婚前使用父姓，婚后使用夫姓，本名和父名通常不变。在俄罗斯，一般的口头称呼只采用姓氏或本名。

（3）日本人的姓名排列和中国人一样，区别在于日本人姓名字数较多。妇女婚前使用父姓，婚后使用夫姓，本名不变。对日本人一般可只称姓，熟人间也可只称名。对男士为表示尊重，可在姓后加上"君"，如"山口君"等。

（五）称呼禁忌

称呼时，要避免下面几种失敬的做法。

1. 错误的称呼

常见的错误称呼主要指误读或误会。

（1）误读。误读是指念错对方姓名。在我国有许多汉字属于多音字。很多字作为姓氏时有不同的读音，如作为姓氏时，"仇"读作 qiú 而非 chóu，"查"读作 zhā 而非 chá，"解"读作 xiè 而非 jiě，"盖"读作 gě 而非 gài 等。也有些不常用的字，容易读错。为了避免这种情况的发生，对于不认识的字，事先要有所准备。如果是临时遇到，就要谦虚请教。

（2）误会。误会主要是对被称呼人的年纪、辈分、婚否及与其他人的关系做出了错误判断。例如，将未婚妇女称为"夫人"，就属于误会。

2. 使用不通行的称呼

有些称呼，具有一定的地域性。例如，山东人喜欢称呼"伙计"，而南方人认为"伙计"就是"打工仔"。中国人一般把配偶称为"爱人"，而在有些国家的人们的意识里，"爱人"就是"第三者"的意思。

3. 使用不当的称呼

可以称呼工人为"师傅"，学生之间可以称"同学"，军人之间可以称"战友"，道士、和尚、尼姑可以称为"出家人"。如果用这些来称呼其他人，就显得很不恰当，有时候甚至会让对方产生被贬低的感觉。称呼年长者要恭敬，不可直呼其名。

4. 使用庸俗的称呼

有些称呼在正式场合不适合使用。例如，"兄弟""哥们儿"等称呼，虽然听起来亲切，但显得档次不高。

5. 称呼外号

对于关系一般者，切勿自作主张给对方起绰号，更不能随意以绰号称呼对方；也不要随便拿别人的姓名或生理缺陷乱开玩笑，如"拐子""秃子""罗锅""四眼""傻大个""麻秆儿"等。

二、握手礼仪

握手是人类在长期交往中逐渐形成的一种重要礼节，最早可以追溯到"刀耕火种"的原始时代。那时，人们以木棒或石块为武器，进行狩猎或战争。狩猎中遇到不属于本部落的陌生人，或敌对双方准备和解时，双方都要放下手中的武器，伸出手掌，让对方摸手心，以示友好。这种习惯后来演变成现代握手礼。

除作为见面时的一种礼节外，握手通常还用来表示欢迎、欢送、相会、告辞、祝贺、感谢、慰问、和好、合作等。

（一）应用场合

需要握手的场合概括起来有以下3种情况。
（1）见面或告别时。
（2）表示祝贺或慰问。
（3）表示尊重。

（二）握手顺序

1. 一般情况下的握手顺序

一般情况下的握手顺序遵循尊者决定的原则。尊者决定的原则是指，在两人握手时，首先应确定握手双方彼此身份的尊卑，然后以此决定伸手的先后。通常由位尊者首先伸出手来，即尊者先行。位卑者只能在此后予以响应，而绝不可贸然抢先伸手。

握手时双方伸手的先后次序大体应遵守如下规范。
（1）年长者与年幼者握手，应由年长者先伸出手。
（2）长辈与晚辈握手，应由长辈先伸出手。
（3）老师与学生握手，应由老师先伸出手。
（4）女士与男士握手，应由女士先伸出手。
（5）已婚者与未婚者握手，应由已婚者先伸出手。
（6）社交场合的先至者与后来者握手，应由先至者先伸出手。
（7）上级与下级握手，应由上级先伸出手。
（8）职位、身份高者与职位、身份低者握手，应由职位、身份高者先伸出手。

2. 特殊情况下的握手顺序

（1）如果一个人需要与多人握手，则握手时应讲究先后次序，先尊后卑，即先年长者后年幼者，先长辈后晚辈，先老师后学生，先女士后男士，先已婚者后未婚者，先上级后下级，先职位、身份高者后职位、身份低者。

（2）交际时如果人数较多，通常可以只跟相近的人握手，向其他人点头示意或微微鞠躬即可。

（3）在接待来访者时，当客人抵达时，应由主人先伸出手与客人相握，表示"欢迎"；而在客人告辞时，则应由客人先伸出手与主人相握，表示"再见"。若这一次序颠倒，则极易让人误解。

应当强调的是，上述握手时的先后次序可用以律己，却不必苛求于人。若自己处于尊者之位，当位卑者先伸手要来相握时，尊者应该立即伸出自己的手与之相握。如果拘泥于礼仪，对其视若不见，也是失礼于对方的。

（三）握手规范

1. 握手的姿态

行握手礼时，地位低的人迎向地位高的人或两个人同时迎向对方。通常距离受礼者约一步（75cm 左右），双方站立，两足立正，上身稍向前倾，伸出右手，手掌垂直于地面，四指并拢，手心高度大致与双方腰部上方齐平，拇指张开与对方相握，微微抖动三四次，时间以 3 秒钟为宜（若是熟人，时间可稍长些），然后手松开，恢复原状。

2. 握手的力度

握手的力度要适中。一般，为了向交往对象表示热情友好，应当稍微用力，不可用力过猛，也不可完全不用力或柔软无力地同人握手。在交往过程中，可根据交往对象，掌握分寸。

（1）与亲朋好友握手时，用力可以稍大些。

（2）跟上级或长辈握手，只需要伸手过去擎着，不要过于用力。

（3）跟下级或晚辈握手，要热情地把手伸过去，时间不要太短，用力不要太轻。

（4）异性握手，女方伸出手后，男方应视双方的熟悉程度回握，但不可用力，一般只象征性地轻轻一握。

3. 握手时的表情和态度

（1）握手时的态度。与人握手要爽快，不可犹豫、迟疑。

（2）握手时的表情。与人握手时，要神态专注，热情、友好、自然、大方。面带微笑，目视对方，并口道问候，如"您好""欢迎您"等。

（四）握手禁忌

在行握手礼时应努力做到合乎规范，避免以下禁忌。

（1）忌用左手相握。尤其是和阿拉伯人、印度人打交道时要牢记，因为在他们看来左手是不干净的。

（2）在和基督教信徒交往时，要避免两人握手时与另外两人相握的手形呈交叉状，这种形状类似十字架，在他们眼里这是很不吉利的。

（3）握手时忌戴墨镜、手套，只有女士戴着薄纱手套握手是允许的。

（4）在握手时忌另外一只手插在衣袋里。

（5）在握手时忌面无表情、不置一词或长篇大论、点头哈腰、过分客套，也不可左顾右盼或和别人谈话。

（6）不要在握手时仅握住对方的手指尖，好像有意与对方保持距离。正确的做法是同性握住整个手掌，异性握住四指。

（7）在握手时不要把对方的手拉过来、推过去，或者上下左右抖个没完。

（8）与异性握手时忌用双手或长久地握住异性的手不放。

（9）在任何情况下，不要拒绝与别人握手。一般忌坐着与人握手。

（10）忌握手后立即擦拭自己的手。

三、介绍礼仪

介绍是社交活动中最常见和最重要的礼节之一，是人际交往中相互了解的基本方式。现代人的交往日益广泛，经常会结识一些新的朋友，这就需要介绍。介绍可以分为自我介绍、为他人介绍、被他人介绍、介绍集体 4 种基本类型。不管是何种类型，都需要注意 3 个要点，即介绍的时机、介绍的顺序和介绍的内容。其中，关于介绍的顺序记住地位高者有优先知情权，而介绍的内容、详略按具体场合及目的而定。

（一）自我介绍

在社交场合，许多情况下，人们需要做自我介绍，因此必须掌握自我介绍的礼仪规范和技巧。

1. 自我介绍的时机

本人希望结识他人，他人希望结识本人，本人认为有必要令他人了解或认识本人，虽已介绍过但不确定对方是否记得自己。

2. 自我介绍的顺序

自我介绍的标准化顺序是地位低的人先做介绍；主人首先向客人做介绍；长辈和晚辈在一起，晚辈先做介绍；男士和女士在一起，男士先做介绍。

3. 自我介绍的内容

自我介绍的内容既要真实，又要根据不同的社交场合灵活选择。

（1）应酬式（寒暄式）。自我介绍只是向对方表明自己的身份，所以介绍内容简单，只介绍自己的姓名，如"您好！我叫高原"。

（2）公务式。公务活动中，介绍的目的是进一步和对方交往。自我介绍的内容可详细些，主要包括单位、部门、职务、姓名，如"您好！我叫高原，是本市宏达电器公司销售部经理"。第一次介绍时单位名称要用全称，不可用简称。

（3）社交式。社交往往是人们在非公务中的私人交往，自我介绍的内容往往更具体、详细，主要包括姓名、职业、籍贯、爱好、跟交往对象双方所共同认识的人等，如"您好，我叫李江，是本公司的财务主管，我与您弟弟是校友"。

（4）特殊情况。如面试、演讲时，为了给对方留下深刻印象，自我介绍的方法可以别具一格。

4. 自我介绍的态度和时长

进行自我介绍时，介绍者既要充满自信，又要态度谦和。介绍时，一般保持站立姿势，举止庄重、大方，必要时可向对方递上名片，表情坦然、亲切，目光向着对方或众人，热情友好，面带微笑。语言要简洁、清楚、流畅、准确、朴实，多用谦词。另外，自我介绍应该限制在一分钟以内。

（二）为他人介绍

为他人介绍，通常是为彼此不认识的双方相互引见，或把一个人引见给其他人。

1. 介绍的时机与场合

在下列情况下，有必要为他人做介绍。

（1）与家人外出，路遇家人不相识的同事、朋友，或家人不认识的朋友来访。

（2）自己的接待对象遇见了其不相识的人，而对方又跟自己打过了招呼。

（3）打算推荐某人加入某一方面的交际圈。

（4）受到为他人介绍的邀请。

2. 介绍人

不同场合有不同的礼仪规范。

（1）家庭聚会：女主人充当介绍人。

（2）公务活动：介绍人可以是办公室主任、秘书、前台接待、礼仪先生、礼仪小姐、公关人员等专门人士，双方的熟人，本单位职务最高者。

（3）社交活动：社交活动的东道主当介绍人。

3. 介绍的顺序

如果被介绍方有多人，应按"尊者有优先知情权"的原则，把双方之中地位较低的一方首先介绍给地位较高的一方，即先男士，后女士；先年轻，后年长；先地位低的，后地位高的；先晚到者，后早到者；同性之间，先未婚，后已婚；先主人，后客人。

4. 介绍的内容

引见式：将双方引导到一起，不需要实质内容。
简介式：姓名。
强调式：姓名、被介绍者与介绍者的特殊关系。
推荐式：对要推荐者的优点重点介绍。
标准式：姓名、单位、职务。
礼仪式：类似标准式，但表达更谦恭。

5. 为他人介绍时应注意的问题

（1）介绍者应当文雅，面带微笑，举止端庄，不能背对任何一方。介绍时，应手心朝上，四指并拢，拇指张开，胳膊略向外伸，指向被介绍一方，并向另一方点头微笑，上身稍前倾。切忌伸出手指指向对方。

（2）应先向双方打招呼，使双方有思想准备。

（3）语言应清晰明了，以便让双方记住对方的姓名及简单资料。多用敬词、谦词、尊称，如"请允许我向您介绍……"。

（4）要记住加上被介绍者的职务或职称，在介绍时头衔应冠在姓名之后。

（5）介绍结束后，应引导双方交谈后再离开。

（三）被介绍者的应对

被介绍者在被介绍时应当遵守下列礼仪规范。

（1）应当表现出非常愿意结识对方，热情主动，面带微笑，向着对方。

（2）当介绍到自己时，一般应主动起立，面带微笑，如果自己是身份高者、年长者，应立即与对方热情握手；如果自己是身份低者、年轻者，应根据对方的反应而做出回应（如对方伸手，应立即回握）。可寒暄几句，并相互交换名片。在会谈或宴会中，也可略欠身并面带微笑致意。

（四）介绍集体

介绍集体是指为两个以上的人做介绍。

1. 介绍集体的场合、时机、介绍人和被介绍人

（1）大型报告会、演讲会或比赛活动等，通常由主持人在会前向与会人员介绍报告人、演讲人和主要参赛人员的情况。

（2）有多个单位参加的会议，主持人在会前要向与会人员介绍主席台上就座的人员、主要来宾和参加会议的单位。

（3）在宴会或晚会上，一般由主人介绍主要来宾，然后一一介绍其他来宾。

（4）当新加入集体的成员初次与集体其他成员见面时，负责人要先将其介绍给集体，再向其介绍集体的主要领导人。

2. 介绍集体的顺序

（1）先少数人，后多数人。若被介绍的双方地位、身份相似或者难以确定，应当使人数较少的一方礼让人数较多的一方，先介绍人数较少的一方或个人，后介绍人数较多的一方或多数人。

（2）先卑后尊。若被介绍者在地位、身份上存在明显差异，特别是当这些差异表现为年龄、性别、婚否、师生及职务有别时，则地位、身份为尊的一方即使人数较少，甚至仅为一人，也应被置于尊贵的位置，最后加以介绍，而先介绍另一方人员。若被介绍的双方皆不止一人，则可依照礼规，先介绍位卑的一方，后介绍位尊的一方。

（3）整体介绍。若需要介绍的一方不止一人，可采取笼统的方法进行整体介绍。例如，"这是我的几位朋友""他们都是我的同学"等。

（4）人数较多各方的介绍。被介绍的有多方，就须对被介绍的各方进行位次排列。应由尊而卑地进行介绍，排列的具体依据如下。

① 以负责人身份为准。
② 以单位规模为准。
③ 以单位名称的英文字母顺序为准。
④ 以抵达的先后顺序为准。
⑤ 以座次顺序为准。
⑥ 以距离介绍者的远近为准。

四、名片礼仪

人们在社会交往、公关活动中交换名片越来越普遍。交换名片已成为社交场合中一种重要的自我介绍的方式。恰到好处地使用名片，可以显示自己的涵养和风度，有助于人际交往和沟通。同时，名片也是个人形象和组织形象的有机组成部分。

（一）名片的种类

在现代社会交往中，名片一般有 3 种类型。不同类型的名片，显示的信息不同，发挥的作用也不同。在正式的社交场合，人们可以根据不同的交往对象，使用不同的名片进行交往。

（1）社交名片，又称本名式名片。社交名片一般只显示个人信息，如姓名、地址、邮政编码、电话，但不印办公地址，以示公私分明。一般在以下场合使用：拜会他人时说明身份，馈赠时替代礼单，以及用作便条或短信。

（2）工作名片。名片上可以根据需要，酌情提供个人信息、单位信息，如姓名、电话、E-mail、传真、职称、社会兼职、单位名称、地址、邮政编码、单位业务、经营项目。

（3）单位名片。通常用于业务宣传，印有单位名称、电话、E-mail、传真、地址、邮政编码、单位业务、经营项目等。

（二）名片的用途

对现代人而言，名片是一种实用型交际工具。在人际交往中，名片的用途有如下 9 种。

1. 自我介绍

初次会见他人，以名片作为辅助性自我介绍效果最好。它不但可以说明自己的身份，强化效果，使对方难以忘怀，而且可以节省时间，避免啰唆、含糊不清。

2. 通知变更

利用名片，可以及时地向老朋友通报本人的最新情况。职务晋升、乔迁新居、变换单位、电话改号之后，均可通过新名片向老朋友打招呼，以使彼此联系畅通无阻。

3. 维持联系

名片犹如"袖珍通讯录"，利用它所提供的资料，即可与名片的提供者保持联系。正因为有了名片上所提供的各种联络方式，人们的"常来常往"才变得更加现实和便利。

4. 业务宣传

公务式名片上列有归属单位等内容，因此利用名片也可为本人及所在单位进行业务宣传，扩大交际面，争取潜在的合作伙伴。

5. 拜会他人

初次前往他人居所或工作单位进行拜访时，可将本人名片交由对方的门卫、秘书或家人，转交给被拜访者，以便对方确认"来者何人"，并决定见与不见。此种做法比较正规，可避免冒昧造访。

6. 简短留言

拜访他人不遇，或者需要请人转达某件事情时，可在名片上写下几行字或一字不写，然后将它留下或托人转交。这样做，会使对方"如闻其声，如见其人"，不至于误事。

7. 用作礼单

向他人赠送礼品时，可将本人名片放入其中，或将其装入一个不封口的信封中，再将该信封固定于礼品外包装的上方。后者是说明"此乃何人所赠"的标准做法。

8. 用作短信

在名片的左下角，以铅笔写下几行字或短语，寄交或转交他人，如同一封长信一样正式。若内容较多，也可写在名片背面。在国外，流行以法文缩略语写在名片左下角，表达慰问、鼓励、感谢、祝贺等意思。

n.b. 意为"提醒注意"。

p.f. 意为"祝贺"。

p.r. 意为"感谢"。

p.c. 意为"谨唁"。
p.p. 意为"介绍"。
p.p.c. 意为"辞行"。
p.f.n.a. 意为"贺年"。

9. 替人介绍

介绍某人去见另外一人时，可用回形针将本人名片（居上）与被介绍人名片（居下）固定在一起，必要时还可在本人名片左下角写上意为"介绍"的法文缩略语"p.p."，然后将其装入信封，再交给被介绍人。这是一封非常正规的介绍信，通常会受到高度重视。

（三）名片的交换

1. 递送名片的礼仪

1）尊卑有序

地位低的人首先把名片递给地位高的人。例如，男士先递给女士，晚辈先递给长辈，下级先递给上级，主人先递给客人等。

2）由近而远

如果需要将名片同时递送给多个人，通常按照职务高低进行。也可以由近而远递送，不能跳跃式递送。在圆桌上就餐，应从自己右侧以顺时针方向依次递上。

3）态度谦恭

（1）递送名片时应采用站立姿势，面对对方，以双手食指和拇指执名片的两角，或以右手持名片，以左手辅助（不要压住名字），眼睛正视对方，微微鞠躬，以文字正对对方，一边自我介绍，一边递上名片。将名片递给他人时，口头应首先有所表示。可以说"请多指教""多多关照""今后保持联系""我们认识一下吧"，或先做自我介绍。切忌目光游离、漫不经心。

（2）手持名片的高度不能低于腰部以下。

（3）如果双方同时递过名片，自己的名片应从对方的稍下方递过去，同时以左手接过对方的名片。

2. 接受名片的礼仪

接受对方的名片时，要遵守以下礼仪。

（1）恭敬接受。当对方向自己递名片时，自己要立即停止正在进行的工作，起身迎接，目视对方，面带微笑，用双手接过名片，并表示谢意。

（2）浏览名片。接过名片后，不能置之不理或马上放入口袋，而要以认真的态度，迅速浏览名片上的信息，若有疑问，可当场向对方请教。此举意在表示重视对方。若接过他人名片后看也不看，或手头把玩，或弃之桌上，或直接装入衣袋，或交予他人，均为失礼。

（3）回敬对方。在拿到对方的名片之后，要及时地回赠对方一张自己的名片。若名片用完了或名片没有带，要向对方说明并致歉。

（4）收藏到位。接过对方的名片后，不可随意乱放或在手中玩、折、捏，而要放在自己的名片包（夹）里、上衣口袋或办公室的抽屉里等。不能将名片放在裙子（裤子）的口袋里或随意性地夹在书本中、扔在桌面上。也不可因为不慎，将对方的名片掉在地上，或自己离开时将名片留下。

3. 索要名片的技巧

在一般的社交场合，通常不宜主动找人索要名片，如果确实有必要索要名片，一般可采用下列办法。

（1）向对方口头上提议交换名片。
（2）主动递上本人名片。此所谓"将欲取之，必先予之"。
（3）询问对方："今后如何向您请教？"此法适用于向尊长索取名片。
（4）询问对方："以后怎样与您联系？"此法适用于向平辈或晚辈索要名片。

4. 婉拒他人索取名片

当他人索取本人名片而不想给对方时，通常不宜直截了当地拒绝，而应以委婉的方法表达此意。可以说"对不起，我忘了带名片"，或者"抱歉，我的名片用完了"。若手中正拿着自己的名片，又被对方看见了，则上述说法显然不合适。

若本人没有名片，而又不想明说，也可以用上述方法委婉地表述。

如果自己的名片真的没有带或用完了，自然也可以这么说，但不要忘了加上一句"改日一定补上"，并且一定要言出必行、付诸行动。否则会被对方理解为自己没有名片，或成心不想给对方名片。

（四）使用名片的注意事项

1. 不必与对方交换名片的情况

（1）双方之间地位、身份、年龄悬殊。
（2）经常与对方见面或常来常往。
（3）不愿与对方深交。
（4）对方对结识自己并无兴趣。

2. 使用平整干净的名片

不能在名片上面乱涂乱改，要保持名片干净。名片上也不能有折痕或因损坏而缺角，要保持名片平整、完好。尤其是和外商打交道，宁肯不给名片，也不要给对方一张涂改过的或受损的名片，否则会破坏个人形象。

3. 商务交往不提供私宅电话

商务交往中，提供的名片上一般印有办公室电话，不提供私宅电话。

4. 名片上不印两个以上的头衔

如果头衔比较多，最多印两个最重要的，否则会给人一种炫耀甚至骗人的感觉。

五、交谈礼仪

交谈礼仪，即人们在一般场合与他人交谈时应当遵循的各种规范和惯例，主要包括交谈的原则、交谈的态度、交谈的主题、交谈的方式和交谈的语言技巧5个方面。

"良言一句三冬暖，恶语伤人六月寒"。因此，在交谈中必须遵从一定的礼仪规范，掌握一定的语言技巧，才能达到双方交流信息、增进友谊、加强团结的目的。说者，态度要谦逊，语气要友好，内容要适宜，语言要文明。听者，要认真倾听，不要做其他事情。这样就会形成相互信任、亲切、友善的交谈气氛，为交谈获得成功奠定基础。

（一）交谈的原则

交谈的原则是人们在与他人交谈时需要遵循的准则。遵守这些原则，将使交谈顺利进行，并取得良好的效果。

1. 尊重对方

交谈是双方思想、感情的交流，是双向活动。要取得令人满意的交谈效果，就必须顾及对方的心理需求。交谈中，任何人都希望得到对方的尊重。交谈双方无论地位高低、年纪大小，在人格上都是平等的，切不可盛气凌人、自以为是、唯我独尊。所以，谈话时，在心理上、用词上、语调上要体现对对方的尊重。多用礼貌用语，口气谦和，忌用语带傲慢的口头禅。谈到自己时要谦虚，谈到对方时要尊重。恰当地运用敬语和自谦语，可以显示个人的修养、风度和礼貌，有助于交谈的成功。

2. 适应对象

话讲得好不好，不仅要看话语是否恰到好处地表达了自己的思想感情，还要看谈话内容是不是符合谈话对象的需要，对方是否乐于接受。

交谈内容要因人而异，即交谈时要根据交谈对象的不同而选择不同的交谈内容。要根据谈话对象的年龄、性别、职业、社会地位、文化知识水平及思想状况区别对待。《汉书·艺术志·邓析》中有文："夫言有术，与智者言，依于博；与博者言，依于辩；与辩者言，依于要；与贵者言，依于势；与富者言，依于豪；与贪者言，依于利；与勇者言，依于敢；与愚者言，依于说。"例如，与医生交谈，宜谈健身治病；与学者交谈，宜谈治学之道；与作家交谈，宜谈文学创作，等等。该原则适用于各种交谈，但忌讳以己之长对人之短，否则往往会"话不投机半句多"。因为交谈是意在促使有关各方有所交流的谈话，故不可只有一家之言，而难以形成交流。

注意亲疏有度，"交浅"不"言深"，是一种交际艺术。

3. 明确目的

只有目的明确，才知道应该准备什么话题和资料，采取何种谈话风格，运用哪些技巧，从而做到有的放矢、临场应变。要坚持"有意而言，意尽言止"和"话由旨遣"的原则。明确谈话目的，是取得成功的前提条件。如果谈话目的不明确，漫无边际，不仅浪费时间，而且失礼。所以谈话之前，要预先想一想要获得的效果并为之努力，做好充分的准备工作。

4. 适可而止

与其他形式的社交活动一样，交谈也受制于时间，虽说亲朋好友之间的交谈往往是"酒逢知己千杯少"，但仍应适可而止。普通场合的小规模交谈，以半小时以内结束为宜，最长不要超过一个小时。交谈的时间一久，交谈所包含的信息与情趣难免会被"稀释"。在交谈中一个人的每次发言，最好不要超过3分钟，至多5分钟。

交谈适可而止，主要有以下四点好处：第一，可以节省时间；第二，可以使每名参与者都有机会发言，以示平等；第三，可以使人们发言时提炼精华，少讲废话；第四，还可以使大家对交谈意犹未尽，保留美好的印象。

5. 不谈忌讳话题

对于初相识的人，必须记住"尊重隐私六不问"，即不问年龄、婚否、经历、收入、地址、健康。

此外，每个人都有自己忌讳的话题，在交谈时务必注意回避对方的忌讳，以免引起误会。"莫对失意人谈得意事"，也是需要随时注意的。例如，好朋友碰到了不顺心的事，正在烦恼之中，这时即便开一个很小的玩笑，也可能引起不快，此时应该向其表示同情，多加劝导。与残疾人相处，更不宜说有伤对方自尊的话。喜庆场合，谈些天灾人祸、某人去世等话题则不会受人欢迎。遇到正办丧事的人，应讲些节哀的劝慰话。总之，交谈过程中应该多谈些对方喜欢听的、感兴趣的话题。而在提建议、提出批评时更要讲究方式，要注意环境与场合，让对方心悦诚服地采纳、接受。

交谈时，一般不要涉及疾病、死亡、灾祸等不愉快的事情，如果对方主动谈起，应诚挚地表示关心、同情，说些有节制的劝慰语。不谈那些荒诞离奇、黄色淫秽的传闻。由于中外生活习惯的差异，许多国内司空见惯的话题往往是触犯外国人禁忌的敏感内容，在与外国人打交道时，尤其要注意回避对方忌讳的话题。例如，过分关心他人的行动去向，询问他人身高体重等，都被外国人视为对其个人自由的粗暴干涉，是交谈所不宜涉及的，不经意之间提出对方反感的问题应表示歉意或立即转移话题。

交谈时还应注意不要直接批评长辈和身份高的人，以免给人傲慢无礼之感；而且，这些话还很有可能传到被议论的人那里。

（二）交谈的态度

1. 双向共感

交谈，究其实质乃是一种合作。因此，在交谈中切不可一味宣泄个人的情感而不去考虑交谈对象的反应。

1）双向

要求人们在交谈中要注意双向交流，并在可能的前提下尽量使交谈围绕谈话对象进行。

2）共感

要求谈论的中心内容应使各方共同感兴趣，并能够愉快地接受，积极地参与。

2. 神态专注

在交谈中，各方都希望自己的见解为对方所接受。从某种意义上讲，"说"的一方并不难，往往难就难在"听"的一方。

"听"的一方在交谈中若能够表现得神态专注，就是对"说"的一方最大的尊重。要想真正做到这一点，应重视如下三点。

1）表情认真

在倾听时，要目视对方、全神贯注、聚精会神，切忌用心不专、左顾右盼。

2）动作配合

当对方观点高人一筹，为自己所接受或与自己不谋而合时，应以微笑、点头等动作表示支持、肯定，以暗示自己与之"心有灵犀一点通"。

3）语言合作

在对方说的过程中，不妨以"嗯"或"是"表示自己正在认真倾听。在对方需要理解、支持时，应以"对""没错""真是这么一回事""我有同感"来加以呼应。必要时，还应在自己的讲话中适当引述对方刚刚发表的见解，或者直接向对方请教高见。这些具体做法，都是以语言同对方进行合作。

3. 礼让对方

在交谈之中，要以对方为中心。要处处礼让对方，尊重对方，尤其要避免出现以下几种失礼于人的情况。

1）不始终独白

既然交谈讲究双向沟通，那么在交谈中就要目中有人，礼让他人。要多给对方创造发言的机会。不要一人独白、侃侃而谈，只顾自己尽兴而不给他人开口的机会。

2）不导致冷场

不允许在交谈中从头到尾保持沉默、不置一词，不论交谈的主题与自己是否有关，自己是否感兴趣，都应热情投入，积极合作。万一交谈因他人之故"暂停"，切勿"闭嘴"不言，而应努力"救场"。可转移旧话题，积极引出新话题，使交谈继续"畅行无阻"。

3）不随意插嘴

出于对他人的尊重，当他人讲话时，尽量不要在中途打断，未经允许插上一嘴，此种做法不仅会干扰对方的思绪，破坏交谈的效果，而且会给人以自以为是、喧宾夺主之感。确需发表个人意见或进行补充时，应待对方把话讲完，或在对方首肯之后再讲。不过，插话次数不宜多，时间不宜长，与陌生人的交谈则绝对不允许打断或插话。

4）不与人抬杠

抬杠是指在交谈中喜爱与人争辩，总是固执己见、强词夺理。在一般性的交谈中，应允许各抒己见、言论自由、不作结论，重在集思广益、活跃气氛、取长补短。例如，别人说"晚上8点后最好不要吃东西"，你非要来一句"那8点01分吃可以吗"，这样的谈话方式就很让人讨厌。

5）不否定他人

在交谈之中，要善于聆听他人的意见，若对方所述无伤大雅，无关大是大非，一般不宜当面予以否定，让对方下不了台。社交礼仪有一条重要的法则，叫作"不得纠正"。它的含义是对交往对象的所作所为，应当求大同、存小异，不触犯法律，不违反道德，不有辱国格人格，不涉及生命安全，一般没有必要判断其是非曲直，更没有必要当面对其加以否定。

（三）交谈的主题

交谈的主题直接体现个人的知识修养、道德修养、审美修养、礼仪修养、社会阅历、气质风度等。

与人谈话最困难的，就是确定应讲什么内容和话题。在交谈时，第一句是最不容易的。因为不熟悉对方，不知道他的性格、兴趣和品性，又受时间的限制，不容做许多了解或考虑，而且不宜冒昧地提出特殊话题。因此，交谈的内容是关系到交谈成败的决定性因素。人们所选择的交谈内容，往往被视为一个人品位、志趣、教养和阅历的集中体现。

开启话题是交谈的第一个步骤，寻找共同点是一个切实可行的好办法，如共同的爱好、共同感兴趣的事情等。这样的话题会使大家都有话说，从而使交谈能够顺利进行下去。一般来说，有以下主题可供参考。

1. 既定的主题

所谓既定的主题，即交谈双方已约定，或者其中某一方先准备的主题。例如，求人帮助、征求意见、传递信息、讨论问题、研究工作一类的交谈，往往都属于主题既定的交谈。选择这类主题，最好由双方商定，至少也要得到对方的认可。一般而言，它适用于正式交谈。

2. 高雅的主题

所谓高雅的主题，即内容文明、优雅，格调高尚、脱俗的话题。例如，文学、艺术、哲学、历史、地理、建筑等，都属于高雅的主题。它适用于各类交谈，但要求面对知音，忌不懂装懂或班门弄斧。

3. 轻松的主题

所谓轻松的主题，即谈论起来令人轻松愉快、身心放松、饶有情趣、不觉劳累厌烦的话题。例如，文艺演出、流行时装、美容美发、体育比赛、电影电视、休闲娱乐、旅游观光、名胜古迹、风土人情、名人轶事、烹饪小吃、天气状况等。它适用于非正式交谈，允许各抒己见、任意发挥。

4. 时尚的主题

所谓时尚的主题，即以此时、此刻、此地正在流行的事物或非常重大的事件作为谈论的中心。它适合于各种交谈，但其变化较快，在把握上有一定的难度。

5. 熟悉或擅长的主题

交谈的内容应当是自己或对方所熟知或擅长的内容。选择自己所擅长的内容，就会在交谈中驾轻就熟、得心应手，并令对方感到自己谈吐不俗，对自己刮目相看。选择对方所擅长的内容，则既可以给对方发挥长处的机会，调动其交谈的积极性，又可以借机向对方表达自己的谦恭之意，并可取人之长、补己之短。应当注意的是，无论是选择自己擅长的内容，还是选择对方擅长的内容，都不应当涉及另一方一无所知的内容。

（四）交谈的方式

交谈的方式，是指人们在与他人进行交谈时所采用的具体形式。交谈的方式对于正确进行人际沟通、恰当表达个人思想、友善传递敬人之意都起着相当关键的作用。在这里，我们总结了以下 7 种交谈的方式。

1. 畅通式交谈

畅通式交谈，就是无所不言、言无不尽，将自己的所有想法和见解统统讲出来，以便让对方较为全面客观地了解自己的内心世界。其基本特征就是以自我为主，积极主动，也就是"打开天窗说亮话"。

采用畅通式交谈，比较容易赢得对方的信任，而且可以因势利导地掌握交谈主动权，控制交谈走向。但此种交谈方式会给人比较不稳重的感觉，有套近乎的嫌疑。

2. 引导式交谈

引导式交谈，就是交谈一方主动与那些不善言谈或不愿主动的谈话对象进行合作，在话题的选择或谈话的走向上循循善诱，或者抛砖引玉，鼓励对方采用恰当方式阐述己见。电视上的谈话类节目大多采用引导式交谈。常见方式有旁敲侧击、比喻暗示、间接提示、多用设问句。

3. 倾听式交谈

倾听式交谈，是指在交谈时以听为主，有意识地主动配合别人，通过倾听别人诉说，了解对方思路，理清头绪，再给出自己的见解。据研究，在人们的日常交往活动（听、说、读、写）中，听的时间占 55%，说的时间占 29%，读的时间占 7%，写的时间占 9%。这说明，"听"在人们的交谈中居于非常重要的地位。

采用倾听式交谈，可以表达谦恭之意，也可后发制人，变被动为主动。但此种方式要求以自己的只言片语、神情举止去鼓励、配合对方，否则就会给人以妄自尊大、自命不凡之感。

4. 呼应式交谈

在面试时，求职者可以采用呼应式交谈，并巧妙地引导话题。求职面谈既不同于当众演讲，又不同于自言自语，而在于相互间的呼应。成功的对话是一个相互应答的过程，自己每一句话都应是对方上一句话的继续，并给对方提供发言的余地，还要注意巧妙地引导话题。如当所谈内容与求职无关，而对方却大谈特谈时，你可以说："这件事很有意思，以后一定向您请教。现在我有个问题不明白……",从而巧妙地转移话题。

5. 评价式交谈

评价式交谈，是指在交谈的过程中适时发表自己的看法，需要注意的是一定要听取他人的观点之后，通过恰当的方式来阐述。此种方式的主要特征是当面予以肯定、否定或补充、完善对方的发言内容。

采用此方式的关键是要注意适时与适度。同时要尊重对方，不可不负责任地信口开河，对他人见解妄加评论。最好不要以"你错了"开头。

6. 跳跃式交谈

跳跃式交谈，是指在交谈中，倘若一方或双方对某一话题感到厌倦、不合时宜、无人呼应或难以回答，另一方需要及时地转而谈论另外一些较为适当的、双方都感兴趣的话题。此种方式的长处在于避免冷场的尴尬，可灵活转移话题走向。

7. 延伸式交谈

延伸式交谈，是指大家围绕共同关心的问题，进行由此及彼、由表及里的探讨，以便开阔思路、加深印象、提高认识或达成一致。延伸式交谈的目的在于使各方各抒己见，交换意见，以求集思广益。

延伸式交谈方式能使参与交谈的有关各方统一思想，达成共识，或者交换意见，完善各自观点。在进行延伸式交谈时，需要注意的是要以理服人，注意听他人的意见，不能武断和强词夺理。另外，在交谈的过程中，要特别注意面部表情，要表现出对对方谈话内容的关注，随着谈话的内容而有所反应。

（五）交谈的语言技巧

1. 基本要求

1）发音标准，语速适中

交谈时必须让对方听清自己的话，否则根本谈不上交流。因此，交谈时必须使用普通话，切忌在公共场合使用方言或家乡话。语速过快容易说错或让对方听不清，过慢则沉闷无聊。一般交谈可参考访谈节目的主持人；演讲可参考新闻联播中主播的语速语调；在气氛热烈的情况下，可参考综艺节目主持人的语速语调。

2）文明礼貌用语

要善于使用约定俗成的礼貌用语，如"您好""请""谢谢""对不起""打扰了""再见"等。一般见面时先说"早安""晚安""你好""身体好吗""夫人（丈夫）好吗""孩子们都好吗"。对新结识的人常问"你喜欢这里的风景吗""你喜欢我们的城市吗"。分别时常说"很高兴与你相识，希望再有见面的机会""再见，祝你周末愉快""晚安，请向朋友们致意""请代向全家问好"等。即使在交谈中有过争执，也应不失风度，切不可来上一句"说不到一块儿就算了""我就是认为我对"等。特别提醒，在交谈中要少用"我"字，千万别把"我"变成最常用的字。

3）言之有物，简洁流畅

交谈的双方都想通过交谈获得知识、拓宽视野、增长见识、提高水平。因此，交谈要有观点、有内容、有内涵、有思想，而空洞无物、废话连篇的交谈是不会受人欢迎的。没有材料做根据，没有事实作为依凭，再动听的语言也是苍白乏味的，所以在交谈时，要明确地把话说出来，将所要传递的信息准确地输送给对方，正确反映客观事物，恰当地揭示客观事理，贴切地表达思想感情。

在交谈时所使用的语言应当力求简单明了，言简意赅地表达自己的观点和看法。所说的内容不可产生歧义、模棱两可，以免产生不必要的误会。

4）主次分明

根据讲话的主题和中心设计讲话的次序，安排讲话的层次，即交谈要有逻辑性、科学性。刘勰的《文心雕龙》里写道："使众理虽繁，而无倒置之乖；群言虽多，而无棼丝之乱。"有些人讲话，想到哪儿，说到哪儿，语言支离破碎，一段话没有中心，给人的感觉是杂乱无章，不知所云。所以交谈时，先讲什么，后讲什么，思路要清晰，内容要有条理，布局要合理。

2. 语言技巧

交谈礼仪中优化语言的方法和技巧也有很多种，这里主要介绍以下几种。

1）委婉法

委婉法是指为了策略或礼貌起见，使用温和的、令人愉快的、无害的语言来表达令人厌恶的、伤心的或不宜直说的事实。应多用设问句，而不随便使用祈使句。委婉是一种谈话艺术，其显著特点是"言在此而意在彼"，诱导对方去领会话中之意。不同的表达方式带给人的感受有很大差别。如"谁"较之于"哪一位"，"不行"较之于"对不起"，"什么事"较之于"请问你有什么事"，前者太直白，语气很冲，后者语气婉转，更让人容易接受。从心理学的角度来看，委婉含蓄的话，不论是提出自己的看法还是劝说对方，都能满足对方心理上的自尊感，使对方容易赞同或接受。

要尽量避免一些不文雅的语句和说法，不宜明言的一些事情可以用委婉的词句来表达。例如，想要上厕所时，宜说"对不起，我去一下洗手间"。在用餐期间要去洗手间，应说"我需要出去一下""我出去有点事"或"我去打个电话"。

2）暗示法

暗示法是通过语言、行为或其他符号把自己的意向传递给他人，并引起反应的方法，它是辅助口头交流的一种方法。暗示是一种信号化的刺激，表示"不公开、隐蔽地给人以启示"。从社会心理学角度来看，暗示是在无对抗的条件下，用含蓄、间接的方法对人的心理和行为产生影响。

例如，当一位朋友不邀而至，贸然闯进了你的写字间，而你实在难用很长的时间与之周旋时，你可以暗示对方应尽早离去，但又不能使其难堪。可以在见面之初，一面真诚地对其表示欢迎，一面婉言相告："我本来要去参加公司的例会，可您这位稀客驾到，我岂敢怠慢。所以专门告假 5 分钟，特来跟您叙一叙。"这句话的"话外音"，乃是暗示对方"只能谈 5 分钟时间"。又如，面对喋喋不休者，可以"不浪费你的宝贵时间了"暗示其应当结束谈话，因说得不失敬意，故在对方的耳中就要中听多了。

3）模糊法

模糊法是运用不确定的语气或词汇进行交谈，使表达留有余地。汉语中有许多这样的词汇，如概数词上下、左右、前后、多少、多日、多次等，副词马上、非常、刚刚、永远、略微等。

例如，一位来企业参观的外商，突然问起我方的产量、产值一类原本不宜问到的问题，告之以"无可奉告"固然可行，但却有可能使对方无地自容。此时，完全可以运用适当的谈话技巧，用另外的方式来表达"无可奉告"之意。例如，告诉对方"董事会让我们生产多少，就生产多少""有多大生产能力，就生产多少""能卖出去多少产品，就能创造多大产值""一年和另一年创造的产值，往往不尽相同"。面对这种照顾对方情绪的"所答非所问"，对方但凡识相，定会知难而退。

4）幽默法

幽默是在一定的语言条件下，通过语言的反常组合来实现的。幽默不仅仅在于博人一笑，更是一个人智慧的表现，它充满敏锐、机智、友善和诙谐。幽默有折射与引申，有喻世的针砭和讽刺，可以在会心的笑声中启人心智，让人在笑声中反省自己、感悟真谛。

莎士比亚说："幽默和风度是智慧的闪现。"幽默之所以有力量，是因为幽默本身与智慧密切相关。有幽默感的人大都是知识修养高、机智、聪慧的人。幽默的语言能够化解人际交往中的紧张、矛盾和尴尬。因此，幽默是一种境界、一种能力、一种处世的态度。在交谈过程中，幽默的表达主要依靠语言的修辞技巧，如比喻、双关、反语、颠倒、粘连、仿拟、飞白（在修辞学中，明知其错而故意仿效的修辞方式，叫作飞白。所谓"白"就是白字的"白"，即别字。故意运用白字，便是飞白）等。由语言的不协调构成喜剧性矛盾冲突，使读者或听众因意外而产生联想，忍俊不禁。但是，幽默是生活中的调味品而非食物，应适可而止。

> **案例：林肯的幽默**
>
> 美国前总统林肯在做律师时，有一次步行到城里去，赶时间出庭，当时他很穷，没钱坐车。这时一辆汽车从他身后开来，他扬手让车停下来，对司机说："能不能替我把这件大衣捎到城里去？""当然可以"司机说，"可我怎样将大衣交还给你呢？"林肯回答说："哦，这不难，我打算裹在大衣里头。"司机被他的幽默所折服，笑着让他上了车。

5）用肯定法表达不同意见

要表达不同意见时，应先肯定，再否定，可以说"你讲的有一定道理，不过……"。假如别人与你交谈时经常说出"不是这样""不太好呀"这样的话，你是否会感到厌烦呢？因此，使用肯定的语言表达形式比使用否定的语言表达形式更能令谈话气氛融洽。

6）用夸奖法增进彼此感情

适时夸奖对方几句会起到很好的作用。例如，可以说："老前辈的建议，确实起了作用，太谢谢了。""您的新发型太漂亮了！"

（1）寒暄与问候。应当善用寒暄与问候增进彼此的好感。寒暄语应带有友好之意、敬重之心，既不应当敷衍了事般地打哈哈，也不可戏弄对方。寒暄语可长可短，应因人、因时、因地而异。

跟初次见面的人寒暄，最标准的说法是"您好""很高兴能认识你""见到您非常荣幸"；比较文雅一些的说法有"久仰""幸会"；想随便一些，也可以说"早听说过您的大名""某某人经常跟我谈起您"或"我早就拜读过您的大作""我听过您做的报告"等。

跟熟人寒暄，用语则不妨显得亲切一些、具体一些，最好是夸奖与称赞一类的话语。可以说"您气色不错""您的小孙女好可爱呀"，这会让对方感到如沐春风。

（2）称赞与感谢。懂得赞美别人的人，最是招人喜欢。得到他人帮助后，知道及时表示感谢的人最有礼貌。称赞与感谢，都有一定的技巧，如不加遵守，不但显得虚伪，而且可能词不达意，招致误解。例如，赞美他人"您今天穿的这件衣服，比前天穿的那件衣服好看多了"，或是"去年您拍的那张照片，看上去您多么年轻呀"，都是用"词"不当的典型例子。前者有可能被理解为指责对方"前天穿的那件衣服"太差劲，不会穿衣服；后者则有可能被理解为是在向对方暗示："您老得真快！您现在看上去可一点儿也不年轻了。"

赞美别人，应有感而发，诚挚中肯。因为它与拍马屁、阿谀奉承终究是有所区别的。

赞美别人的第一要则，就是实事求是，力戒虚情假意，乱给别人戴高帽子。夸奖一位不到40岁的女士"显得真年轻"，还说得过去；但是用它来恭维一位气色不佳的80岁老太太，就过于做作了。离开真诚二字，赞美将毫无意义。

赞美别人的第二要则，是因人而异。男士喜欢别人称赞自己幽默风趣有风度，女士渴望别人夸自己年轻、漂亮，老年人乐于别人欣赏自己知识丰富、身体保养好，孩子们爱听别人表扬自己聪明懂事。应适当地道出他人内心之中渴望获得的赞赏。这种"理解"，最受欢迎。有位西方学者说：面对一位真正美丽的姑娘，才能夸她"漂亮"；面对相貌平平的姑娘，称赞她"气质甚好"，方为得体；而"很有教养"一类的赞语，则只能用来对长相实在无可称道的姑娘讲。话虽然有些直白，却很值得参考。

赞美别人的第三要则，是话要说得自然，不露痕迹，不要听起来过于生硬，更不能一视同仁、千篇一律。当着一位先生的夫人之面，突然对后者来上一句"您很有教养"，会让人摸不着头脑。如果明明知道这位先生的领带是其夫人"钦定"的，再夸上一句："先生，您这条领带真棒！"那就会产生截然不同的效果。

总之，交谈礼仪要求既要注意谈话内容，又要讲究谈话方式；既要注意言谈本身的问题，又要注意伴随言谈的表情动作。同时要把握好谈话的分寸，认清自己的身份，适当考虑措辞。要注意哪些话该说，哪些话不该说，有些话应该怎样说才能获得更好的交谈效果。还要注意讲话应尽量客观、实事求是，不夸大其词，不断章取义。讲话应尽量真诚，要有善意，尽量不说挖苦别人的刻薄话，不说刺激和伤害别人的话。

正面案例

在某五星级宾馆的小宴会厅里，一位服务员正在为一批客人服务。酒至半酣，宴会主人见餐桌上的银餐具非常精美，顺手就拿起一把汤匙塞进自己西装内侧衣兜里。这一情形正好让服务员看到了，她一边工作，一边寻思：这可怎么办啊？照理说，客人擅自拿走餐具，那就是盗窃，罚款是肯定的。但这位客人西装笔挺、风度翩翩、兴致勃勃，又是宴会的主人，大约是出于对餐具的欣赏，才顺手牵羊。这位服务员知道这位客人是个生意人，也不是第一次在这里宴请客人，以各自的身份而言，服务员觉得在这样的场合下，没必要当众揭露这位客人，因为这样会弄得难以收场。但也不能当没看见，毕竟那是酒店的财产啊。无意之中，她忽然瞧见了服务台上的餐具套。"眉头一皱，计上心来"，有办法了。在宴请快结束时，她手拿一套精致的带有酒店店徽的餐具递给那位客人，说道"先生，您好！听说您非常喜欢我店的银餐具，我们经理很高兴，特意给您一套，费用已经在您的账单上记下了。"客人先是一愣，然后马上就反应过来，就着台阶说道："谢谢你们经理的关照，今天酒喝多了，有失礼的地方请多包涵。"

本案例中，客人虽然没有要买酒店银器的目的，可是他的行为给服务员提了一个问题："我拿了你们酒店的东西，看你怎么办，我是你们酒店的老客人了，你不能得罪我。"服务员很聪明地采用了"避实就虚"的方法，巧妙地让客人"赔偿"了酒店的餐具，在不伤害客人情面的情况下，使酒店的利益得到了维护。这种反应能力和处理问题的能力是智慧和口才的重要标志。

反面案例

杨小曼是某酒店的前台接待员，她热情负责，和两位长住酒店的意大利专家关系不错，她也把自己当成了专家的朋友。一个星期天，那两位专家外出归来，到前台看看有没有留言。小杨在问候了他们以后，如同对待老朋友那样，随口便问："你们去哪里玩了？"专家迟疑了良久，才吞吞吐吐地相告："我们去建国门外大街了。"小杨当时以为对方累了，根本没将专家的态度当成一回事，于是她接着话茬问："你们逛了什么商店？"对方被迫答道："友谊商店。""你们怎么不去国贸大厦和赛特购物中心看看，秀水街的东西也挺不错的。"小杨好心地向对方建议说。然而，她的话还没有说完，两位专家却已转身离去。两天后，杨小曼就丢了这份工作，理由是她对客人的私生活干涉太多了。在中国人听起来，那些话体现了小杨待人的热情友善。可是，由于文化背景不同，意大利专家却认为小杨有"窥视癖"，妨碍了自己的私生活。在国际交往中，待人接物要做到"热情有度"。它要求人们同外国人打交道时，不仅要热情友好，而且要把握好具体分寸，否则就会事与愿违，过犹不及。

六、通信礼仪

当人们不便或不必面对面交谈时，电话、网络、书信等便成为了辅助沟通形式，其实质就是不见面的交谈，交谈礼仪在这些场景下基本适用，此外还有特定的礼仪需要遵守。

（一）电话礼仪

1. 基本礼仪

1）面带微笑，声音清晰柔和

虽然说通电话是一种"未曾谋面"的交谈，从表面上看，人们接电话时的态度与表情对方是看不到的，但是实际上这一切对方完全可以在通话过程中感受到。应该面带微笑通电话，就像对方就在自己面前一样。通话时，应当做到声音清晰悦耳、温和有礼、吐字准确、语速适中、语气亲切自然。讲话声音不宜太大，让对方听清楚即可。

2）态度尊重

通话过程中，应该保持端正的姿势，或站或坐，都要保持身体挺直，不要东倒西歪，弯腰驼背。话筒与嘴的距离保持在3cm左右。不要把电话抱在怀里，夹在脖子上通话。也不要拉着电话线，边走边接听电话。也不要坐在桌角、趴在沙发上或把双腿高抬到桌面上，大模大样地与对方通话。在通话过程中，不要对着话筒打哈欠，或吃东西。也不要同时与其他人闲聊，否则会让对方感到自己在受话人的心中无足轻重。通话结束后，应轻放话筒，不要用力摔。

3）正确自我介绍

接通电话后，通话者应首先向对方正确介绍自己，即"自报家门"。在电话中自我介绍的方式如下：在私人电话中，报本人的姓名；在公务电话中，报本人所在的单位、职务和姓名。

4）尊者先挂电话

在结束电话交谈时，一般应当由打电话的一方提出，然后彼此客气地道别，说一声"再见"，再挂电话，不可只管自己讲完就挂电话。交际礼仪的规则是地位高者先挂电话，具体情况如下。

（1）上班时，无论上司的性别、年龄，都由上司先挂。

（2）单位与单位之间通话，无论官大官小，都由上级单位先挂。

（3）在商务交往中，客户是上帝，无论是投诉还是做生意，都由客户先挂。

（4）一般求人的事，等被求的人先挂。

（5）如果自己有重要的事情，不宜继续通话，应该说明原因，并告诉对方"有空时，我马上打电话给您"。

5）尊重别人的隐私

当别人打电话或接听电话时，要做到不偷听、不旁听。当代别人接听电话时，要做到不随意传播，也不可当着众人的面，大声转述电话的内容。

6）电话意外中断的处理

若能确定是哪一方引起的中断，应当在条件允许的情况下由该方立即重新拨打电话；否则，由地位相对较低的一方立即重新拨打电话。电话重新接通后，应当首先致歉并说明原因。

7）不谈机密，谈判尽量面谈

电话是辅助交流的工具，存在可能被窃听、不能当面观察对方反应等不足，而且接听电话的一方比较被动，当时不一定方便详谈，因此重要事情不宜在电话中谈。

8）主次分明

通常在进行重要会谈之前应当关闭手机或使其处于静音状态，而进行一般性交谈时则不必。正在与别人交谈时，电话响了，首先应当向谈话对象致歉："对不起，我接一下电话。"待其同意后立即接听电话，告知对方正在与他人交谈，简要说明情况后约定时间另行通话。

2. 打电话的礼仪

1）做好打电话前的准备

为了使通话简洁顺畅，打电话前，应首先做好通话内容的准备。如把要找的人名、职务、要谈的主要内容进行简单归纳，写在纸上。这样就可以做到通话时层次分明、条理清楚，不至于通话时丢三落四、语无伦次，让对方不得要领。通话时要简明扼要、干净利落，不能吞吞吐吐、东拉西扯、不着边际，既浪费对方的时间，又会给对方留下"办事不干练"的不良印象。此外，与不熟悉的单位或个人联络时，对对方的姓名与电话号码应当弄得一清二楚，以免因为搞错而浪费时间。

2）选择合适的通话时间

打电话时，首先要选择合适的通话时间。一般情况下，如果打电话到对方家里，不要选择过早、过晚或对方休息的时间，如早晨7点前、晚上10点后、一日三餐的吃饭时间、节假日等。因紧急事宜打电话到别人家里去时，通话之初先要为此说声"对不起"，并说明理由。另外，因公事打电话，尽量不要打电话到对方家里，尤其是晚上。打电话到海外，还应考虑到两地的时差问题。打电话到对方工作单位时，要想使通话效果好一些，不至于受到对方繁忙或疲劳的影响，则通话时间不应是对方刚上班、快下班、午休或快吃午饭时。一般来讲，周一上班一个小时内没有重要事情不要打电话，因为此时大多数单位要开例会安排一周的工作日程或处理一些重要事务。周五下午下班前不要打电话，因为临近下班时间，人们的心理状态处于疲劳期。此外，不要因私事打电话到对方单位。

3）控制通话的时间长度

电话被称为"无形造访的不速之客"。在很多情况下，它都有可能"出其不意"地打扰别人的正常工作或生活。因此，打电话的人必须有一个明确的指导思想，即每次打电话的时间不应超过3分钟。在国外，这叫做"通话3分钟原则"。如果确实需要通话很长时间，一定要征询对方此时通话是否方便，否则应与对方另行约定时间。所以，打电话时要注意长话短说、废话不说。

4）讲究礼节

打电话应当用"您好"开头、"请"字在中、"谢谢"收尾，态度温文尔雅。接通电话后，应该向受话方首先问声"您好"，再用简单的语言自报家门和证实对方的身份，然后立即向对方说明打电话的目的，迅速转入正题。

3. 接电话的礼仪

在通电话的过程中，接听电话的一方显然是被动者。尽管如此，人们在接听电话时，也需要专心致志、彬彬有礼。

1）接听速度与态度

在日常生活和工作中，正常情况下，不允许不接听他人打来的电话。在国外，接电话有"铃响不过3遍"一说。如果因特殊原因，致使铃响许久才接电话，应在通话之初就向发话人表示歉意。尤其是如约而来的电话，因为这关系到一个人的诚信问题。接电话时，态度应当殷勤、谦恭。在办公室里接听电话，尤其是有外来的客人在场时，最好是走近电话，双手捧起话筒，以站立的姿势，面带微笑地与对方友好通话。接听电话时，速度快、态度好、姿势雅，才是合乎礼仪的。

2）问候对方并主动自报家门

拿起电话后，要热情问候对方并主动自报家门。问候对方是礼貌，自报家门则是为了让对方验证是否拨错了电话，找错了人。日常生活中，很多人接听电话的第一句话就是"喂，谁呀""你找谁呀"。更有甚者一张嘴就毫不客气地查对方的"户口"，一个劲儿地问人家"你找谁""你是谁"或"有什么事儿呀",这是不合乎规范的。规范的做法是"您好!我是×××,请问您是哪位?""您好!马丽姬,请讲。"在办公室中,接听电话时拿起话筒所讲的第一句话,也有一定的规矩。接听电话时所讲的第一句话,常见的有两种形式。第一种是以问候语加上单位、部门的名称及个人的姓名。这种方式最为正式。例如,"您好!林安集团公司人事部姜超,请讲。"第二种是以问候语加上单位、部门的名称,或问候语加上部门名称。这种方式适用于一般场合。例如,"您好!惠仟佳公司广告部,请讲。"或者"您好!人事部。请讲。"后一种形式,主要适用于由总机接转的电话。万一对方拨错了电话或电话串了线,也要保持应有的风度,切勿发脾气。确认对方拨错了电话,应先自报一下"家门",然后再告之电话拨错了。对方如果道了歉,不要忘了以"没关系"去应对。如有可能,不妨问一问对方,是否需要帮助他查一下正确的电话号码。这样做可以树立自己以礼待人的良好形象。

3)礼貌地结束通话

在通话时,接听电话的一方不宜率先提出终止通话的要求,按照惯例应由打电话者先挂断电话。如果对方还没有讲完,你就挂断电话,是很不礼貌的。尤其在与位尊者或女士通话时,一定要等对方先挂电话,以示对对方的尊重。如果你确实有急事需要挂断电话,可向对方简单说明原因,表示歉意,并再约一个合适的时间,届时自己主动打电话过去。约好了时间,必须牢记并遵守。在下次通话时,还要再次向对方致以歉意。如果遇上不识相的人打起电话没完没了,必须让其"适可而止",语言也应当委婉、含蓄,不要让对方难堪。例如,不宜说:"你说完了没有?我还有别的事情呢。"而应当讲:"好吧,我不再占用您的宝贵时间了。""真不希望就此道别,不过以后真的希望再有机会与您联络。"

4)正确处理代接电话

代接电话时,讲话要有板有眼。被找的人如果就在身旁,应告诉打电话者"请稍候",然后立即转交电话。倘若被找的人不在身旁,应在接听电话之初立即相告,并礼貌地征询对方自己是否可以代为转告。应当先讲"某人不在",然后问"您是谁"或"您有什么事情",切勿弄错次序,以免让打电话者疑心他要找的人就在旁边,可就是不想搭理他。代接电话时,对方如有留言,应当场记录下来。电话记录的内容一般为 6W 要素:Who(谁来的电话)、Whom(打电话找谁)、What(来电内容)、Why(来电原因)、Where(来电中提到的地点)、When(来电的时间和电话中提到的时间)。

5)善待错拨

遇到错拨的电话,应首先告诉对方自己的号码,使其确信你不是他要找的人,如果能给予对方帮助的话则更好。

案例:一时口误遭冷遇

一位先生要找 A 公司,但拿起电话却顺嘴说成了 B 公司。A 公司的员工一听对方要找的是自己的竞争对手,马上说"你打错了","啪"的一下就挂断了电话。这位先生回过神来,觉得心里很不舒服。他以前也跟接电话的这位员工联系过几次,没想到对方的温文尔雅都是装出来的,实际是这副"德性",他再也不想和对方合作了。

4. 使用移动电话的注意事项

（1）注意安全。开车时不打电话，乘飞机时要关机，在加油站、病房中不使用手机。一般情况下，不要借别人的手机，尤其是陌生人。

（2）文明使用。使用手机时，一定要讲究社会公德，避免打扰其他人。在公共场所活动时，尽量不要使用手机。当手机处于待机状态时，应使其静音或转为振动。需要与他人通话时，应寻找无人之处，避免当众自说自话。公共场所乃是公众共享之处，人人都要自觉地保持肃静。显而易见，在公共场所手机狂叫不止或与他人当众通话，都是侵犯他人权利、不讲社会公德的表现。在参加宴会、舞会、音乐会，前往法院、图书馆，或参观各类展览时，更应注意。

在工作岗位上，也应注意不使自己的手机有碍于工作、有碍于别人。在写字间里办公时，尽量不要让手机"大呼小叫"。尤其是在开会、会客、上课、谈判、签约及出席重要的仪式、活动时，必须自觉地提前采取措施。必要时，可暂时关机，或者委托他人代为保管。这样做，表明自己一心不可二用，因而也是对有关交往对象的一种尊重和对有关活动的一种重视。

（3）不借用他人手机。

（4）不代接手机。

（5）自拍避开他人。

（6）放置到位。手机的使用者，应当将其放置在适当之处。在正式场合，切不可有意识地将其展示于人，如握在手中，别在衣服外面，放在自己身边，或有意当众对其进行摆弄。按照惯例，外出之际随身携带手机的最佳位置有二：一是公文包里，二是上衣口袋之内。穿套装、套裙之时，切勿将其挂在衣内的腰带上。否则撩衣取用有碍观瞻，令身旁之人尴尬。

（7）正确使用个性化铃声。随着手机的普及，个性化的手机铃声也迅速走俏。这些个性化铃声为生活增添了色彩，人们选择它们无可非议。但是应该注意正确使用个性化铃声，在办公室和一些严肃的场合，不合适的铃声不断响起，对周围的人是一种干扰。另外，铃声要和身份相匹配。相对来说，过于个性化的铃声与年轻人的身份比较匹配，一些长者或有一定身份的人如果选择与自己身份不太匹配的铃声，会损害自己的形象。

（8）不可频繁改换手机号码。如果改换，应及时通知重要的亲朋好友和重要的合作伙伴。

（9）短信、微信。短信和微信相当于微型信件，要遵守与书信类似的礼仪格式要求。要做到内容健康、言简意赅、及时回复，特别是发送短信时，必须使用恰当的称呼和落款，以便确保短信发送对象正确，以及让对方知道发送者是谁。

（二）书信

1. 书信写作格式

书信历史悠久，其格式也几经变化。今天，按通行的习惯，书信格式主要包括 5 部分：称呼、正文、结尾、署名和日期。

1）称呼

它也称"起首语"，是对收信人的称呼。称呼要在信纸第一行顶格写起，后加冒号，冒号后不再写字。称呼和署名要对应，明确自己和收信人的关系。称呼可用姓名、称谓，还可加修饰语或直接用修饰语作为称呼。这里简要说明几条细则。

（1）给长辈的信。若是近亲，就只写称谓，不写名字，如"爸""妈""哥""嫂"等；是亲戚关系的，就写关系的称谓，如"姨妈""姑妈"等。对非近亲的长辈，可在称谓前加名或姓，如"赵阿姨""黄叔叔"等。

（2）给平辈的信。夫妻或恋爱关系，可直接用对方名字、爱称加修饰语或直接用修饰语，如"丽""敏华""亲爱的"等；给同学、同乡、同事、朋友的信，可直接用名字、昵称或加上"同学""同志"，如"瑞生""老纪""小邹""三毛"等。

（3）给晚辈的信。一般直接写名字，如"乐毅""君平""阿明"等；也可在名字后加上辈分称谓，如"李花侄女"等；还可直接用称谓作为称呼，如"孙女""儿子"等。

（4）给师长的信，通常只写其姓或其名，再加"老师"二字，如"段老师""周师傅""宏海老师"等。对于十分熟悉的师长，也可单称"老师""师傅"。假如连名带姓，在信首直称"孙松平老师""王达夫师傅"，就显得不大自然且欠恭敬。对于学有专长、德高望重的师长，往往在姓后加一"老"字，以示尊重，如"戴老""周老"，也可在姓名后加"先生"二字。为郑重起见，也有以职务相称的，如"董教授""陈大夫""佟工程师"等。

（5）给一个单位或几个人的信，又不指定姓名的，可写"同志们""诸位先生""××等同志"等。给机关团体的信，可直接写机关团体的名称，如"××委员会""××公司"。给机关团体领导人的信，可直接使用姓名加上"同志""先生"或职务作为称呼，也可直接在机关团体称呼之后加上"领导同志""负责同志""总经理""厂长"等。如果信是同时写给两个人的，两个称呼应上下并排在一起，也可一前一后，尊长者在前。

上述 5 种场合，有时还可按特殊对象，视情况加上"尊敬的""敬爱的""亲爱的"等形容词，以表示敬重或亲密之情。当然，这要用得适宜，如对好友称"尊敬的"，反而显得见外；对无特殊关系的年轻女性贸然称呼"亲爱的"，那就有失检点了。

2）正文

正文通常以问候语开头。问候是一种文明礼貌行为，也是对收信人的一种礼节，可体现写信人对收信人的关心。问候语最常见的是"您好""近好"。依时令节气不同，也常有所变化，如"新年好""春节愉快"。问候语写在称呼下一行，前面空两格，常自成一段。

问候语之后，常有几句起始语，如"久未见面，别来无恙。""近来一切可好？""久未通信，甚念！"之类。起始语要注意简洁、得体。

接下来便是正文的主要部分——主体文，即写信人要说的话。它可以是禀启、复答、劝谕、抒怀、辞谢、致贺、请托、慰唁，也可以是叙情说理、辩驳论证等。这一部分，动笔之前，就应该成竹在胸，明白写信的主旨，做到有条有理、层次分明。若是信中同时要谈几件事，更要注意主次分明、有头有尾、详略得当，最好是一件事一段落，不要混为一谈。

3）结尾

正文写完后，要写上表示敬意、祝愿或勉励的话，作为书信的结尾。习惯上，它被称为祝颂语或致敬语，这是对收信人的一种礼貌。祝愿的话可因人、因具体情况选用适当的词，不要乱用。

结尾的习惯写法有两种。

（1）在正文写完之后，空两格写"此致"，转一行顶格两格写"敬礼"。

（2）不写"此致"，只是另起一行空两格写"敬礼""安好""健康""平安"等词，一定要另起一行空两格，不得尾缀在正文之后。也可以在正文结尾下另起一行写"祝你""敬祝"，再空两格写上"安好""健康"等。

4）署名和日期

在书信最后一行，要署上写信人的姓名。署名应写在正文结尾后右方空半行的地方。如果是写给亲属、朋友的信，可加上自己的称呼，如儿、弟、兄、侄等，后边写名字，不必写姓。如果是写给组织的信，一定要把姓与名全部写上。而在署名之后，有时还视情况加上"恭呈""谨上"等，以示尊敬。上述自称，都要和信首的称谓相互吻合。

日期一项，用以注明写完信的时间，写在署名之后或下边。有时写信人还加上自己所在的地点，尤其是在旅途中写的信，更应如此。

2. 封文

封文包括收信人地址、收信人称谓（供送信人使用，并非写信人对收信人的称呼）、发信人的落款。

3. 通信技巧

（1）写信：礼貌、完整、清楚、正确、简洁。

（2）发信：折叠、装入、附件、邮资、封闭。

（3）收信：守法、拆信、保存、即复、回应。

（三）网络

1. 微信、QQ

（1）要有称呼。

（2）能一条信息说完的尽量不要分多条发送。

（3）尽量用文字，少用语音。

（4）有用的文件及时下载。

2. 电子邮件

（1）在通信录中正确且尊重地标记通信对象，因为对方能看到你对他（她）的称呼。

（2）遵照书面信件格式，如正文内容较长则用附件说明详情，如有多个附件最好打包压缩后发送，免去收件人逐个下载的麻烦。

（3）英文邮件不能全部用大写。

（4）及时接收与回复，重要邮件要保存好。

3. 网络社群

文明交流，不造谣不传谣。

【思考与练习】

1. 称呼的基本原则有哪些?
2. 每3人一组练习：A今天办生日聚会，B是A的同学、C的同乡，B带领C参与聚会，要为A和C引见。A、B、C分别要怎么做？
3. 你正在与别人交谈，这时电话响了，你该怎么办？
4. 案例分析。

王峰在大学读书时学习非常刻苦，成绩也非常优秀，几乎年年拿奖学金，为此同学们给他起了一个绰号"超人"。大学毕业后他顺利地进入一家跨国公司工作，一晃八年过去了，他现在已经成为公司的部门经理。去年国庆节，王峰带着妻子回国探亲。一天，在大剧院观看音乐剧，刚刚落座，就发现有3个人向他们走来，其中一个人边走边伸出手大声地叫："喂！这不是超人吗？你怎么回来了？"这时，王峰才认出说话的正是他的老同学贾某。贾某毕业后跑到南方做生意，赚了些钱，如今在上海注册公司当起了老板，今天正好陪着两位从香港来的生意伙伴一起来观看音乐剧，这对生意伙伴是他交往多年的较年长的香港夫妇。此时，王峰和贾某都既高兴又激动。贾某大声寒暄了好一阵子，才想起王峰身边还站着一位女士，就问王峰身边的女士是谁，王峰这时才想起向贾某介绍自己的妻子，待王峰介绍完毕，贾某高兴地走上去，给王峰妻子一个拥抱礼。这时贾某也想起该向老同学介绍他的生意伙伴了。
（案例来源：中华文本库礼仪案例 http：//www.chinadmd.com/file/xzci3tvtwzciorpxzxevsswv_1.html）

思考：上述场合见面过程中有什么不符合礼仪规范的地方？正确的做法是什么？

分析：

（1）公共场合不应大声喧哗，应低声打招呼，必要时可以离开公共场合后谈话。
（2）在有宾客在场的时候不应该叫别人的外号。
（3）双方见面时要先介绍随行者，再分别握手，交换名片，简单谈话。
（4）男女之间第一次见面只能行握手礼。

第四章 公共场所礼仪

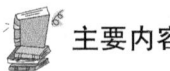 主要内容

- 公共场所通用礼仪
- 特定公共场所礼仪

 二维码链接

公共卫生
乘坐飞机
乘坐火车

公共卫生　　乘坐飞机　　乘坐火车

一、公共场所通用礼仪

公共场所礼仪，是指人们在公共场所需要遵循的礼仪规范。身处不同的公共场所，只有懂得相应的礼仪规范，才能表现得体。在公共场所不管是一个人还是一群人，都要谨守公德，记住慎独、礼让。

（一）采用合理的人际距离

人际距离，在某种情况下也是一种无声的语言。它不仅反映了人们彼此之间关系的现状，而且体现了其中一方，尤其是保持距离的主动者对另一方的态度、看法。通常，人际距离大体可以分为下列 4 种类型。

1. 私人距离

当两人相距在 0.5m 之内时，即为私人距离，又称亲密距离，仅适用于家人、恋人、至交之间。与一般关系者，尤其是陌生人、异性共处时，应避免采用该距离。

2. 社交距离

当两人相距在 0.5~1.5m 时，即为社交距离。这一距离主要适用于交际应酬。它是人们平时采用最多的人际距离，故又称常规距离。

3. 礼仪距离

当两人相距在 1.5~3m 时，即为礼仪距离，也称敬人距离。该距离主要适用于向交往对象表示特有的敬重，或用于会议、庆典、仪式。

4. 公共距离

当两人相距在 3m 开外时，即为公共距离，又称大众距离，主要适用于与自己不相识的人共处。在公共场合，与陌生人之间应尽量采取此种距离。

（二）行进礼仪

在公共场所行进时，应自尊自爱，以礼待人，自觉遵守有关礼仪规范，表现自己良好的礼仪修养。需要注意以下规范。

1. 走路

1）基本要求

遵守交通规则，不吃零食，不抽烟，不乱扔废物，不随地吐痰，不过分亲密，不尾随围观，不窥视私宅。在行走时，应体现"尊者优先"的原则，如男士应礼让女士进出大门和走廊；上下车时，男士要主动为女士打开车门。

2）具体情况

两人一起走路时，以右为尊，以内侧为尊，不要把手搭在对方肩上。多于 3 人时，居中为尊，以前为尊。在道路上行进时，要走人行道，并自觉让出专用的盲道；无人行道时，应尽量走路边，按当地惯例靠一侧行走。在马路上要单行行进，不要多人携手并肩行走，以免造成堵路。不要在马路上停留、休息或与人长谈。要与其他人保持适当的距离。

出入房间，通常是先出后进。走廊内不要多人并排同行。拥挤之处，要保持一定的速度匀速前进，不要行动太慢，以免阻挡身后的人。更不能停留或逆人流而行，以免造成危险。

2. 上下楼梯

上下楼梯均应靠右单行行走，不应多人并排行走。为人带路上下楼梯时，应走在前面。上下楼梯时不应进行交谈，更不应站在楼梯上或楼梯拐弯处进行深谈，以免有碍他人通过。

男性与长者、异性一起上下楼梯时，如果楼梯过陡，应主动走在前面，以防对方有闪失。上下楼梯时，既要注意楼梯，又要注意与身前、身后的人保持一定距离，以防碰撞。不管自己有多么急的事情，都不应推挤他人，也不要快速奔跑。搭乘扶手电梯的规则与走楼梯类似。

> **案例：遇到熟人才让路**
>
> 某天早上，3 名女生并排走在教学楼的楼梯上，全然不顾其他人，迎面走来一名女生，这 3 名女生热情打招呼："师姐！"并让出路来让她通过，然后继续三人行。本例反映了哪些常见的不文明行为？正确做法是什么？
>
> **分析**：反映了国人的"熟人习惯"，以及公共场所不遵守行路规则。正确做法是对陌生人和熟人都要讲礼仪，不挡道，应单列靠右行走。

（三）搭乘电梯的礼仪

1. 乘自动扶梯

在商场、机场或娱乐场所乘自动扶梯时，要按照当地交通规则，自觉站在前进方向一侧，给有急事的人留出一条通道，如在我国内地应站在右侧，而在我国香港和澳门地区则应靠左侧站立。

2. 搭乘升降电梯

乘电梯时，先按一下电梯口的上下按钮，站到电梯的一侧。等候电梯时，不应挡住电梯门口，以免妨碍电梯内的人出来。

电梯到达后，不要争先恐后，要遵循"尊者优先"的原则，晚辈礼让长辈，男士礼让女士，职位低者礼让职位高者。如果与尊长、女士、客人同乘电梯，要视电梯类别，尽量把无控制按钮的一侧让给尊长、客人和女士。

出入无人控制的电梯时，陪同人员应先进后出，并控制好开关按钮。理由是有时陪同的客人较多，导致后面的客人来不及进电梯，所以陪同人员应先进电梯，控制好开关按钮，让电梯门保持较长的开启时间。

出入有人控制的电梯时，陪同者应后进后出，让客人先进先出。

进入电梯后，应正面朝电梯口，以免造成面对面的尴尬。尽量站成"凹"字形，挪出空间，以便让后进入者有地方站。不应高声谈笑，不能吸烟，不能乱丢垃圾。在电梯内，即便电梯中的人都互不认识，站在开关处者，也应做好开关的服务工作，为他人提供方便。

搭乘电梯需要特别注意安全，电梯关门时，不要扒门，不要强行挤入。电梯人数超载时，不要强行进入。如发现突然偏梯或出现其他事故，不要惊慌失措，应立即通知检修人员检修。

（四）排队礼仪

在公共场合，不管有没有明文规定或是否有人监督，都应该主动排队。因为排队在很多情况下对全体人员来说是效率较高的解决问题的方式之一。

排队，简单来说，就是人们按照先来后到的顺序一个挨一个地排列成队，以便依次从事某事。俗话说："没有规矩，不成方圆。"我们在车站、机场、医院、影剧院等公共场所，都要增强秩序观念，主动排队。在排队时，应当遵守以下礼仪规范：

1. 主动、自觉排队

遇到需要排队的情况，应该主动上前排队。

排队的时候，要保持耐心。不要起哄、拥挤、加塞或破坏排队。即使前面有自己熟识的人，也不要去插队。是否自觉排队，也能从侧面反映一个人的基本素质。

2. 遵守排队秩序

排队应该遵守的基本秩序是先来后到、依次而行。遇到熟人也要做到不让自己的熟人插队。假如排队过程中因故需要暂时离开，应向身后的人说明情况，如"不好意思，我马上回来，请帮我保留这个地方"。如果对方同意，返回后可在原处继续排队；如对方不同意，则应从队伍末端重新排起。假如有人插队，可以礼貌地提醒对方："不好意思，请按秩序排队"。

现在比较流行一种"小团体排队法"，公众非常反感。例如，5个朋友一起去超市购物，结账的时候，各自站到一队的队尾，看谁最快，快排到时，大家就"呼啦"一下集中到最快的那一队去结账。这样原来站在"最快者"后面的那些排队者通常都会很恼火，因为前面一下子多出来4个人，这样的排队方式与插队无异，非常令人反感。正确的做法是大家按照先来后到的次序，各排各的。

3. 排队间距要适当

排队时，人与人之间最好保持0.5m左右的间隔。不能前呼后拥，一直往前推挤，这会影响公共秩序。特别是在金融窗口、取款机等涉及个人隐私的场合，前后之间的距离应适当增大。凡标有"一米线"的，应在"一米线"后依次排队。没有"一米线"的地方，最前排也应留出足够的操作空间。

4. 绕队而行

如果别人排好了队，不要从别人的队伍里横穿过去。不得已的情况下，应先说声"对不起"，待别人让出空间后再横穿。

案例：常见的"双重标准"

某单位安排员工体检，等候做心电图时某女见有人插队，气愤地与同事抨击插队的人"太过分"。1分钟后，其男友过来跟她说另外一个要排队的项目B超有同乡是医生，可优先安排。于是，她做完心电图后随男友去做B超。本例反映了哪类常见的不文明行为？正确做法是什么？

分析：反映了对己对人双重标准。正确做法是遵守同样的标准，正常排队。

（五）乘坐交通工具的礼仪

乘坐交通工具已经成为现代社会人们日常生活的重要组成部分。无论是乘坐轿车、公共汽车，还是乘坐火车、轮船、飞机，都应遵守一定的礼仪规范。

1. 乘车礼仪

乘车时需要注意座次，按照国际惯例，乘坐轿车时座次安排的规则是右高左低、后高前低。轿车座次由于驾车者身份不同而有所区别。具体的座次排序如图 4-1～图 4-4 所示。

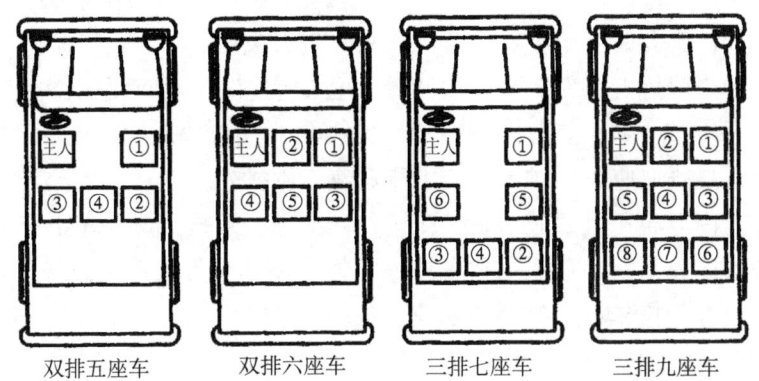

图 4-1　由主人亲自驾驶的双排与三排座轿车的座次排序（驾驶座居左）

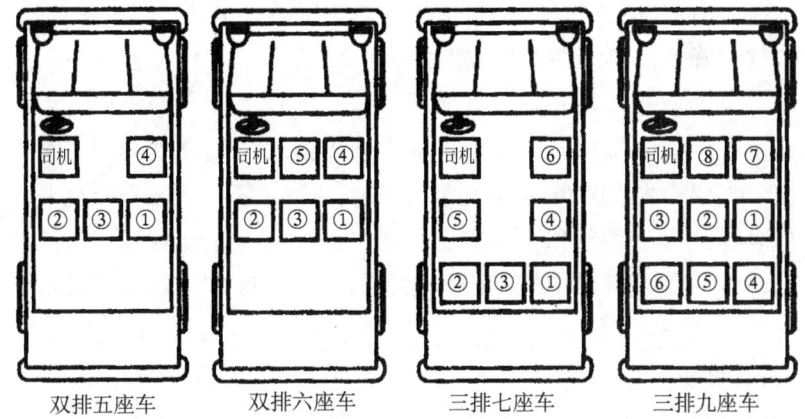

图 4-2　由专职司机驾驶的双排与三排座轿车的座次排序（驾驶座居左）

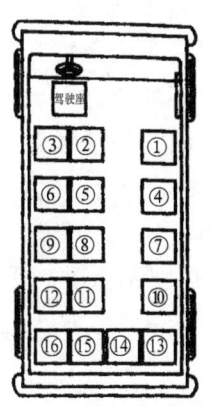

图 4-3　六排十七座中型轿车的座次排序

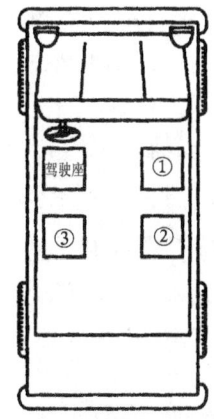

图 4-4　吉普车的座次排列

1）具体说明

乘坐双排座或三排座轿车时，座次的具体排列因驾驶员的身份不同而分为下述两种情况。

第一种情况，当主人亲自驾车时，若一个人乘车，则必须坐在副驾驶座上；若多人乘车，则必须推举一个人在副驾驶座上就座，否则就是对主人失敬。

在这种情况下，双排五座轿车上其他 4 个座位的座次，由尊而卑依次为副驾驶座、后排右座、后排左座、后排中座。三排七座轿车上其他 6 个座位的座次，由尊而卑依次应为副驾驶座、后排右座、后排左座、后排中座、中排右座、中排左座。

第二种情况，由专职司机驾驶轿车。在这种情况下，双排五座轿车上其他 4 个座位的座次，由尊而卑依次应为后排右座、后排左座、后排中座、副驾驶座。三排七座轿车上其他 6 个座位的座次，由尊而卑依次应为后排右座、后排左座、后排中座、中排右座、中排左座、副驾驶座。

乘坐四排座或四排座以上的中型或大型轿车时，以前排，即驾驶员身后的第一排为尊，其他各排座位由前而后依次递降。而在各排座位之上，则又讲究"右高左低"，即座次的尊卑应当从右向左依次递降。简单地讲，可以归纳为由前而后、自右向左。

根据常识，轿车的前排，特别是副驾驶座，是车上最不安全的座位。因此，按惯例，在社交场合，该座位不宜请妇女或儿童就座。而在公务活动中，副驾驶座，特别是双排五座轿车上的副驾驶座，则被称为"随员座"，专供秘书、翻译、警卫、陪同等随从人员就座。陪同领导及客人外出时要注意让领导和客人先上，自己后上。要主动打开车门，并以手示意，待领导和客人坐稳后再关门，一般车的右门为上、为先、为尊，所以应先开右门，关门时切忌用力过猛。

2）驾乘车辆注意事项

（1）主人亲自驾车。主人要先下车后上车，以便照顾客人上下车。

（2）专职司机驾驶。由专职司机驾驶轿车时，要先下车后上车，以便照顾坐于后排者。应请尊长、女士、来宾从右侧车门先上车，自己再从车后绕到左侧车门上车。下车时，则应自己先从左侧下车，再从车后绕过来帮助对方下车。若左后侧车门不宜开启，于右门上车时，要里座先上，外座后上。下车时，要外座先下，里座后下。总之，以方便易行为宜。乘坐多排座轿车，通常应以距离车门的远近为序。上车时，距车门最远者先上，其他人随后由远而近依次而上。下车时，距车门最近者先下，其他人随后由近而远依次而下。

（3）尊重轿车上嘉宾的本人意愿。在正式场合乘坐轿车时，应请尊长、女士、来宾就座于上座，这是给予对方的一种礼遇。当然不要忘了尊重嘉宾本人的意愿和选择。嘉宾坐在哪里，即应认定哪里是上座。即便嘉宾不明白座次，坐错了地方，也不要轻易指出和纠正。

乘坐轿车应遵循客人为尊、长者为尊、女士为尊的礼仪规范。

在正式场合，乘坐轿车需要严格分清座位的主次，找准自己的位置。在非正式场合，则不必过分拘礼。

> **案例：尊重嘉宾的选择**
>
> 迎宾员小贺第一次独立走上工作岗位。一辆白色高级轿车向饭店驶来，司机熟练而准确地将车停靠在饭店豪华大转门的雨棚下。小贺看到后排坐着两位男士，前排副驾驶座上坐着一位外国女宾。请问小贺该怎么做？
>
> 答案提要：小贺一步上前，目视客人，礼貌而亲切地问候，先为女宾打开车门，做好护顶并关好车门后，迅速走向后门，以同样的礼仪迎接后排客人下车。国际礼仪中有一条重要准则——"女士优先"。在社交场合或公共场所，男士应经常为女士着想、照顾、帮助女士。例如，人们在上车时，总要让女士先行；下车时，则要为女士打开车门等。西方人有一种形象的说法："除女士的小手提包外，男士可帮助女士做任何事情。"

2. 乘坐公交车的礼仪

候车时应按先来后到的顺序在站台上排队。车辆进站时，应等车停稳后依次上车。对妇女、儿童、老年人及病残者要照顾谦让。

（1）上车注意事项。上车后不要抢占座位，不要把物品放到座位上替别人占座。遇到老、弱、病、残、孕及抱小孩的乘客应主动让座。在车上与人说话应轻声，不要大声谈笑或与爱人过分亲昵。应讲究乘车卫生，不要在车上随地吐痰、乱扔果皮和纸屑。禁止在车上吸烟。下雨天上车后，应把雨衣脱下，不要让雨水沾湿别人的衣服。要将雨伞放置好，伞尖要朝下。

（2）下车注意事项。应提前做好准备，在车辆到站之前向车门靠近。车内十分拥挤，需要他人让路时，应有礼貌地请前面的乘客让一下或调换一下位置。在调换过程中，动作要和缓，注意不要挤撞别人。如果自己暂时不下车，应主动为下车的乘客让出位置。车到站后，应依次下车，并应照顾礼让老、弱、病、残、孕乘客。

3. 乘坐火车的礼仪

候车时应自觉遵守公共卫生，要保持安静，不要大声喧哗，不要随地吐痰，不要乱扔废弃物；检票时应排队依次行进，不要拥挤、推搡。

上车后要持票就座，不要见座就坐，甚至抢座。若未持有坐票，就座前应礼貌地征求邻座的同意后再坐。使用行李架时，不要独占太多的空间。移动别人行李之前应征得同意。往行李架上放行李时，不要穿鞋直接踩踏座位。行李安放好后，应礼貌地向邻座的乘客打招呼或点头示意。

坐定后，待时机成熟再与邻座交谈。在交谈时，不要打听对方隐私，不要冒失地索要对方的地址、电话，也不要旁若无人地嬉笑打闹。

在卧铺车厢，不要盯视他人的睡前准备和睡相；自己脱衣就寝时，应背对其他乘客。

当乘务员来打扫卫生和提供其他旅途服务时，应主动予以配合，提供方便并表示谢意，必要时应给予帮助。

当看到不良行为、不法行为时，要协助乘警、乘务员制止，抵制不法行为。

4. 乘坐飞机的礼仪

当上下飞机时，乘务小姐会站在机舱的门口迎送，并热情问候乘客，应向她们点头致意或问好。

登机后应对号入座。在机舱内谈话声音不可过高，尤其是其他乘客闭目养神或阅读书报时，不要喧哗。

不论对中国人还是外国人都应一视同仁，以礼相待。如果别的乘客主动向你打招呼或想找你攀谈，若非十分疲倦，应当友好地应对。若你打算休息一下而不想交谈，则应向对方说明并表示歉意。

不要随地吐痰，不能在飞机上吸烟。遇到班机误点或临时改降、迫降在机场，不要惊慌失措，而要镇静地与乘务员合作。

> **案例：不文明乘机惹人厌**
>
> 小陈一次坐飞机的经历让她至今说起来都牙根痒痒。"从西安到北京的飞机，我坐在窗边，旁边坐了两位中年男子。"小陈称，刚一上飞机这两个人的嗓门就让她有点儿震惊，但是想着当时大伙都在放行李比较乱，也没在意。谁想飞机起飞以后，两个人继续高谈阔论，声音丝毫不比一开始小。"原本想在飞机上小睡一会儿，结果根本没法睡。"小陈说，这还不算，两人吃完东西之后准备睡觉，其中一人竟然脱掉了鞋子，"我在他们的鼾声、脚臭中度过了一个多小时，现在想起来都觉得太让人气愤了。"

5. 乘坐轮船的礼仪

上下船时，应按先后次序排队，不要拥挤、插队。与长者、女士、孩子一起时，应请他们走在前面，或者以手相扶，必要时应给予照顾和帮助。

在上下船时应注意安全，走跳板或小船时，不要乱蹦乱跳，要小心翼翼。不要去不宜前往的地方，如轮机舱、救生艇及桅杆之上。不要一个人在甲板上徘徊。不要擅自下水游泳等。

登船时应自觉接受有关人员对人身和行李进行安全检查，要积极配合，不要加以非议或拒绝。乘船时应对号入座。若自己买的是不对号的散席船票，则要听从船员的指挥、安排，不要任意挪动或选择地方。

若自己周围的人晕船、生病，应给予力所能及的帮助，不应对其另眼看待或退避三舍。

与同船乘客交谈时，应保持一定的距离，理性交往，不要过分亲密，不要打听对方的隐私，不要冒失地索要对方的地址、电话，也不要旁若无人地嬉笑打闹。乘船旅途中，如果发生了难以预料的天灾人祸，要听从指挥，尽心尽力地救助其他人，不要惊慌失措、慌不择路。

> **案例：乘船兴奋晃衣服被误解**
>
> "有一年我去三峡玩，头一次乘船，兴奋得不得了。"小张称，他们几个人站在甲板上高兴得又蹦又跳，"当时有一艘船远远地开过来，我们几个无聊，就拿起脱下来的外衣又晃又跳希望引起那艘船的注意。"小张说，一开始，那艘船上根本没人搭理他们，但是不多会儿就有几个人上了甲板，又过了一会儿，竟然有人拿起旗子冲着他们挥舞。"我们一看有人打招呼，都乐坏了，更加起劲地摇晃手上的衣服。我们哪里知道，我们正在给大家添麻烦！"两分钟后，几个船员冲上甲板，一把夺过他们手上的衣服。几个人被吓了一跳，愣在了当场。原来，他们几个人只顾高兴，在甲板上拿着衣服乱挥舞，另外一条船上的人以为他们遇上了麻烦，在用旗语求救。

6. 骑自行车的礼仪

骑自行车时要严格遵守交通规则，不要闯红灯。骑车时不要撑雨伞，不要互相追逐或曲折竞驶，不要骑车带人。遇到老弱病残者动作迟缓，要给予谅解，主动礼让。

（六）使用公共卫生间的礼仪

出门在外，公共卫生间为人们提供了方便。干净、清洁的空间能使人心情愉悦，而这需要每个人的努力。

（1）进入公共卫生间时，如遇人多，要在卫生间门外排队等候。原则上应在入口处排队等候，依次进入，而不是在每个小门前等候。遇到小孩子着急时，关照一下也是必要的。

（2）一般情况下，母亲可以带男幼童一起上女厕，父亲不可以带女幼童上男厕。

（3）使用时关好小门，使用后冲水。

（4）在关着的小门前，先敲两下，确认没有人之后再开门进入。

（5）坐式马桶用完后应盖上马桶盖。弄脏了马桶座，一定要自行清理，方便之后使用的人。

（6）在梳洗台洗完手或补妆梳理之后，应检查一下，看是否弄脏了周围。如看到头发、水渍、妆粉等，应用纸巾清理干净，并把纸巾扔进垃圾箱。

（7）走出洗手间之前，必须整理仪容仪表。走出洗手间时，不能一边擦手，一边整装或梳理头发，湿手更不能边走边甩。

（七）公共场所吸烟礼仪

吸烟有害健康。国家卫生部妇幼保健与社区卫生司司长杨青曾在卫生部例行新闻发布会上，根据世界卫生组织《烟草控制框架公约》的要求提出了我国对禁烟的目标："自2011年1月起，中国内地将在所有室内公共场所、室内工作场所、公共交通工具和其他可能的室外工作场所完全禁止吸烟。"有吸烟习惯的人应特别注意文明吸烟，自觉遵守吸烟礼仪，并注意以下3个方面。

1. 不适合吸烟的场合

在贴有"禁止吸烟"或"无烟室"等字样的地方、有空调的房间、没有摆放烟灰缸的房间及公共场合（如车、飞机、船、影剧院、展览馆、医院病房等），应自觉禁烟，遵守社会公德。在工作、参观、谈判和进餐中，一般不应吸烟。与长者或女士共处一室时，最好不要吸烟，要吸烟也应先征得别人同意。在私人住宅，如果主人不吸烟，又未请客人吸烟，客人最好不要吸烟。

2. 文明吸烟

吸烟时，不要把烟灰、烟蒂、火柴棒到处乱丢，而应放在烟灰缸内。找不到烟灰缸时，应请主人拿给自己。丢烟头时，应将烟头掐灭放入烟灰缸内，不要让烟头在烟灰缸里继续冒烟。

吸烟时，不应一直吸到烧手或吸到过滤嘴边缘，不应将烟雾向别人直喷过去，不应从鼻孔里往外吐烟，不应当众吐烟圈，不应使劲并发出声响，不应叼着烟与人谈话，不应边走路边吸烟，不应把烟夹在耳朵上，也不应在电扇和空调的上风处吸烟。如果对方不吸烟而向你敬烟，此时最好不要吸烟。

3. 注意礼节

敬烟时先敬长者，如女士中有吸烟者，应先敬女士。敬烟时，手不应碰到过滤嘴，不可用手取出一支递给对方，更不可将烟扔给对方，而应把数支烟抖出烟盒递给对方，请对方自取。敬烟时，如对方谢绝，则不应勉强。对外宾不必敬烟，外国人通常没有敬烟的习惯。

点烟时，应先给对方点。若用火柴点烟，划着火柴后，要一手护火挡风，一手递火，为对方点着香烟。如有女士吸烟，男士应主动为女士点烟。当别人为自己点烟时，应躬身相迎，烟点完后，应向对方致谢。

二、特定公共场所礼仪

在特定公共场所，需要根据不同的情境遵守不同的规范。

（一）影剧院礼仪

根据演出的规格，须穿不同的服装。例如，观看文艺演出、话剧或高雅、高规格的表演，应做到仪表整洁得体，男士应穿西装或礼服，女士应着正规套装或礼服；而观看电影，则对服装没有过多要求。

1. 演出开始前

观看演出应把握好时间，应提前入场，不能迟到。如果有事迟到了，最好在幕间休息时入场。如果是看电影，应跟随服务人员悄然入场，并尽可能放轻脚步，通过让座者时应与之正面相对，切勿让自己的臀部正对着他人，同时向被打扰的周围观众轻声致歉，对起身礼让的观众致谢。入座后，戴帽的应脱帽，不应左右晃动，影响他人的视线。

在观看文艺演出前，最好能抽空了解一下节目的有关内容，以便准确地欣赏节目。

不论陪同领导或贵宾，还是以个人身份观看演出，都应自觉遵守剧场规则。如果是专场演出，一般由普通观众先入场，嘉宾在开幕前由主人陪同入场。此时，其他观众应有礼貌地起立鼓掌表示欢迎。

2. 演出开始后

演出场所要注意文明礼貌，特别是演出开始之后，禁止吸烟，不可随地吐痰、乱扔果皮杂物。最好不要吃东西，以免影响其他观众。吃东西时，应尽量不发出声响。携带手机的应将其关闭。如有规定不能摄影，则应按规定行事。与恋人一起观看演出时，不应有过分亲昵的举动。

当演出到精彩之处时，可以通过鼓掌、喝彩等形式向演员表示敬意，但应注意把握分寸，不宜用吹口哨、怪叫、跺脚等方式宣泄情感。若演出中出现一些故障或特殊情况，应持谅解的态度，不应喧闹、怪叫、喝倒彩。

演出未结束，若有急事中途退场，应轻声离座，并尽可能利用幕间休息时间退出，否则既影响别人观赏，也是对演员的不尊重。演出快结束时，不能为抢先出场而离座，应在演出结束后退场。

3. 演出结束后

演出结束后，观众应起立向演员热烈鼓掌，对他们的劳动和精彩演出表示感谢。在演员谢幕前便匆忙离去是对演员不礼貌的行为。如有贵宾在场，一般应待贵宾退席后再有秩序地离开。在离开过程中，应按照秩序退场，不应推搡或乱挤乱拥，以免造成踩踏事故。

（二）体育比赛场所礼仪

1. 参赛者

（1）参赛者应严格遵守体育比赛的有关规定，自觉遵守赛场秩序，不允许冒名顶替、弄虚作假。

（2）参赛者应尊重裁判、服从裁判，即使裁判有误，也应按有关程序反映，不应在赛场内大喊大叫，发生争吵。应充分体现"友谊第一、比赛第二"的运动精神。不论是输还是赢，都应把比赛对手当成朋友。还应善待热心观众，支持记者工作。

2. 观众

（1）观众在观看比赛时，应自觉遵守赛场秩序。应文明宣泄情绪，为运动员加油助威的标语、口号的内容应健康。对本方运动员和对方运动员都应加油助威，对精彩表演都应掌声鼓励。

（2）观众应禁忌的不良行为包括：袒胸露背，赤膊上阵；对于运动员在比赛中的一些失误，言行粗鲁，喝倒彩或发出"喔"声起哄；对对方运动员和啦啦队使用不文明的语言和手势，甚至向对方运动员投掷物品或呼喊起哄。

（三）宾馆饭店礼仪

1. 尊重服务人员

与门卫、服务人员相处时应注意平等相待，尊重其人格，不能趾高气扬、咄咄逼人，也不必低声下气。当得到对方服务和帮助后应表示感谢。

搭乘有人服务的电梯时，应清晰地报出自己欲去的楼层，并随后道一声"谢谢"。

当行李员到自己房间送行李或取行李时，应对其表示谢意。

当客房服务员进入客房打扫卫生、送开水和报刊时，应表示欢迎，并且道谢。在走廊里遇上客房服务员，尤其是对方首先向自己打招呼时，应向对方问好。

在宾馆饭店进餐时，应尊重服务员的劳动，对服务员应谦和有礼。当服务员忙不过来时，应耐心等待，不可敲击桌碗或喊叫。对于服务员工作上的失误，应善意提出，不可冷言冷语，加以讽刺。

> **案例：表里不一**
>
> 某君在同事眼中温文尔雅，但他单独出差时，总是将客房弄得很脏乱，果皮不放进垃圾桶，拿浴巾垫脚等。
>
> 本例反映了哪类常见的不文明行为？正确做法是什么？
>
> **分析：** 反映了常见的"人前一个样，人后一个样"的做法。正确做法是表里如一，不管是独处还是在无人认识自己的环境里都要注意素质。

2. 与他人同处一屋时应和睦相处

与同屋其他客人相处时，应注意相互适应、相互理解。切勿以我为尊，目中无人。与同事一起住宿，最重要的是互谅互让、尊重对方。有事应彼此商量，作息时间应大体保持一致。

因特殊原因与不相识者或不太熟悉的人同住一室时，应主动与对方打招呼，相互关心，不可视若路人。同时要特别注意，不要因自己的原因而妨碍对方休息。

3. 宾馆饭店待客和访客礼仪

最好不要在客房内接待普通关系的异性客人。如有必要，最好不关闭房门，时间也不宜超过半小时，以防他人误会。

不要请刚认识的客人到自己客房里做客，自己也不宜前去打搅别人。有必要前去时，应先按门铃，不要推门而入，应该在得到允许后再入内。夜晚 10 点之后，早上 8 点之前，通常不应前去打扰。午休时间，也不要登门拜访对方。在拜访客人时，若已有他人在座，应改时再去，不要主动介入，以免有碍主人的交际。

（四）博物馆礼仪

博物馆是收藏、展览珍贵物品的场所。博物馆展厅优雅，展品丰富。参观博物馆，可以增长知识，提高欣赏水平。博物馆多种多样，如军事博物馆侧重陈列军械和军事纪念品，各省市博物馆重点陈列本地文物等，而美术博物馆的展品则以绘画、图片等美术精品为主。参观博物馆应讲究参观礼仪。

1. 爱护展品

博物馆中陈列的展品，大多数具有较高的历史价值或艺术价值，其中一些是国宝和珍贵物品。因此，参观博物馆时一定要爱护展品，做到不抽烟，不随便触摸展品，未经允许不使用闪光灯拍照。此外，还应当爱护博物馆内的展台、照明等设施。

2. 文明参观

参观博物馆时应保持安静，不要大声喧哗。听讲解员讲解时要专心，不要出言不逊，妄加评论。参观者应自觉遵守博物馆有关规章制度，不要一边参观一边吃零食。人多时，不要拥挤，而应当按顺序边看边走。不宜在一件展品前长时间驻足，以免影响他人欣赏。超越他人时要讲礼貌，注意不要从他人面前走过，以免妨碍他人观赏，而应当从其身后走过。如果必须从他人面前走过，则应说："对不起，请让我过一下。"

（五）购物场所礼仪

购物是人们生活中极为普遍的事情，在购物的过程中，也应注意自己的文明举止，自觉遵守有关礼仪，注意以下细节。

（1）礼貌客气。当需要营业员提供服务时，应礼貌客气地提出请求，不应用命令的语气说话，更不可盛气凌人。

（2）慎重挑选物品。在挑选商品时，应该事先考虑一下，不应在选购时过分挑剔、换来换去。如果由于某些原因需要调换已买好的商品，应耐心地向营业员说明原因。如果理由正当而遭拒绝，可向商店领导反映，不应与营业员争吵。到超市购物，可随意挑选自己满意的商品。没选中的，应放回原处，不应乱放。

（3）排队结账。不能加塞排队，对于老弱病残者及妇女儿童，应有礼让精神。在离开柜台时，对营业员所提供的服务应表示谢意。

（六）公共娱乐场所礼仪

公共娱乐场所主要包括公园、广场、游乐场等，属于人群比较密集的场所。在公共娱乐场所活动应讲究社会公德，遵守公共娱乐场所礼仪，主要包括以下几方面。

（1）着装打扮。在公共娱乐场所的着装以休闲装为主，可穿着牛仔服、运动服、夹克衫等服装，还可以穿背心、短裤，戴上棒球帽和太阳镜等。在装饰上应当以淡妆、简单为主，也可以不化妆，不佩戴饰物。

（2）文明礼貌。在参加娱乐活动时，应当自觉排队，讲究先来后到，服从工作人员的管理，不应一拥而上，给工作人员增添麻烦。在拍照、摄像时应相互谦让，按照先后次序进行。不要争路先行或争抢拍照景点。文物建筑等不准拍照或不得使用闪光灯时，应严格遵守规定。不要进入标有"请勿入内"的草地或鲜花丛中拍照，也不应到危险或不宜攀登的地方照相。合影时，如需别人帮忙，应礼貌地提出请求并表示谢意。在公共娱乐场所，若有人向自己微笑、打招呼，应立即予以回应，不可不予理睬。不应尾随他人，或者悄悄旁听他人的介绍与交谈。在公园进行练歌、唱戏、跳舞等活动时，应尽量避免干扰其他人。

（3）爱护公共设施。在公共娱乐场所对公共设施应倍加爱惜，不应乱写、乱刻、乱画；对树木花草应爱护，不应随意在树木、雕塑和建筑上攀高、乱摸、乱碰，不要肆意践踏破坏。公园和其他一些旅游景点所设置的长椅长凳，是供游人短暂休息用的，不可只顾自己，不能一个人长时间占用。许多公园的儿童游艺场是专为儿童设计的，应注意爱护，成年人不可自己去玩，以防造成损坏。

（4）保护环境卫生。不应随地吐痰，不要乱扔果皮、纸屑、烟蒂、塑料袋、包装袋、易拉罐、饮料瓶等。不准随地大小便，即便对自己所带的儿童，也应教育其大小便进卫生间，绝不能任其随意"方便"。

（5）注意安全。在湖边、河畔游览和登船旅游时，不应肆意打斗追逐，以防翻船落水。不应只身独闯危险地段。不应在公园里从事攀岩、滑旱冰等比较危险的运动。在拍照、摄像或观看动物时，应足下留神、头脑清醒，防止发生意外事故。

（七）舞会礼仪

舞会是以跳交际舞为主要活动方式的一种轻松愉快的文娱性活动，是现代社会中一种高雅而又重要的交际联谊活动。参加舞会时，应注意以下几点。

（1）仪容仪表和举止文明。舞会是比较正式的场合，因此应穿着一些比较正式、华丽的服装，做到庄重典雅、整洁大方，保持风度。舞会上不应当众更衣或脱外衣。参加舞会前不得吃葱、蒜、醋等带强烈刺激气味的食品，不喝烈性酒，不大汗淋漓或疲惫不堪地进入舞场。患有感冒者最好不要进入舞场。应自觉维护舞场秩序，不吸烟，不乱扔果皮，不高声谈笑，不随意喧哗，杜绝一切粗野行为。

（2）上下舞场时，应讲究规矩，有礼貌，尊重舞伴。上场时男士应主动跟在女士后面选择双方跳舞之处。一曲终了，方可停舞。女士拒绝男士的邀请时，应委婉而客气。男舞伴应把女舞伴送至席位并致谢意，女舞伴则应点头还礼。在正式场合邀请舞伴，不能单凭个人好恶，还要兼顾交际面。一般情况下，男士应主动有礼貌地邀请女士跳舞，如果是上下级的关系，不论男女，下级都应主动邀请上级跳舞。

（3）跳舞时，男女双方不应目不转睛地凝视对方，也不应表情不自然。如果不小心触碰舞伴的脚部或冲撞别人，应有礼貌地向对方致歉。

（4）跳舞时舞姿应端庄，身体应保持平、直、正、稳，切忌轻浮鲁莽。男士动作应轻柔文雅、谦和而有分寸，不要因动作不当引起别人反感；不宜将女士拢得太紧、过近；不应把女士的手捏得太紧，也不可把整个手掌心完全向内贴在女士的腰上；不应在旋转时把女士抱起来飞舞。女士不应把双手套在男士的脖子上，也不应把头部主动俯靠在对方的肩上。不会跳舞者最好不要现学现跳，应当学会后再进舞池。

罗素曾说："没有公德，社会就会灭亡；没有个人道德，人类的生存也就失去了价值。"孔子也曾说过："不学礼，无以立。"那么就让我们从排队做起，从身边的小事做起，自觉遵守公共秩序，这不仅是个人修养和社会公德的集中体现，更有助于维护国家的形象、促进社会的和谐与进步。

【思考与练习】

1. 通常情况下人际距离大体可以分为哪几种类型？具体的距离是多少？
2. 地位较低者与地位较高者一同乘坐无人控制的电梯，地位较低者应该如何做？
3. 案例分析。

上海恒信科技有限公司召开了一次全国客户联络会，公司的江总经理带着秘书陈小姐亲自驾车到浦东机场迎接斯诺集团的周总经理。为了表示对周总的尊敬，江总请周总坐到轿车的后排，并让陈小姐在后排陪伴。

周总到宾馆入住后，对陈小姐说："明天上午八点的会，我会自己打车到现场，就不麻烦你们江总亲自来接了。"

（资料来源：百度网 https://zhidao.baidu.com/question/514256240.html）

思考：

（1）周总为什么会这样说？

（2）江总在座位安排上有什么不妥之处？

（3）请你谈谈对往来迎送中乘车礼仪的看法。

第五章　拜访与接待礼仪

 主要内容

- 拜访礼仪
- 迎送礼仪
- 馈赠礼仪
- 送花礼仪

 二维码链接

香港地区公务员可以保留3种礼物
美国防微杜渐避免公务员不走正路

香港地区公务员可以保留3种礼物

美国防微杜渐避免公务员不走正路

一、拜访礼仪

拜访是人际交往中的经常性活动。拜访又叫拜会、拜见,是指前往他人的工作单位或住所去会晤、探望对方,进行接触。它是人与人之间、组织与组织之间学习交流、促进工作、联络感情、增进友谊的一种有效形式。公关活动中的拜访分为3种类型:事务性拜访、礼节性拜访、私人拜访。其中,事务性拜访又可分为业务商谈性拜访和专题交涉性拜访等。

(一)拜访前的准备

1. 预约在先

拜访前应事先用电话或信件等形式进行预约,尽量不做不速之客,不请自到。因为对于被拜访者来说,可能会由于不速之客的到来而打乱全部既定安排。对于很多人而言,未曾约定的拜会是不受欢迎的。

1)时间的选择

这应该是对方是否接受拜访的首要条件。如果是公务性拜访,应该选择对方上班时间。如果是私人拜访,则以不影响对方休息为原则,尽量避免在吃饭、午休时间或晚间10点钟以后登门。一般来说，上午 9~10 点钟、下午 3~4 点钟或晚上 8~9 点钟是最适宜的时间。

2）地点的选择

通常上班时间会选在办公室。私人拜访一般在家中，也可能在公共娱乐场所，如茶楼、咖啡厅等。

3）约定人员

这包括人数和身份，特别是公务性拜访，接待方往往需要派身份相当的人员接待，以示尊重。

2. 着装得体

整洁的着装反映的是访问者对被访问者的尊重。与恋人约会、探访远方至亲时，大多数人都会讲究自己的衣着打扮。但在其他社交访问中，尤其是在访问客户、老熟人、老同事时，这一点却容易被许多人忽视。再好的朋友、再近的邻居，也不应穿背心、拖鞋或睡衣、裤衩去拜访。因为倘若访问时对方的家人也在，或者正好有其他亲朋好友来访，就会使主人和其他来宾感到难堪，当然也是对主人的不礼貌。

1）非销售人员私宅拜访的着装要求

穿着要整洁得体，但不用太隆重，不要给人一种拘谨的感觉。拜访者还应注重一些细节的修饰，如面容的清洁、鞋袜的清洁等。

2）办公区域拜访的着装要求

如拜访的地点设在对方的办公区域，则应着正装或拜访者所在单位的制服，因为拜访者在很大意义上代表的是自己所在单位的形象，这样着装可以传递"自己很重视这次拜访"的友好信息。而制服作为拜访者所在单位的公关识别系统的重要组成部分，能让被访者感受到拜访者所在单位良好的企业文化，进而留下良好的印象，愿意与拜访者合作。

（二）拜访的礼规

1. 如约而至

约定了会面后，访问者应该守约，如期而至。在很多国家，准时赴约是判断对方可信的一个最基本的原则。迟到、失约会动摇一个人的信誉基础。因故不能赴约必须提前通知对方，以便别人安排其他事情。如果估计要迟到，一定要及时通知对方，告诉对方自己预计到达的时间，并对自己的迟到表示歉意。到达时，不要再喋喋不休地解释原因。而早到容易打乱别人的安排，以提前 3~5 分钟赴会为宜。

2. 先行通报

进行拜访时，倘若抵达约定地点之后，未与拜访对象直接见面，或者对方没有派人员在此迎候，则在进入对方的办公室或私人居所的正门之前，应先轻轻敲门或按门铃，当有人应声允许进入或出来迎接时方可入内。敲门不宜太重或太急，要用食指敲门，力度适中，间隔有序敲三下，等待回音。如无应声，可稍加力度，再敲三下；如有应声，则侧身隐立于右门框一侧，待门开时再向前迈半步，与主人相对。切不可不打招呼擅自闯入，即使门开着，也要敲门或以其他方式告知主人有客来访。

3. 登门有礼

切忌不拘小节，失礼失仪。当主人开门迎客时，务必主动向对方问好，互行见面礼。拜访者随身带来的外套、雨具等物品应放到主人指定的地方，不可随意乱放。对室内的人，无论认识与否，都应主动打招呼。如果带孩子或其他人来，要介绍给主人，并教孩子如何称呼。倘若主人一方不止一人，则要向对方问候与行礼，在先后顺序上要合乎礼仪惯例。标准的做法有二：其一是先尊后卑，其二是由近而远。在此之后，在主人的引导下，进入指定的房间，切勿擅自闯入；在就座之时，要与主人同时入座。倘若自己到达后，主人这里尚有其他客人在座，应当先问一下主人，自己的到来会不会影响对方。为了不失礼仪，在拜访外国友人之前，要随身携带一些备用的物品，主要是纸巾、擦鞋器、袜子与爽口液等，简称"涉外拜访四必备"。

4. 举止文雅

无论是到办公室还是寓所拜访，一定要做到彬彬有礼、衣冠整洁、谈吐得体。进入室内，应该先敲门或按门铃，等到有回音或有人开门相让，才可以进门，不要冒失地随意进入。入室前，有鞋垫要先在鞋垫上擦净鞋底，不要把脏物带进室内。戴有帽子或墨镜，进入室内应该脱下。与主人或其家人进行交谈时，要慎择话题，切勿信口开河、出言无忌。与异性交谈时，要讲究分寸。对于在主人家里遇到的其他客人要表示尊重，友好相待。不要在有意无意间冷落对方，置之不理。若遇到客人较多，既要以礼相待，也要一视同仁，切勿明显地表现出厚此薄彼。在主人家里，不要随意脱衣、脱鞋、脱袜，也不要大手大脚，动作嚣张而放肆。当主人上茶时，应欠身双手相接，并致谢。喝茶应慢慢品饮，不要一饮而尽。不要随便抽烟，并把烟灰、纸屑等污物随意扔在地上或茶几上。未经主人允许，不要在主人家中四处乱闯，随意乱翻、乱动、乱拿主人家中的物品。不要翻动别人的书信和工艺品，冒失邋遢的客人是不受欢迎的。

5. 适时告辞

在拜访他人时，一定要注意在对方的办公室或私人居所里停留的时间长度。从总体上讲，应当具有良好的时间观念。不要因为自己停留的时间过长，打乱对方既定的其他日程。一般情况下，礼节性拜访，尤其是初次登门拜访，应控制在一刻钟至半小时。最长的拜访通常也不宜超过两个小时。有些重要的拜访，往往须由宾主双方提前议定拜访的时间和长度。在这种情况下，务必严守约定，绝不单方面延长拜访时间。自己提出告辞时，即便主人表示挽留，仍需执意离去，但要向对方道谢，并请主人留步，不必远送。在拜访期间，若遇到其他重要的客人来访，或主人表现出厌客之意，应当机立断，知趣地告辞。

起身告辞时，要向主人表示"打扰"之歉意。如有必要，还应根据对象和实际情况说"请你以后多指教""希望以后多多合作"等话。若主人的长辈在家，应先向长辈告辞。若主人住处还有其他客人，也要礼貌地道别。

出门后，要回身主动伸手与主人握别，说"请留步"。待主人留步后，走几步，再回首挥手致意。

二、迎送礼仪

（一）迎送的基本礼仪

"出迎三步，身送七步"是中国迎送客人的传统礼仪。接待客人的礼仪要从平凡的举止中自然地表现出来，这才能显出主人的真诚。客人在约定的时间按时到达，主人应该根据具体情况去迎接。

1. 针对异地客人

对前来访问、洽谈业务、参加会议的外国和外地来的客人，主人应驱车或派车到车站、机场、码头去迎接。接站应弄清客人所乘车次、班次及到达时间。接客一定要提前到达，使客人一出站，便见到迎接的人，这会使他十分愉快。绝不可迟到，客人出站，若找不到迎接的人，必定会给他心里留下阴影，产生失职和不守信誉的印象。对身份较高的贵宾，应进站迎接，并安排到贵宾室稍事休息。对一般来客，要在出口处迎接。由于出口处人多拥挤，接站的人可以举一个牌子，上写"欢迎×××先生（女士）"。如果是会议性的，一趟车到站人数较多，可以写"××××会议接待处"。接到客人后要先致以问候，做自我介绍，并帮助客人拿行李包。要帮助客人拿较重的行李包，客人随手提的公文包则不要代劳了，这是因为一方面，公文包不重；另一方面，公文包一般是放较重要的文件或证件、现金等贵重物品的，客人不喜欢轻易离手。

出于方便来宾的考虑，迎接客人应提前为客人准备好交通工具，不要等客人到了才匆匆忙忙准备交通工具，那样会因为让客人久等而误事。当来宾自备交通工具时，则应提供一切所能提供的便利。在比较正式的场合，乘坐轿车时一定要分清座次。而在非正式场合，则不必过分拘礼。

开车以后，要主动与客人寒暄，可以介绍一下这次活动的主要内容、日程安排，此前已有哪些客人到达，有哪些人员参与活动等；还可以介绍一下当地的风土人情，问一下客人有什么私事要办、需不需要帮助等，不要使客人受到冷落。到了住处，接待人员应先下车，给客人打开车门，说一声"请慢下车"，招呼客人下车。

将客人送到住处后，主人不要立即离去，应陪客人稍作停留，热情交谈，但是不宜久留交谈，要让客人早点休息。分手时应将活动时间、地点、联系方式等告诉客人。

2. 针对本地客人

对于来访的本地客人，主人可根据情况亲自或派人到大门口、楼下、办公室或住所门外迎接。来访者若是预约的重要客人，则应根据来访者的地位、身份等确定相应的接待规格和程序。

（二）在家接待客人

如果是在自己家里接待来客，就比较简单了，但礼仪仍应周到。到了约定时间，主人应去门口恭候客人，室外室内要打扫干净，主人衣着要整齐，只穿汗衫背心是很不礼貌的。客人入房后，主人应倒茶、递糖果、削果皮等，热情接待客人。在炎热的夏天，要打开电扇或空调，客人有汗，要递上湿毛巾，请客人擦一擦。如有女客，女主人应出面与女客攀谈。如客人带有小孩，女主人要给孩子拿些玩具、画报之类的物品让其玩耍。

> **倒履相迎**
>
> 　　东汉时期有一个大学问家叫蔡邕。他是蔡文姬的父亲，文史、辞赋、音乐、天文无不精通，官任皇室右中郎将，但他从不摆架子，从不傲慢，很善于和人交往，好朋友很多。有一次，他的好友王粲来拜访，正逢蔡邕睡午觉。家人告诉他王粲到门外，蔡邕听到后，迅速起身跳下床，急急忙忙踏上鞋子就往门外跑，由于太慌忙，把右脚的鞋子趿到了左脚上，把左脚的鞋子趿到了右脚上，而且两只鞋都倒趿着。当王粲看到蔡先生是这么个模样，便抿着嘴笑起来。由此便有了"倒履相迎"之说，借以说明对朋友的热情与诚意。
>
> 　　这个故事告诉人们谦逊、热情与诚意才是礼仪的内核，没有了这些，即便衣装款款，也不过是个"暴发户"而已，不值一提。
>
> （资料来源：姿格网）

（三）接待公务访客

1. 引导礼仪

1）引导者的身份

一般情况下，负责引导来宾的人，多为来宾接待单位的接待人员、礼宾人员、办公室人员、秘书及专门负责此事者。如果是在家中接待朋友，引导者往往由主人担当。

2）引导中的注意事项

（1）引导手势要优雅。接待人员在引导访客的时候要注意引导的手势。

① 男性引导人员在访客进来的时候，只需要行个礼、鞠个躬。伸出手的时候，眼睛要随着手动，手的位置在哪里，眼睛就看向哪里。如果访客问"对不起，请问经理室怎么走"，千万不要口中说着"那里走"，手却指着不同的方向。

② 女性接待人员在做指引时，手要从腰边顺上来，视线随之过去，很明确地告诉访客正确的方位。当开始走动时，手就要放下来，否则会碰到其他过路的人；转弯的时候，需要再次打个手势告诉访客"对不起，我们这边要右转"。打手势时切忌五指张开或表现出软绵绵的无力感。常用手势主要有以下几种。

第一，直臂式。用于指示较远距离。手放于体侧，将五指伸直并拢，掌心不可凹陷，腕部不可弯曲，腕低于肘。以肩部为轴向体侧摆动，手掌慢慢翻转至掌心向前，手臂与上身呈 45°时停住，手部、腕部、臂部等均在一条直线上，目视对方，面带微笑，表示尊重和欢迎。

第二，曲臂式。用于指示较近距离。手放于体侧，五指并拢，肘部不可弯曲，腕低于肘。以肘部为轴，前臂向前抬起至腰部高度，手掌慢慢翻转至掌心斜向上时，手臂接着转向体侧呈45°时停住，手掌和前臂在一条直线上，掌心向上，目视对方，面带微笑，表示尊重和欢迎。

第三，反向曲臂式。用于指示较近距离。手放于体侧，五指并拢，右手从腹前抬起，掌心向上，手掌与前臂在一条直线上，腕部不可弯曲，且手部与地面平行，头部和上身微向前倾，目视对方，面带微笑，表示尊重和欢迎。

（2）注意危机提醒。在引导过程中要注意对访客进行危机提醒。例如，在引导访客转弯的时候，熟悉地形的引导人员知道在转弯处有一根柱子，这时就要提前对访客进行危机提醒。如果拐弯处有斜坡，引导人员就要提前对访客说："请您注意，拐弯处有个斜坡。"

对访客进行危机提醒，让其高高兴兴地进来、平平安安地离开，是每一位接待人员的职责。

（3）上下楼梯的引导方式。爬楼梯引导客人时，假如引导人员是女性，穿的是短裙，那么千万不要在引导客人上楼时自告奋勇地说"请跟我来"，因为差两级台阶的距离，来宾的视线就会投射在引导人员的臀部与大腿之间。此时，引导人员要真心诚意地跟对方讲："对不起，我今天服装比较不方便，麻烦您先上楼，上了楼右转。"很明确地将正确方位告诉客人就可以了。上楼时，引领者（限女性）走在后面，客人走在楼梯内侧，引领者走在中央，配合客人的步伐引领；下楼时，引领者走在客人的前面，客人走在内侧，而引领者走在中间，边注意客人动静边下楼。

（4）如何开启会客室大门。会客室的门一般分为内开和外开的，在打开内开的门时不要急着把手放开，这样会令后面的客人受伤。如果要开外开的门，就更要注意安全，一旦没有控制好门，很容易伤及客户的后脑勺。所以，开外开的门时，要用身体扣住门板，并做一个请的动作，客人进去之后再将门轻轻地扣住，这是在维护客人的安全，接待人员一定要注意。

2. 接待预约访客

看到客户后，微笑着打招呼。如坐着，则应立即起身，握手和交换名片，将客户引到会议室，奉茶或咖啡，会谈结束后送客。

3. 接待临时访客

看到访客后，微笑着问候，并握手和交换名片。确认访客所在单位、姓名、拜访对象、拜访事宜和目的。如果访客找的是本人，则直接带访客到会议室会谈。如本人无时间接待，应尽量安排他人接待。如果暂时脱不开身，则请访客在指定地点等候，并按约定时间会见访客。

如果访客找的是其他人，则应迅速联系受访者，告之访客的所在单位、姓名和来意，然后依受访者的指示行事。

（1）带到会客室，奉茶或咖啡，告之受访者何时到。

（2）将访客带到办公室，将其引导给受访者后告退。

（3）告诉访客，受访者不在或没空接待，请访客留下名片和资料，代为转交，并约定其他时间来访。最后表示歉意，礼貌送客。

三、馈赠礼仪

馈赠是人们在社交过程中通过赠送给交往对象一些礼物来表达对对方的尊重、敬意，以及友谊、纪念、祝贺、感谢、慰问、哀悼等情感与意愿的一种交际行为。馈赠作为一种非语言的重要交际方式，以礼品作为媒介，能够与交往对象建立很好的沟通渠道，充分表达对对方的友情与敬意。馈赠的目的在于沟通感情和保持联系。在这里需要注意的是把正常交往中的送礼与收买贿赂、腐蚀拉拢区别开。礼物是人际交往的有效媒介之一，可以体现馈赠者的人品和诚意。

中国人一向讲究礼尚往来。《礼记·曲礼上》说："礼尚往来，往而不来，非礼也；来而不往，亦非礼也。"拜访他人时，带上一份恰当的礼物总是受欢迎的。送礼的常规是精心包装、表现大方、有所说明。

（一）馈赠的时机

就馈赠的时机而言，及时、适宜是最重要的。中国人很讲究"雨中送伞""雪中送炭"，即要注重送礼的时效性。因为只有在最需要时得到才是最珍贵的，才是最难忘的。我国是一个节日较多的国家，在传统节日相互赠送相应的礼品，会使双方感情更为融洽。另外，在对方的某些纪念日，以礼品相送也会起到很好的效果。

因此，要注意把握好馈赠的时机，包括时间的选择和机会的择定。一般说来，时间上贵在及时，超前滞后都达不到馈赠的目的；机会贵在事由和情感及其他需要的程度。"门可罗雀"时和"门庭若市"时，人们对馈赠的感受会有天壤之别。所以，对于处境困难者的馈赠，其所表达的情感就更显真挚和高尚。

1. 赠送时机的选择

古今中外都很重视礼尚往来。一般来说，春节、中秋、端午、国庆、元旦、生日、结婚、生子、圣诞、情人节、母亲节等都是送礼的好时机。当然，送礼多少需要视个人的具体情况灵活掌握。下面几种情形被认为是送礼的好时机。

（1）应当道喜之时，如交往对象结婚、生育的时候。

（2）应当道贺之时，如交往对象升学、晋级、乔迁、出国、事业取得成功或过生日、过节的时候。

（3）应当道谢之时，如受到他人关心、照顾、帮助之后，可在适当时机，以礼相赠，表示谢意。

（4）应当慰问、鼓励之时，如交往对象遇到困难、挫折或身处逆境时，可以赠送适当的礼品表示慰问或鼓励。

（5）应当纪念之时，如久别重逢、参观访问、临行话别之际，可以赠送礼品，以示纪念。

（6）遇到我国传统节日，如春节等，可向交往对象赠送一些礼品、纪念品。

2. 具体时间

送礼可在应酬前或结束时，不要在应酬中将礼物拿出来。

3. 赠送礼品的地点

赠送礼品的地点是非常重要的。尤其是应酬中或有特殊目的的馈赠，更应注意赠礼场合的选择。

一般而言，在公务交往中，应选择工作场所赠送礼物。而在私人交往中，受赠对象的家中通常是最佳地点。另外，给关系密切的人送礼不宜在公开场合进行。只有那些能表达特殊情感的特殊礼品，方可在公众面前赠送。

（二）礼品的选择

1. 选择礼品的一般原则

要根据馈赠对象选择礼品，通常因私送礼为纪念，因公送礼为宣传。

1）最佳礼品

送礼的对象多种多样，由于各自的阅历、爱好不同，对物品的喜好也各不相同。因此，在送礼前必须了解受礼者的年龄、性别、性格、文化、爱好、身份、习惯等情况。礼物首先应当是对方喜欢并能接受的，若能兼顾纪念性、独创性、时尚性则是最佳之选。具体来说应注意以下3点。

（1）考虑彼此的关系现状。在选择礼品时，必须考虑自己与受赠对象之间的关系现状，不同的关系应当选择不同的礼品。应根据与馈赠对象的亲缘关系、地缘关系、业缘关系、性别关系、友谊关系、文化习惯关系、偶发性关系等区别对待。例如，玫瑰是爱情的象征，是送给女友或妻子的佳礼。但若把它随便送给一位普通关系的异性朋友，就可能引起不必要的误会。

（2）了解受赠者的爱好。根据受赠者的爱好和实际需求来选择礼品，往往可以增加礼品的实效性，增强受赠者对送礼者的好感和信任。因为在受赠者看来，只有了解和关心他的人，才会明白他的需求。例如，给书法爱好者赠送文房四宝，给音乐爱好者赠送乐器等。

（3）考虑受礼者的物质生活水平。礼物本身就具有价值和实用性。人们的经济状况不同，文化程度不同，追求不同。对于礼品的实用性要求也就不同。一般说来，物质生活水平的高低，决定了人们精神追求的不同。在物质生活较为贫寒时，人们倾向于选择实用性强的礼品，如食品、水果、衣料、现金等。在生活水平较高时，人们则倾向于选择艺术欣赏价值较高、趣味性较强和具有思想性、纪念性的物品作为礼品。因此，应视受礼者的物质生活水平，有针对性地选择礼品。

2）送礼要避免的物品

《礼记》上说："礼从宜，使从俗。"意思就是礼尚往来，贵在适宜。如果给健康的人送药品，给老人送钟，给新婚夫妇送伞，必然会引起误会。

送礼要避免的物品有以下几类：违法违规的、败俗的、犯忌的、有害的、废弃的。

常见禁忌有4类：第一，个人禁忌，如忌讳给糖尿病人送甜食；第二，民俗禁忌，如俄罗斯人最忌讳送钱给别人，因为这意味着施舍和侮辱；第三，宗教禁忌；第四，伦理禁忌，如不能送贴身衣物给配偶以外的异性。

由于民族、生活习惯、生活经历、宗教信仰及性格、爱好的不同，不同的人对同一礼品的态度也是不同的，或喜爱，或忌讳，或厌恶。因此，我们要把握住投其所好、避其禁忌的原则，尤其要避其禁忌。馈赠前一定要了解受礼者的喜好，尤其是禁忌。例如，美国人忌黑色，忌蝙蝠图案和珍贵动物头部作为商标的图案，给美国女性不能送香水、化妆品；英国人忌用大象、山羊和人物肖像作为商标的图案；意大利人忌讳送手帕。再如，白色虽有纯洁无瑕之意，但中国人比较忌讳，因为在中国白色常是悲哀之色和贫穷之色；同样，黑色也被视为不吉利，是凶灾之色、哀丧之色。当然还有许多规则需要我们去遵循，在这里就不一一列举。

2. 根据馈赠目的选择礼品

任何馈赠都是有目的的，或为交结友谊，或为祝颂庆贺，或为酬宾谢客。

1）以交际为目的的馈赠

这是一种为达到交际目的而进行的馈赠，有两个特点。一是送礼的目的与交际目的一致。无论是个人还是组织机构，在社交中为达到一定目的，通常会针对交往中的关键人物和部门来赠送一定的礼品。二是礼品与送礼者的形象一致。选择礼品时，一个非常重要的原则就是使礼品能反映送礼者思想感情的倾向，并使思想感情的倾向与送礼者的形象有机地结合起来。

2）以巩固和维系人际关系为目的的馈赠

这类馈赠，就是人们常说的"人情礼"。在人际交往过程中，无论是个人之间抑或组织机构之间，必然会产生各类关系和各种感情。人与生俱来的社会性，又要求人们必须重视这些关系和感情。因而，围绕着如何巩固和维系人际关系和感情，人们采取了许多办法，其中之一就是馈赠。这类馈赠，强调礼尚往来，以"来而不往非礼也"为基本行为准则。因此，这类馈赠，在礼品的种类、价值、档次、包装、蕴含的情意等方面都呈现多样性和复杂性。其在民间交际中具有重要的特殊作用。

3）以酬谢为目的的馈赠

这类馈赠是为答谢他人的帮助而进行的，因此在礼品的选择上十分强调其物质价值。礼品的贵贱厚薄，首先取决于他人帮助的性质。帮助的性质分为物质的和精神的两类。一般说来，物质的帮助往往是有形的、能估量的；而精神的帮助则是无形的、难以估量的，然而其作用又是相当大的。其次取决于帮助的目的，如是慷慨无私的，或是另有所图的，还是公私兼顾的。只有那种真正无私的帮助，才是值得真心酬谢的。最后取决于帮助的时机。危难之中见真情。因此，得到帮助的时机是日后酬谢他人时重要的衡量标准。

（三）受赠须知

作为受赠者，在接受礼品时，有一些注意事项必须了然于胸，并认真遵守。不要对他人的礼品漠然无视，也不要在接受礼品时行为失当。

1. 欣然笑纳

一般情况下，倘若获赠的礼品并非违法违规之物，那么最佳的表现应当是恭敬不如从命，大大方方地欣然接受即可。

接受他人馈赠时，应认真对待下列 5 个细节问题，不允许疏忽大意。

1）神态专注

当他人口头上宣布有礼相赠时，不论自己在做什么事，都应立即中止，起身站立，面向对方，有所准备。在对方取出礼品，预备赠送时，不应伸手去抢、开口相询，或者双眼盯住不放，但求"先睹为快"。此时此刻，应注意保持风度，既要专注、认真，更要稳重、大方。

2）双手捧接

在赠送者递上礼品时，要尽可能地用双手前去"迎接"。不要一只手去接礼品，特别是不要单用左手去接礼品。在接受礼品时，勿忘面带微笑，双目注视对方两眼。接过来的若是对方所提供的礼品单，则应立即从头至尾细读一遍。如果接下来需要继续应酬，可将礼品暂时放下，但不要随手乱丢，不到万不得已时不要把礼品直接放在地上。

3）认真道谢

在双手接过他人礼品的同时，应恭恭敬敬、认认真真地向对方道谢。有条件的话，还应该立刻与对方握一握手，以示感谢之意。不要在对方递上礼品时无所表示，好像对方是在依例"进贡"。也不要虚情假意、推推躲躲、反复推辞；或者心口不一，嘴上说着"不要不要"，手却早早伸了过去。

4）当面拆封

如果现场条件允许，如时间充裕、人数不多、礼品包装考究等，那么在接过他人相赠的礼品之后，应当着对方的面，将礼品包装拆开。这种做法在国际社会上是非常普遍的。它表示自己看重对方，同时也很是看重获赠的礼品。这种做法比接受礼品后把它扔在一边的做法确有所长。如果当面启封礼品比较麻烦或容易产生误会的话，也可以不这样做。在启封时，动作要井然有序、舒缓文明，不要乱扯、乱撕、乱丢包装用品。

5）表示欣赏

当面拆开包装之后，如果有时间的话，勿忘采用适当的动作和语言，表达自己对礼品的欣赏之意。例如，可将他人所送的鲜花捧在身前闻闻花香，随后再将其插入花瓶，并置于醒目之处。如果别人送了一条围巾给自己，则可以马上把它围上，照一照镜子，并告诉赠送者及其他在场者"我很喜欢它的花色与样式"，或者"这条围巾真漂亮"。切不可再三声明获赠之物不适合自己，或者当场对其吹毛求疵。

2. 拒绝有方

有的时候，出于种种原因，不能够接受他人所赠送的礼品。在拒绝时，一定要讲究方式方法，处处依礼而行。要给对方留有退路，使其有台阶可下，而切忌令人难堪。

符合社交礼仪的拒收礼品的方法有以下 3 种，可以酌情选择、见机行事。

1）婉言相告法

婉言相告法，即采用委婉的、不失礼貌的语言，向赠送者暗示自己难以接受对方的好意。例如，当对方向自己赠送手机时，可以说："我已经有一部了。"当一位男士送舞票给一位小姐，而对方打算回绝时，则可以说："我男朋友也要请我跳舞，而且我们已经有约在先了。"

2）直言缘由法

直言缘由法，即直截了当而又所言不虚地向赠送者说明自己难以接受礼品的原因。在公务交往中拒绝礼品时，此法尤其适用。例如，拒绝他人所赠的大额现金时，可以说："我们有规定，接受现金算受贿。"拒绝他人所赠的贵重礼品时，可以说："按照有关规定，你送我的这件东西，必须登记上缴。"

3）事后退还法

有时，在大庭广众之下拒绝他人所送的礼品，往往会使受赠者有口难张，使赠送者尴尬异常。遇到这种情况，可采用事后退还法加以处理，即当时接受礼品，但不拆启其包装，事后尽快单独将礼品还给原主。需要强调的是，采取此办法时，退还礼品的时间不宜拖延过久，最好于接受礼品起的 24 小时之内付诸行动。此外，切勿将退还之物私下拆封，尤其不宜在用过之后才去退还。

3. 依礼还礼

古人常说："来而不往，非礼也。"在人际交往中讲究礼尚往来。互赠礼品，也是人之常情。要是在馈赠行为中只进不出，则意味着有来无往，肯定是行不通的。

接受他人礼品之后，应铭记在心，以后在适当的时候，以适当的方式，向对方回赠礼品。这就是人们常说的还礼。

依照社交礼仪规范，还礼时应注意还礼的时间与还礼的形式。把这两个方面的问题都处理好了，还礼方算合"礼"。

1）还礼的时间

就还礼而言，在具体的时间上必须慎重思量。若是还礼过早，则好似"等价交换"，又好比"划清界限"，会使自己显得浅薄庸俗；若是拖延过久、遥遥无期，则又跟无此打算没有什么不同。

还礼时间的最佳选择有三：第一，适逢与对方馈赠自己相同的机会还礼；第二，在对方及其家人的某一喜庆活动中还礼；第三，此后登门拜访之时还礼。

需要强调的是，还礼并非"还债"，应自觉自愿。通常，还礼次数不必过多，完全没有必要再三地还礼，使其成为一种负担。

2）还礼的形式

还礼时，下述几种具体形式都是合乎礼仪的，可以选择其一。

第一，可以对方相赠之物的同类物品作为还礼。这里所说的"同类"，指的是大的种类。例如，你送我书刊，我可还之以影碟，因为它们均为文艺类礼品。但要注意，在具体品种上，还礼不要与赠礼完全相同。

第二，可以与对方相赠之物价格相当的物品作为还礼。一般来讲，还礼与赠礼的价格相当即可，价格稍低也无不可。

第三，可以某种意在向对方表示尊重的方式来替代还礼。例如，在受礼之后，在口头上或书面上向对方致谢；在再次见到对方之时，使用对方的赠礼，以示不忘。

四、送花礼仪

在人际交往之中赠送鲜花，是馈赠的一种特殊形式，也是人们最为欢迎的一种馈赠形式。送人以鲜花，既可以"借物抒情"，以其表达感情、歌颂友谊，也可以提升整个馈赠行为的品位和境界，使之高雅脱俗、温馨浪漫。因此，在人际交往中以花相赠，是最保险、最容易成功且又皆大欢喜的一种馈赠方式。

以花为礼时，既要遵守基本的馈赠礼仪，又要掌握其自身相沿成习的一些独特做法。一般来说，学习送花礼仪，需要明确的主要问题有送花的时机、送花的形式、鲜花的寓意等。

（一）送花的时机

在以下情况，用鲜花赠人，不仅独出心裁、富有创意，令人耳目一新，而且有助于赠送者与受赠者之间关系的发展或改善。

1. 做客

前往他人居所做客时，选择何种礼品经常让人颇感为难。其实，此时以鲜花为礼，既脱俗，又不至于让对方为难或产生猜忌。

2. 迎送

在关系密切者即将远行或远道归来之际，向其赠送一束鲜花，可以向对方委婉地表达自己的亲情、友情、爱情，而不会令其无所适从。

3. 纪念

每逢重要的私人纪念日，如与恋人初识之日、与配偶定情之日，以及对方生辰和双方结婚日，送花给对方，可略表寸心，显示自己"我心依旧"，一如既往地珍爱对方。

4. 示爱

向自己的意中人吐露自己的爱慕之意，对不少人来说都是一件"心思好动口难开"的难事。此时，不妨以花为媒、借花开道，通过向对方赠送鲜花来敞开自己的心扉。

5. 回绝

拒绝别人，往往是一大难题。有时，直截了当地以实言相告是不行的，而且难于开口，如拒绝他人求爱、打算中止双方关系等。遇上这类情况，可以试一试用约定俗成的、对方知晓的送花的方式去回绝对方。

6. 致歉

有些时候，因为阴差阳错，自己与其他人产生了矛盾、误解甚至严重的隔阂，可后来才知道责任在自己一方。如果不想彻底失去对方的话，比较可行的一个办法是赠送鲜花给对方，以花致歉。鲜花会充当"和平使者"，忠实地替自己"言难言之事"，犹如自己当面向对方"负荆请罪"一般。

（二）送花的形式

送花的形式可以分为花束、花篮、盆花、插花、花环、花圈等。

需要强调的是，在绝大多数情况下，送人之花以鲜花为佳。尽量不要以干花送人，尤其是不要将凋零、衰败、发蔫的鲜花送人。

1）花束

它是将新鲜的数枝切花捆扎成束，精心修剪或包装而成的一种鲜花组合。它适用面最广，应用最多。

2）花篮

它是以形状各异的精编草篮，按一定的要求，盛放一定数量花大色艳的新鲜切花。与赠送花束相比，赠送花篮显得更隆重、更高档。其适宜的场合通常有开业、开展、演出、祝寿等。

3）盆花

它是栽种在专门的花盆里，主要用于观赏的花草。送人的盆花，可以是自养的心爱之物，也可以是特意买来的珍稀品种。送盆花的最佳时机有登门拜年、祝贺乔迁、至交互访等。注意探望病人不要送盆花，以免有"落下病根"的联想。

4）插花

插花是采用一定的技巧，将各种供观赏的鲜花精心修剪之后，经过认真搭配，插放在花瓶、花篮、花插之中。插花主要用来装饰居室或布置客厅、会议室，也可以赠与亲朋好友。

5）花环

它是用新鲜的切花编扎而成的环状物，可以手持，也可以佩戴于脖颈、头顶或手腕上。它多用于自我装饰、表演舞蹈、迎送贵宾，有时也可用于赠送。其受赠对象通常是贵宾或友好人士。

6）花圈

它是用鲜花扎成的固定的圆状祭奠物。它仅能用在悼念、缅怀逝者的场合，如参加追悼会、扫墓、谒陵等。

（三）鲜花的寓意

鲜花之所以美丽可爱，除鲜花自身的先天条件比较优越外，另一个重要的因素是人们"借景生情""借物抒怀"，在鲜花身上附加了种种美好的寓意。例如，在中国人看来，春日的兰花高雅不俗，夏季的荷花自尊自爱，秋天的菊花坚贞顽强，冬季的梅花无私无畏。

鲜花的寓意，是送花时不可忽视的一个问题。假如事先不了解鲜花的寓意，或者在选择鲜花时不顾及这一点，那么往往会出大差错。

1. 通用寓意

有一些鲜花的寓意是流传已久、人所共知、广为沿用的。这就是鲜花的通用寓意。人们习惯于把鲜花的通用寓意叫作花语。根据礼仪规范，花语一旦形成，并被众人接受之后，便流传开来，须人人了解、个个遵守。不能自造花语，也不许篡改花语。在国外，花语相当普及。

2. 民俗寓意

同一品种的鲜花，在不同的国家和地区，往往会被赋予大不相同的寓意。这多半是民俗不同使然，故可称为鲜花的民俗寓意。

在选送鲜花时，尤其是在跨地区、跨国家的人际交往中以鲜花赠人时，不但要看其通用寓意，而且要看其民俗寓意，二者应当并行不悖。鲜花的民俗寓意主要体现在鲜花的品种、色彩、数量 3 个方面。

1）品种

在不同的风俗习惯里，同一品种的鲜花往往在寓意上大为不同。不懂的话，难免要犯忌。例如，中国人普遍喜爱的黄菊，是万万不能送给西方人的。在西方，黄菊仅在丧葬活动中使用。中国人赞赏荷花，是因其"出淤泥而不染，濯清涟而不妖"。可是到了日本，荷花平白无故是不能用来送人的，这是因为荷花在日本也是用于拜祭、丧葬活动的。在我国的广东、海南等地区，送人金橘、桃花，会令对方笑逐颜开，而以梅花、茉莉送人，则必定会招人反感。因为在粤语中，金橘谐音"金吉"，桃花寓意"大展鸿图"，而梅花、茉莉则音同"霉""没利"。

2）色彩

鲜花的一大特点是万紫千红、色彩缤纷。但是，在不同的习俗里，对于鲜花的色彩却有着不同的理解。举例而言，在国内，人们最喜爱红色的鲜花，因为在中国民俗里，红色象征大吉大利、兴旺发达。新人成婚时，赠以红色鲜花，方为得当。但在西方人眼里，白色鲜花象征着纯洁无瑕，将其送给新娘，是对她的至高赞美。然而在老一辈的中国人看来，送给新人白色鲜花则象征着"不吉利"。

再如，在很多国家，人们送花时多以多色鲜花相组合，很少会送人清一色的红花或黄花。因为以纯红色的鲜花送人意味着向对方求爱，而以纯黄色的鲜花送人则暗示决定与对方分道扬镳。

3）数量

送花的具体数量，在不同国家、地区的民俗中，是大有说道的。

在中国，在喜庆活动中送花要送双数，意为"好事成双"；在丧葬仪式上送花则要送单数，以免"祸不单行"。

在西方国家，送人的鲜花通常讲究单数。例如，送 1 枝鲜花表示"一见钟情"，送 11 枝鲜花则表示"一心一意"。只有作为凶兆的"13"是例外。

有些数字，由于读音或其他原因，在送花时也是忌讳的。例如，在欧美国家，送人的鲜花绝对不能是 13 枝。而在日本、韩国、朝鲜，以及中国的广东、海南、香港、澳门、台湾地区，送 4 枝鲜花给人，也会招人白眼，因为其发音与"死"相近。

【思考与练习】

1. 参观接待训练。

将学生分成两组，一组扮演接待的主办方，一组扮演来宾。按照礼宾次序，主办方要准确排出来宾姓名的顺序，然后安排会议室的座次，并带领来宾参观校园。

训练内容：
（1）按照扮演角色的职位排出来宾的次序。
（2）两组互换角色进行参观接待训练。

2. 案例分析。

王先生是一名化妆品公司的经理，这个星期他要去日本一家知名公司拜访这家公司的社长，他直接给这位社长打了电话并说明了他去其公司拜访的目的，但因突然有事耽误，在过了约定时间以后他才打电话说对不起。在第二天的拜访中，王先生因为旅途劳累穿着便装去了公司。在一番谈论之后，日本公司的社长拒绝与王先生合作，而王先生还不知道为什么对方拒绝了合作的机会。

（资料来源：散文吧 https：//www.sanwen8.cn/subject/jmfjphi.html）

思考：

（1）王先生犯了哪些错误？正确的做法是什么？
（2）简要说明拜访的注意事项。

第六章　餐饮礼仪与饮食文化

 **主要内容**

- 餐饮基本礼仪
- 中华饮食文化与中餐礼仪
- 西餐礼仪
- 自助餐礼仪
- 咖啡常识及饮用礼仪
- 茶文化与饮茶礼仪
- 酒文化与酒的礼仪

 二维码链接

西方人用餐有六不吃
名贵咖啡简介
广东早茶
葡萄酒的品鉴
冰葡萄酒
职场新人敬酒规则

西方人用餐有六不吃

名贵咖啡简介

广东早茶

葡萄酒的品鉴

冰葡萄酒

职场新人敬酒规则

一、餐饮基本礼仪

（一）宴请种类及形式

宴请由于目的不同、出席的成员不同、投入的成本不同，产生了许多不同的形式，可以是隆重的大型国宴，也可以是 AA 制的朋友聚会，一切要具体情况具体分析。了解不同形式宴请的特点有利于人们正确地处理其中的各种问题。

1. 宴会（Banquet）

宴会是正餐，通常是指以用餐为形式的社交聚会，出席者按主人安排的席位入座进餐，由服务员按专门设计的菜单上菜。宴会分国宴、正式宴会、便宴、家宴等，从时间上分为早宴、午宴和晚宴。一般而言，正式宴会安排在晚间举行。宴会要有一定的排场，出席者要注重仪表、讲究礼节。宴会场地的布置、餐具的摆放、食品和饮料的选用、菜品的设计及服务员的仪表、服饰都有一定的规格和要求。宴会要热烈隆重，注重实效，不铺张浪费。

1）国宴（State Banquet）

国宴是国家元首或政府首脑为国家庆典或为欢迎来访的外国国家元首、政府首脑而举行的一种正式宴会，规格最高。因此，这种宴会的礼仪要求也是最严格的。

按照国际惯例，举行国宴要悬挂宾、主两国国旗，演奏两国国歌和席间音乐。席间音乐通常由两国著名乐曲组成。宴会过程中有致辞、祝酒等程序，贵宾还要安排座次。我国的国宴通常在人民大会堂举行。

2）正式宴会（Formal Banquet）

正式宴会的安排与国宴大体相同，往往是为宴请专人而安排在比较高档的饭店或其他特定的地点举行，是讲究排场、气氛的大型聚餐活动。正式宴会对于到场人数、穿着打扮、席位排列、菜肴数目、音乐演奏、宾主致辞等，往往有十分严格的要求和讲究。宾主按照餐台上的姓名卡入座，但不悬挂国旗、不奏国歌。视宴席的规格不同，可以是晚宴，也可以是午宴。

3）便宴（Informal Dinner，Informal Banquet）

便宴是非正式宴会，通常可以不排座次，不做正式致辞，对来宾的服饰也没有严格的要求，菜品的道数和酒水可以根据主人的实力和客人的喜好而定。其形式简便，气氛亲切、随意。

4）家宴（Family Feast）

家宴，顾名思义就是在家里设宴招待客人，是便宴的一种形式。相对于正式宴会而言，家宴最重要的是要制造亲切、友好、自然的气氛，使宾主双方轻松、自然、随意，彼此增进交流、加深了解、促进信任。家宴的特点是主人亲自下厨烹饪，家人共同招待客人，显得亲切、自然，让客人产生"宾至如归"的感觉。通常，家宴在礼仪上往往不做特殊要求。

2. 招待会（Reception）

招待会是一种不以正式宴会程序为标准的较灵活的餐饮形式，宾主活动不拘泥于形式。一般备有食物、酒水、饮料，由客人根据自己的口味选择取用。招待会的主要特点是比较轻松自由，主人也不用花太多精力去招待客人，备足食品和饮料即可。常见的招待会有冷餐会、酒会、自助餐等。

1）冷餐会（Buffet）

冷餐会不排席位，菜品、食品以冷食为主，餐台上放置各种餐具，供宾主自取。宾主可多次取食，边用边谈，重在交流。酒水可集中在宴会酒吧，宾主既可自己选用，也可由服务员用托盘送上。冷餐会的地点可以在室内，也可在室外花园。可以不设座椅，站立用餐，也可设少量桌椅请需要者入座。举办时间通常在中午 12 时至下午 2 时或下午 5～7 时。这种宴请形式最适宜招待人数多的宾客。

2）酒会（Drinks）

酒会又称鸡尾酒会（Cocktail），主要备有酒水和小吃。一般不设座椅，只设小桌供宾主放置酒杯和盘碟。酒会形式活泼，便于出席者随意交谈。酒会举办的时间也比较灵活，中午、下午、晚上均可。客人可以在酒会期间任何时候到达或退席，来去自由，不受时间约束。

3）自助餐（Buffet，Buffet Meal，Foot Bar）

自助餐是近年来借鉴西方的现代用餐方式。它不排席位，也不安排统一的菜单，而是把能提供的全部主食、菜肴、酒水陈列在一起，用餐者根据个人爱好，自己选择、加工、享用。菜肴包括冷菜、热菜，还可以现场加工一些菜肴和面条等食品。采取这种形式，可以节省费用，而且礼仪讲究不多，宾主都方便，用餐的时候每个人都可以自由选择。在举行大型活动、招待为数众多的来宾时，这样安排用餐，也是明智的选择。

3. 茶会（Tea Party）

1）简介

茶会是简便的招待形式，举行的时间一般在下午4时左右，地点设在客厅，客厅内须设置座椅和茶几。贵宾出席茶会时，应与主人安排在一起，其他出席者随意就座。一般备有茶、点心、水果或地方风味小吃，请客人一边品尝，一边交谈。茶会对茶叶的品种、沏茶的用水和茶具都比较讲究。茶叶的选择要照顾到客人的嗜好和习惯，茶具要选用陶瓷器皿，不要用玻璃杯，也不要用热水瓶代替茶壶。有外国人参加的茶会还可以准备咖啡和冷饮。

2）茶会上的发言

在茶会上，主持人的作用是审时度势，因势利导地引导与会者发言，并且控制会议的全局。大家争相发言时，主持人决定先后。没有人发言时，主持人引出新的话题，或者恳请某位人士发言。会场发生争执时，主持人要出面劝阻。在每位与会者发言前，主持人可以对发言者略做介绍。发言前后，主持人要带头鼓掌致意。

与会者的发言及表现必须得体。在要求发言时，可以举手示意，但要注意谦让，不要争抢；不管自己有什么高见，都不要打断别人的发言。肯定成绩时，要力戒阿谀奉承。提出批评时，不能讽刺挖苦。切忌当场表示不满，甚至私下进行人身攻击。

4. 工作餐

工作餐分为早餐（Working Breakfast）、午餐（Working Lunch）和晚餐（Working Dinner）。工作餐是具有业务关系的合作伙伴，为进行接触、保持联系、交换信息或洽谈生意而通过用餐形式进行的聚会。工作餐是现代交际中经常采用的一种非正式宴请形式。工作餐一般规模较小，通常在中午举行，主人不用发正式请柬，客人不用提前向主人正式答复，时间、地点可以临时选择。出席者的配偶一般不参加，便于边谈边食，省时简便。出于卫生方面的考虑，最好采用分餐制或公筷制。在用工作餐的时候，一般还会继续工作上的交谈，但这种情况下不要像在会议室一样，进行录音、录像，或者安排专人进行记录。如果有必要进行记录，应先获得对方首肯，千万不要自行其是。在国外，工作餐经常实行AA制，由参加者各自付费。

（二）设宴前的准备

宴请是一种重要的社交活动。对于宾客而言，宴请是一种礼遇；对于主人而言，准备工作周密与否，将直接决定宴请活动成功与否。在设宴前主要做好如下准备工作。

1. 确定宴请的目的、名义、范围与形式

宴请应有明确的目的。如果目的不明确，就难以确定宴请的范围和形式。宴请可以是为某人或某事举行。有些宴请的名义要多斟酌，看由谁出面更为妥当。特别是几个单位、几个朋友联合做东时，要仔细斟酌。宴请的名义主要依据宾主双方的身份而定，也就是说宾主的身份应该对等。宴请范围是指请哪些方面的人士，所有客人之间的关系如何，有无芥蒂，他们共同赴宴是否妥当等。多边活动还要考虑政治关系等。宴请采取何种形式，在很大程度上取决于习惯做法。一般来说，比较正式的、规格高的、人数少的宴请以宴会的形式较为适宜，非正式的、人数较多的则以冷餐会较为合适，比较简单又注重情趣的可以选茶会，具有某种庆祝意义的可以选择酒会。我国的宴请基本上采用中餐宴会。

2. 确定宴请的时间、地点

宴请的时间应以宾主双方都合适为好，尤其是要照顾主宾的意愿和便利。按照国际惯例，晚宴被认为是规格最高的。宴请的时间注意不要选择重大节日、假日、有重要活动或有禁忌的日子。确定正式宴请的具体时间，还要遵从民俗惯例，如"黑色星期五"（即每月的13日同时是星期五）、伊斯兰教的斋戒日等，最好不要选择。如果有可能，应该先和主宾协商一下，力求方便。要尽可能提供几种时间进行选择，以显示自己的诚意，并要对具体时间长度进行必要的控制。

宴请的地点应根据宴请的形式、人数的多少，以及隆重的程度来确定。越是隆重的活动，越要讲究环境和条件，因为它体现了对对方的礼遇。正式的宴会一般选在较高档的宾馆、饭店举办。便宴则通常选在普通饭馆、风味餐厅或家里。自助餐和酒会一般需要较大的场地。

3. 发出邀请

邀请有书面邀请和口头邀请之分，前者主要发书面请柬，后者为直接告知或打电话邀请。各种正式的宴请活动一般均应向客人发请柬。这是一种礼貌，也是对客人的提醒和备忘。请柬一般提前一周或两周发出，以便被邀请人早做安排。

临时通知客人出席宴会是不礼貌的。一般便宴可以不发请柬，而用电话邀请。工作餐可以口头邀请。

请柬的内容应包括宴请的目的、形式、时间、地点、主人的姓名（或单位名称），重大的活动还要注明着装的要求及其他附加条件。请柬还须注明被邀请者的座位号，并写上被邀请者能否出席的答复要求。请柬可以印刷，也可以手写。在请柬的信封上，被邀请人的单位、姓名、职务和敬称要书写工整且清楚准确。国际上习惯给夫妇两人发一张请柬。在国内需要凭请柬入内的场合要注意每人发一张为好。

4. 确定菜单

要组织好宴会，确定菜单至关重要。菜肴的数量和花色一般要根据宴会的规格和形式，在预算标准内予以安排。确定菜单主要遵循以下几个原则。

（1）选菜主要考虑来宾的口味、喜好和禁忌，而不是以主人自己的喜好为准。例如，宴请宗教界人士，要特别注意尊重对方的宗教禁忌。再如，海参、动物内脏等，许多欧洲人都不喜欢，也要避免。

（2）荤素搭配合理，菜肴品种多样化，以适应客人不同的习惯和爱好。

（3）量力而行，追求特色。宴请并非一定要有山珍海味，有时选用地方特色菜肴反而更受人欢迎。

（4）菜单确定后应印制若干份。在正式宴会上，菜单至少每桌一份，讲究的可以每人一份，以便大家用餐时心中有数、各取所需，菜单也可留作纪念。

5. 安排席位

总的原则，既要按礼宾次序做安排，又要有灵活性，使席位安排有利于增进友谊和便于席间交谈。无论如何排列，都应把主宾夫妇和主人夫妇置于最为尊贵的位置。

1）中餐宴会席次排列

（1）圆桌座次的排列（图 6-1～图 6-3）。

首先要确定主位，继而确定其他席位。

① 主位的确定。

- 中座为尊。三人一同就座用餐时，居于中座者在位次上要高于其两侧就座之人。
- 面门为上。以正对门的座位为主位。
- 以距门远为上。离门最远的为首位，离门最近的背靠门的为末位。
- 观景为佳。在一些高档餐厅用餐时，在餐室内外往往有优美的景致或高雅的演出，可供用餐者观赏，此时应以观赏角度最佳之处为上座。
- 临墙为好。在某些中低档餐馆用餐，为了防止过往侍者和食客的干扰，常以靠墙之位为上座，以靠过道之位为下座。

② 其他席位的确定。

- 右高左低。左与右的确定是当事人的位置为准。当两人并排就座，或在同一桌上距离主位相等的位次时，排列次序以右为尊，以左为卑。这是因为中餐多以顺时针方向上菜，居右者要比居左者优先受到照顾。
- 以近为上。在同一桌上，距离首位越近，则席位越高。

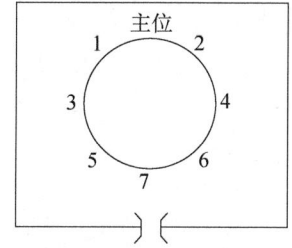

图 6-1 圆桌座次的排列之一：单一主人

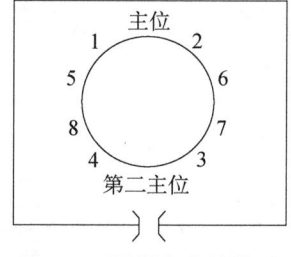

图 6-2 圆桌座次的排列之二：双主人

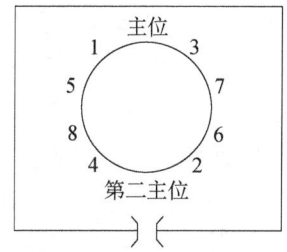

图 6-3 圆桌座次的排列之三：双主人

（2）宴会席次的排列（图6-4～图6-7）。

如果宴请人数众多，需举办一桌以上的宴请，就会出现桌次的排列问题。宴会的主人和主宾应坐在主桌上，当餐桌横排时，桌次以右为尊，以左为卑。左与右的确定以面对正门的位置为准。当餐桌竖排时，桌次以距离正门远的位置为上，以距离正门近的位置为下。多桌宴会的桌次排列，还应考虑距离主桌的距离，即距主桌越近，桌次越高；距主桌越远，桌次越低。另外，在安排桌次时，除主桌可以略大外，其他餐桌大小、形状应大体相仿，不宜差别过大。在大型宴会厅，桌次排列还要考虑舞台的位置，离舞台近且居中者为首席，其他餐桌离主桌越近，桌次越高，同等距离下以右高左低的原则排列。

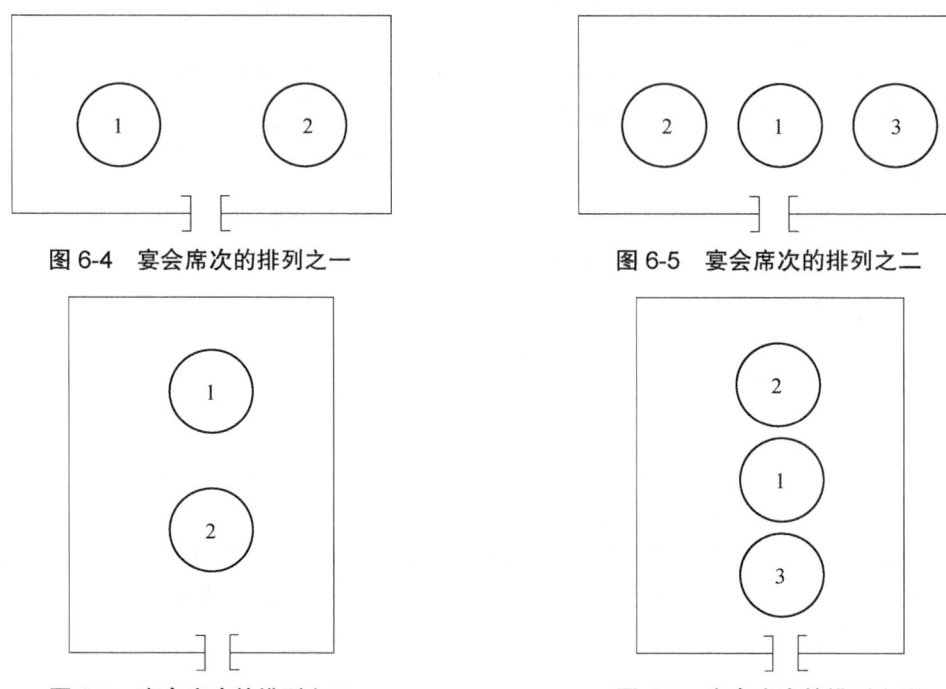

图6-4　宴会席次的排列之一　　　　图6-5　宴会席次的排列之二

图6-6　宴会席次的排列之三　　　　图6-7　宴会席次的排列之四

2）西餐宴会席次排列

西餐宴会席次的确定主要依据主人的位置，即离主人越近，席位越高；离主人越远，席位越低。距离相等时，以右为上。另外，西餐席位的排法是男女穿插就座，以女主人为准，主宾在女主人右侧就座，主宾夫人在男主人右侧就座。长桌席次的排列如图6-8～6-15所示。

（1）排位的原则。在绝大多数情况下，排位时要考虑下面的原则。

① 女士优先。一般女主人为第一主人，在主位就座；而男主人为第二主人，在第二主位就座。

② 面门为上。面对餐厅正门的位子要高于背对餐厅正门的位子。

③ 距离定位。距主位近的位置要高于距主位远的位置。

④ 以右为尊。男主宾要排在女主人的左侧，女主宾要排在男主人的右侧，按此原则，依次排列。

⑤ 交叉排列。男女应当交叉排列，熟人与生人也应当交叉排列，一个就餐者的对面和两侧往往是异性或不熟悉的人，这样可以扩大交友面。

（2）席位的具体安排。

① 长桌的排列。一般有如下几种情况：一是男女主人在长桌的中央相对而坐，餐桌的两端可以坐人，也可以不坐人；二是男女主人分别坐在长桌的两端；三是用餐人数较多时，可以把长桌拼成其他形状用餐。

② 方桌的排列。方桌排列位次时，男女主宾相对而坐，就座于餐桌四面的人数应相等，并使所有人与自己的配偶或恋人坐成斜对角。

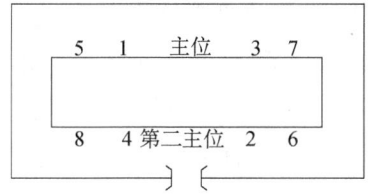

图 6-8　长桌席次的排列之一：双主人

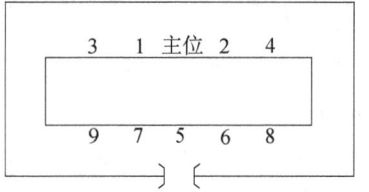

图 6-9　长桌席次的排列之二：单一主人

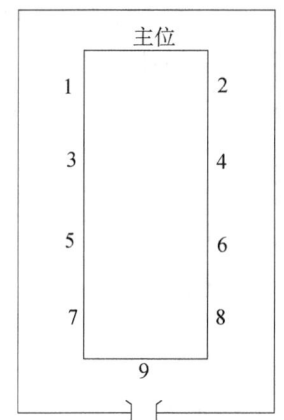

图 6-10　长桌席次的排列之三：单一主人

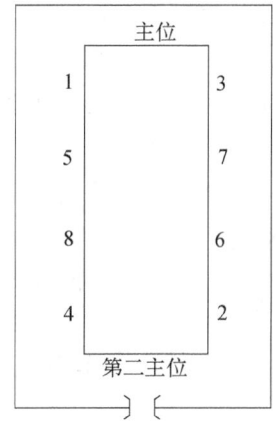

图 6-11　长桌席次的排列之四：双主人

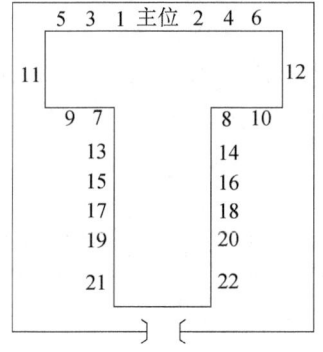

图 6-12　长桌席次的排列之五：单一主人之 T 形

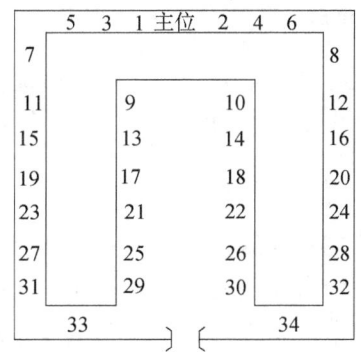

图 6-13　长桌席次的排列之六：单一主人之Ⅱ形

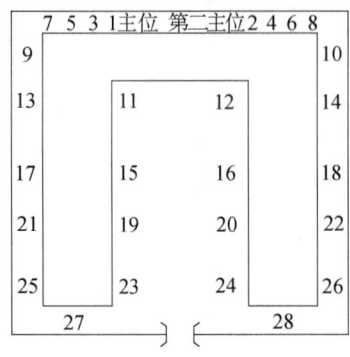
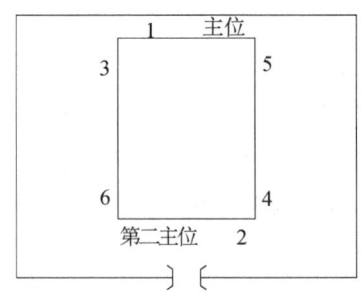

图6-14 长席坐次的排列之七：双主人之Ⅱ形　　图6-15 方席坐次的排列：双主人

席位排定后应在每张餐桌上放置座位卡。如果是涉外宴请，座位卡应写中、外文两种文字，中文写在上面，外文写在下面。值得一提的是，家宴和便宴通常不设座位卡，但主人对客人的席位往往预先有所安排。因此，作为客人不要抢先入座，而应听从主人的安排。

6. 布置现场

宴会厅和休息厅的布置，取决于活动的性质和形式。官方正式活动场所的布置，应该严肃、庄重、大方，不宜用霓虹灯作为装饰，可用少量鲜花（以短茎为佳）、盆景、刻花作为点缀。如配有乐队演奏席间乐，乐队不要离得太近，乐声宜轻，最好能安排几首主宾家乡乐曲或他（她）所喜欢的曲子。

一般说来，宴会可用圆桌，也可用长桌或方桌。一桌以上的宴会，桌子之间的距离要适当，各个座位之间也要距离相等。冷餐会的菜台用长方桌，酒会一般摆设小圆桌或茶几，宴会休息厅通常用小茶几或小圆桌。

（三）宴会中的礼仪

宴会中的礼仪是宴请活动中很重要的一环，具体有如下几个程序。

1. 迎客

宴请外宾，主人一般应在门口迎接客人。官方活动中，除男女主人外，还有少数其他官员陪同主人排成行迎接来宾。迎宾位置宜在客人进门存衣以后进入休息厅之前。

2. 引宾入席

按照先女宾后男宾、先主宾后一般来宾的顺序，引宾客进入休息厅或直接进入宴会厅。休息厅内应有身份相应人员陪同、照料客人，服务人员应及时递送饮料。主人陪同主宾进入宴会厅主桌，接待人员随即引导其他宾客相继入厅就座，宴会即可开始。

3. 致辞、祝酒

正式宴会，一般均有致辞，但安排的时间各国不尽相同，有的一入席双方即致辞。我国正式宴会一般习惯在热菜之后、甜食之前由主人致辞，接着由客人致答词。致辞时，服务人员要停止一切活动，参加宴会的人员均应暂停饮食，专心聆听，以示尊重。冷餐会和酒会讲话时间则更显灵活。致辞完毕必须祝酒，所以服务人员在致辞即将结束时应迅速把酒斟足，供主人和主宾等祝酒用。

4. 侍应顺序

按国际惯例，侍应顺序应从男主人右侧的女宾或男主宾开始，接着是男主人，由此自右向左按顺时针方向进行。如宴会规格较高，须由两人担任侍应，其中一人按上述顺序开始，至女主人或第二主人右侧的宾客为止。另一侍应人员从女主人或第二主人开始，自右向左按顺时针方向进行，至前一侍者开始的邻座为止。上菜、派菜、分汤均按以上顺序进行。

5. 斟酒

上菜在左，但斟酒在右，酒斟至酒杯容量的 2/3 即可。大多数宴会上只用一种酒。中式宴会从开始上冷盘即开始饮酒。

6. 宴会结束

宾客餐毕起身，应为其拉椅，目送或陪送宾客至宴会厅门口。若宾客餐后在会客室休息，要及时递送茶水或酒水。宾客离开时，衣帽间服务员应及时准确地将衣帽递给宾客，有可能时，要热情帮助其穿戴。清台时要注意检查是否有宾客遗留物品，若有发现，应及时联系送还宾客。

（四）赴宴

宾客参加宴会，无论是作为组织的代表，还是以私人身份出席，从入宴到告辞都应注重礼节规范。这既是个人素质与修养的体现，又代表组织形象，同时体现了对主人的尊重。宴会通用的礼仪一般有以下几个方面。

1. 参加宴会的准备

接受邀请后不宜随意改动。万一遇到特殊情况不能出席，尤其是作为主宾，要尽早向主人解释、道歉，甚至亲自登门表示歉意。应邀出席之前，要核实宴请的主人，活动举办的时间、地点，是否邀请配偶，以及主人对服饰的要求。如果出席人希望带配偶、孩子或其他客人赴宴，应提前同主人打招呼。

1）仪容和服饰

出席宴会前，一般应梳洗打扮。女士要化妆，男士应梳理头发并剃须，按照宴会的要求着装，这将给宴会增添隆重热烈的气氛。

2）赠花与礼物

参加庆贺活动，可按当地习俗及主客双方的关系，准备赠送的花篮或花束。参加家庭宴会，可给女主人准备一束鲜花，赠花时要注意对方的禁忌。有时需要准备一定的礼品，在宴会开始前送给主人。礼品价值不一定很高，但要有意义。

2. 赴宴礼仪

1）按时抵达

按时出席宴请是最基本的礼貌。出席宴请活动，抵达时间的迟早、逗留时间的长短都很重要。身份高者可略晚些到达，一般客人宜略早些到达。宴会结束，逗留时间过短会被视为失礼或有意冷落。出席宴会要根据各地习惯，西方习惯准点或晚一两分钟到达，我国的习惯则是正点或提前一两分钟到达。过早到达，主人家还在做准备工作，也不礼貌。

2）入座

应邀出席宴请活动，应听从主人安排。若是宴会，进入宴会厅之前，应先了解自己的桌次和座位。入座时要注意桌上座位卡是否写有自己的名字，不可随意入座。如邻座是年长者或女士，应主动协助他们先坐下。在餐桌上保持优雅得体的姿态，既是为了用餐愉快，也是为了方便别人和表示对别人的尊重。总的来讲，进餐时姿态应该是轻松而不懒散的。落座时从左侧进入，手按住椅子往后拉，再慢慢就座，就座后要将背部挺直，端端正正，尽量不要靠在椅子背上，身体与桌子保持一拳的距离，即10~15cm。两手臂尽量贴近自己，以免影响别人进餐。

3. 进餐礼仪

餐桌上，可以共享轻松愉快的气氛，但如果有人不懂礼仪，这种与人分享的乐趣就会大打折扣。餐桌上优雅得体的举止可以展现一个人高雅的气质、良好的修养。

1）保持良好的吃相

（1）不能抢先于主宾动筷。

（2）取菜宜酌量。

（3）尽量不要站起来取菜，也不要把手伸到别人面前取菜。

（4）要相互谦让，只取自己的一份（特别是比较高档的菜）。若一轮过后还有剩余，可以再取。

（5）不要在公用菜盘里翻来翻去，挑肥拣瘦。要看准后立即取走，不能取走后又放回去。

（6）若遇本人不能吃或不爱吃的菜品，当服务员或主人夹菜时，不可打手势，不可拒绝，可取少量放入盘内，并表示"谢谢，够了"。对不合口味的菜品，勿显出难堪的表情。

（7）进食避免出声。吃东西时应闭着嘴细嚼慢咽，尽量不发出声音。汤菜太热，应稍凉后再食用，忌用嘴吹去热气。在喝汤时，要避免发出"呼噜呼噜"的声音。饮用饮料不能大肆牛饮，酒品也是如此。

（8）进餐的速度要与别人保持一致，过快或过慢都不合适。如果狼吞虎咽，就会表现出一副贪婪相，而太慢有可能吃不饱。一般主宾停筷结束用餐了，其他客人也应该结束用餐。

（9）不要明显地打嗝、打哈欠。如果的确无法控制，要尽量压低声音，并向邻座说声对不起。随意地打嗝、打哈欠是很令人厌恶的。

（10）不要在餐桌上挥舞餐具。用餐具敲打发出声音或指向别人，是很不礼貌的。

（11）嘴里有食物时切勿说话。吃剩的菜、用过的餐具、牙签及骨刺等都要放入骨盘内，忌随意乱扔。剔牙时，要用手或餐巾遮口。如无太大必要，不要用牙签，至少要做到不引人注意。有痰要吐，应该到化妆间处理。在餐桌上咳个不停，会影响别人的进餐情绪和食欲。

（12）除祝酒碰杯外，尽量不要起立走动。在餐桌上不应看文件和信，不要做引人注目的动作。吃完后要把餐具横搁在盘上表明自己已经吃完（中西餐皆是如此）。

2）不要布菜，对外宾不要反复劝菜

对外宾不要反复劝菜，可向对方介绍中国菜的特点，吃不吃由他。有人喜欢向他人劝菜，甚至为对方夹菜。外宾没这种习惯。依此类推，参加外宾举办的宴会，也不要指望主人会反复劝菜。

3）禁止异响

社交礼仪规定：人体发出的除谈笑声以外的所有声音，如咳嗽、哈欠、喷嚏、吐痰、清嗓、吸鼻、打嗝、放屁的声响，都是不雅之声，统称异响。在社交场合应当禁止异响出现，尤其是用餐期间。需要指出的是，禁止异响重在自律，而不必强求于人。在大庭广众之下，若他人不慎制造了异响，最明智的做法是置若罔闻。若本人不慎弄出了异响，则最好及时承认，并向身边之人道歉。

4）祝酒有序

祝酒须了解宴会的性质，为何人何事祝酒，特别要了解对方的祝酒习惯，以便做必要的准备，使祝酒词不失高雅而具有针对性。碰杯时主人和主宾先碰，人多时可同时举杯示意，不一定碰杯。祝酒时不可交叉碰杯。在主人和主宾致辞祝酒时应停止进餐，停止交谈。主人和主宾讲话完毕与贵宾席人员碰杯后，往往到其他席敬酒，此时应起立举杯。碰杯时要注视对方，以示敬重友好。

宴会上相互敬酒，可烘托热烈的气氛，但切忌饮酒过量。一般应控制在本人酒量的三分之一以内，不可饮酒过量失言失态。不能喝酒时可以礼貌地声明，但不可把杯子倒置，应轻轻按着杯沿。

两个桌子同时进餐，不要过多地打扰另一桌进餐的人。去其他桌敬酒，应只端一个酒杯，不要拿其他东西。敬酒时，应该站在被敬人的右侧。不要太长时间打扰他人进餐。

用餐时要敬酒不劝酒。不要斗酒量、逞强，成心把人灌醉，偷偷地往他人的饮料里倒上烈性酒。不可通宵达旦无节制地狂欢酗酒。

5）席间交谈

参加任何宴会，无论处于何种地位，都少不了与同桌人交谈，特别是左右邻座。如互相不认识，可先做自我介绍。与近旁的人谈话，声音不要太高，但也不要耳语，说话也不宜太多。话题的选择要适当，不要打听别人的谈话内容。不议论令人作呕之事。

6）宽衣

宴请过程中，无论天气如何炎热，均不得当众解开纽扣、松领带、脱下衣服等。参加小型便宴时，若主人请宾客宽衣，男宾可脱下外衣搭在椅背上。

（五）告辞与致谢

在正式宴会上，吃水果一般放在宴会即将结束时。国宴时长是1小时40分钟，其他宴请也可参照此时间，尤其是工作餐用时不宜过长。结束时，一般先由主人向主宾示意，请其做好离席的准备，然后从座位上站起，这是请全体起立的信号。家宴一般以女主人的行动为准，女主人先邀请女主宾离席退出宴会厅，大家跟随离席。告辞时，应礼貌地同主人握手道谢。

通常是男宾先向男主人告别,女宾先向女主人告别,然后交换,再与其他人告别。

席间一般不应提前退席。若确实有事需提前退席,要有礼貌,应向主人打招呼后轻轻离去,也可事前打招呼到时离去。退席的理由应尽量不使主人难堪和心中不悦。从宴会结束到告辞之前不可有任何不耐烦的表现。

对主人的致谢,除在宴会结束告辞时表达谢意外,若为正式宴会,还可在 1~2 天内送上印有"致谢"或"P·R"字样的名片或便函表示感谢。在涉外场合一定要这样做,有时私人宴请也要致谢。名片可寄送或亲自送达。应首先致谢女主人,但不必说过谦的话。

二、中华饮食文化与中餐礼仪

(一)中华饮食文化

中国烹饪、法国烹饪和土耳其烹饪,是东方、西方和阿拉伯三大烹饪流派的代表,而中国烹饪由于历史最悠久、特色最丰富、文化内涵最为博大精深、使用人口最多等特点而首屈一指。孙中山先生在《建国方略》中早就说过:"昔日中西未通市以前,西人只知烹调一道法国菜为世界之冠,及一尝中国之味,莫不以中国为冠矣。"

(二)中国菜系的划分

1. 从地域角度划分

我国有"四大菜系"之说,即山东(鲁)、淮扬(扬)、四川(川)、广东(粤)四个菜系;又有"八大菜系"之说,即"四大菜系"再加浙江(浙)、安徽(徽)、湖南(湘)、福建(闽)四个菜系;还有"十大菜系"之说,即"八大菜系"再加上北京(京)、上海(沪)两个菜系;还有"十二大菜系"之说,即"十大菜系"再加上河南(豫)、陕西(陕、秦)两个菜系。

2. 从民族角度划分

中国 56 个民族就有 56 种民族风味菜肴。

3. 按原料性质划分

分为素菜和荤菜两个流派。素菜从南朝梁代开始形成流派,到清代形成宫廷、寺院、民间 3 大派别。

4. 按功用划分

有保健医疗菜和普通菜之分。

5. 按生产者主体划分

有市肆、食堂、家庭等菜系之分。

6. 按时代划分

有仿古菜和现代菜之分。前者如仿宫廷菜、仿官府菜、仿唐菜、仿宋菜、仿"红楼"菜、仿随园菜等。

（三）地方菜系简介

1. 鲁菜（山东菜）

鲁菜是形成风格最早的菜系。南北朝时山东风味已初具规模，明清时已形成稳定流派。山东菜系影响所及，到黄河中下游、华北东部及东北地区。山东菜系，由齐鲁、胶辽、孔府3种风味组成，是宫廷最大菜系，以孔府风味为龙头。山东菜系对其他菜系的产生有重要的影响，因此大多数人认为鲁菜为八大菜系之首。其以清香、鲜嫩、味纯著称，精于制汤和以汤调味，烹调法以爆、炒、扒、烧、炸、焖、熘最为突出，味道以咸鲜为主并善于用葱香调味。

1）齐鲁风味

齐鲁风味以济南菜为代表，在山东北部、天津、河北盛行。德州菜也是齐鲁风味中重要的一支，代表菜有德州脱骨扒鸡。齐鲁菜以清香、鲜嫩、味纯著称，一菜一味，百菜不重。尤重制汤，清汤、奶汤的使用及熬制都有严格规定。用高汤调制是济南菜的一大特色。济南名菜有糖醋鲤鱼、宫保鸡丁（鲁系）、九转大肠、汤爆双脆、奶汤蒲菜、南肠、玉记扒鸡、济南烤鸭等。济南著名的风味小吃有锅贴、灌汤包、盘丝饼、糖酥煎饼、罗汉饼、金钱酥、清蒸蜜三刀、水饺等。

2）胶辽风味

胶辽风味也称胶东风味，以烟台福山菜为代表，流行于胶东、辽东等地。胶辽菜起源于烟台、青岛，以烹饪海鲜见长，口味以鲜嫩为主，偏重清淡，讲究花色。青岛十大代表菜是肉末海参、香酥鸡、家常烧牙片鱼、崂山菇炖鸡、原壳鲍鱼、酸辣鱼丸、炸蛎黄、油爆海螺、大虾烧白菜、黄鱼炖豆腐。青岛十大特色小吃是烤鱿鱼、酱猪蹄、三鲜锅贴、白菜肉包、辣炒蛤蜊、海鲜卤面、排骨米饭、鲅鱼水饺、海菜凉粉、鸡汤馄饨。

3）孔府风味

孔府风味以曲阜菜为代表，流行于山东西南部和河南地区，和江苏菜系中的徐海风味较接近。孔府菜有"食不厌精，脍不厌细"的特色，其用料之精广、筵席之丰盛堪与过去皇朝宫廷御膳相比。其和江苏菜系中的淮扬风味并称为"国菜"。孔府菜的代表有一品寿桃、翡翠虾环、海米珍珠笋、炸鸡扇、燕窝四大件、烤牌子、菊花虾包、一品豆腐、寿字鸭羹、拔丝金枣。

2. 四川菜

川菜是中国民间最大菜系。西汉两晋时四川风味已初具轮廓。明清之际川味因辣椒的传入进一步形成稳定的味型特色，影响到西南云贵及周边省、区临界地带风味的形成。川菜主要由成都（上河帮）、重庆（下河帮）、自贡（小河帮）3个系统组成。技法中以小炒、小煎、小烤、小烧、干烧、干煸见长，取料广泛，用料成本最低。川菜以麻辣、鱼香、味广著称，以辣、酸、麻脍炙人口，辣椒、胡椒、花椒是调味品中的主要作料。川菜常见的口味有鱼香味、怪味、红油味、麻辣味等。常见的代表菜有鱼香肉丝、宫保鸡丁、麻辣豆腐等。

3. 江苏菜

江苏菜在烹饪学中一般称为"苏菜",而在一般餐馆中常被称为"淮扬菜"。其由徐海、淮扬、金陵和苏南4种风味组成,是宫廷第二大菜系。今天国宴仍以江苏菜系为主。主要特点是选料以鲜活、鲜嫩为佳,非常讲究时令;重视刀工和火工;讲究清淡入味,特别强调菜肴的本味;色泽鲜艳,清爽悦目;美观别致,生动逼真。

1)徐海风味

徐海风味以徐州菜为代表,流行于徐海和河南地区,和山东菜系中的孔府风味较接近,曾属于鲁菜口味。徐海菜鲜咸适度,习尚五辛、五味兼崇,清而不淡、浓而不浊。其菜无论取料于何物,均注意食疗、食补作用。另外,徐州菜多用大蟹和狗肉,尤以全狗席甚为著名。徐海风味菜代表有霸王别姬、沛公狗肉、彭城鱼丸、地锅鸡等。

2)淮扬风味

淮扬风味以扬州、淮安菜为代表,主要流行于以大运河为主,南至镇江,北至洪泽湖、淮河一带,东至沿海地区。淮扬风味选料严谨,讲究鲜活,主料突出,刀工精细,擅长炖、焖、烧、烤,重视调汤,讲究原汁原味,并精于造型,瓜果雕刻栩栩如生。口味咸淡适中,南北皆宜,并可烹制"全鳝席"。淮扬细点,造型美观,口味繁多,制作精巧,清新味美,四季有别。著名菜肴有清炖蟹粉狮子头、大煮干丝、三套鸭、水晶肴肉等。

3)金陵风味

金陵风味以南京菜为代表,主要流行于南京和安徽地区。金陵菜烹调擅长炖、焖、炸、烤。特别讲究七滋七味,即酸、甜、苦、辣、咸、香、臭,以及鲜、烂、酥、嫩、脆、浓、肥。

南京菜以善制鸭馔而出名,素有"金陵鸭馔甲天下"的美誉。金陵菜的代表有盐水鸭、鸭汤、鸭肠、鸭肝、鸭血、豆腐果(北方人叫豆泡)和香菜(南京人叫芫荽)。南京小吃是中国四大小吃之一,代表品种有小笼包、拉面、薄饼、葱油饼、豆腐涝、汤面饺、菜包、酥油烧饼、甜豆沙包、鸡面干丝、春卷、烧饼、牛肉汤、小笼包饺、压面、蟹黄面、长鱼面、牛肉锅贴、回卤干、卤茶鸡蛋、糖粥藕等。

4)苏南风味

苏南风味以苏州菜为代表,主要流行于苏锡常和上海地区,和浙江菜、安徽菜系中的皖南、沿江风味相近。有专家认为苏南风味应当属于浙菜。苏南风味与浙江菜的最大区别是苏南风味偏甜。苏南风味中的上海菜受到浙江的影响比较大,现在有成为新菜系的趋势。

苏南风味擅长炖、焖、煨、焐,注重保持原汁原味,花色精细,时令时鲜,甜咸适中,酥烂可口,清新腴美。近年来又烹制出"无锡乾隆江南宴""无锡西施宴""苏州菜肴宴"和太湖船菜。苏州在民间拥有"天下第一食府"的美誉。苏南名菜有香菇炖鸡、咕咾肉、松鼠鳜鱼、靶肺汤、碧螺虾仁、响油鳝糊、白汁圆菜、叫化童鸡、西瓜鸡、鸡油菜心、糖醋排骨、桃源红烧羊肉、太湖银鱼、太湖大闸蟹、阳澄湖大闸蟹。松鹤楼、得月楼是苏州的代表名食楼。苏州小吃是中国四大小吃之一,是品种最多的小吃,主要有卤汁豆腐干、松子糖、玫瑰瓜子、苏式月饼、虾子酱油、枣泥麻饼、猪油年糕、小笼馒头、苏州汤包、桃源红烧羊肉、藏书白切羊肉、奥灶面等。

4. 广东菜

南宋以后，广东风味始具雏形，有"南烹""南食"之称。清末有"食在广州"之说。广东菜由广府、客家、潮汕3种风味组成，在中国大部分地区都有粤菜馆，其在国内、海外影响极大。所以，也有不少人，特别是广东人认为粤菜乃八大菜系之首。粤菜是国内民间第二大菜系，地位仅次于川菜，在国外是中国的代表菜系。粤菜以广府风味为代表。粤菜的特点是选料广博、又杂又奇；讲究鲜嫩爽滑，且季节性强，夏秋之季讲清淡，冬春之季讲浓郁；使用独特风味的调料，烹调出具有独特风味的地方菜肴；烹调方法有独到之处，如用鸡、瘦猪肉熬成3种汤，即顶汤、上汤和二汤，顶汤用于燕翅、鲍鱼等名贵菜，上汤用于中高档菜肴，二汤用于一般菜肴。除熬汤外，粤菜烹调技法还有煲、烤、浸（油浸、汤浸）和焗等。

1）广府风味

广府风味以广州菜为代表，集南海、番禺、东莞、顺德、中山等地方风味的特色于一体，主要流行于广东中西部、香港、澳门、广西东部。广府菜注重质和味，口味比较清淡，清中求鲜、淡中求美，而且随季节时令的变化而变化，夏秋偏重清淡，冬春偏重浓郁。食味讲究清、鲜、嫩、爽、滑、香，调味遍及酸、甜、苦、辣、咸，此即所谓的"五滋六味"。有"食在广州"的美誉。代表品种有龙虎凤、白灼虾、烤乳猪、香芋扣肉、炖禾虫、狗肉煲、五彩炒蛇丝等。

2）客家风味

客家风味又称东江风味，以惠州菜为代表，流行于广东、江西和福建的客家地区，和福建菜系中的闽西风味相近。客家菜下油重，口味偏咸，酱料简单，但主料突出，喜用三鸟、畜肉，很少配用菜蔬，河鲜海产也不多。代表品种有东江盐焗鸡、东江酿豆腐、爽口牛丸、酿三宝等，表现浓厚的古代中州之食风。

3）潮汕风味

潮汕风味以潮州菜为代表，主要流行于潮汕地区，和福建菜系中的闽南风味较接近。潮汕菜以烹调海鲜见长，刀工技术讲究，口味偏重香、浓、鲜、甜。喜用鱼露、沙茶酱、梅羔酱、姜酒等调味品，甜菜较多，款式在百种以上，都是粗料细作，香甜可口。潮州菜的另一特点是喜摆十二款，上菜次序又喜头、尾甜菜，下半席上咸点心。秦以前潮州属闽地，其语系和风俗习惯接近闽南而与广州有别，因渊源不同，故菜肴特色也有别。代表品种有潮州卤鹅、潮州牛肉丸、水晶包、萝卜糕、猪肠灌糯米、豆酱鸡、护国菜、什锦乌石参、葱姜炒蟹、干炸虾枣等。

5. 浙菜

浙菜有悠久的历史，是我国八大菜系之一，主要由杭州、宁波、绍兴3部分组成。口味鲜嫩清脆，色彩鲜明，菜式小巧玲珑，以炖、炸、焖、蒸见长，重原汁原味。主要名菜有西湖醋鱼、东坡肉、龙井虾仁（龙井茶烹制鲜河虾仁）、蜜汁火方（冰糖水浸蒸金华火腿）、清汤越鸡（以汤料煮焗、蒸焖绍兴鸡而成）、干菜焖肉等。

6. 闽菜

闽菜主要由福州、闽南（以厦门、泉州为中心）、闽西（客家话区）3部分组成。口味上福州偏酸甜，闽南多香辣，闽西喜浓香醇厚。闽菜以炸、熘、焖、炒、炖、蒸为特色，名菜有佛跳墙（由18种原料用多种方法预加工，最后在酒坛中煨制而成的菜，因"坛启荤香飘四邻，佛闻弃禅跳墙来"而闻名）、淡糟鲜竹（红糟炒制鲜竹蛙肉）、炒西施舌（"西施舌"即海蚌肉）、鸡丝燕窝、鸡汁燕丸、沙茶烟鸭块、荔枝肉（猪肉、荸荠炸炒而成，色、形、味均似荔枝）等。

7. 湘菜

湘菜主要由湘江流域（以长沙、湘潭、衡阳为中心）、洞庭湖区（以常德、岳阳、益阳为中心）、湘西山区（以吉首、怀化、大庸为中心）3部分组成。湘菜最大的特色是用料广泛，讲究原料的入味。口味重辣、酸、香、鲜、软、脆。采用熏、蒸、腌、腊、泡等方法。名菜有麻辣仔鸡、生熘鱼片、清蒸水鱼、腊味合蒸、洞庭肥鱼肚、吉首酸肉、冰糖湘莲等。

8. 徽菜

徽菜主要由皖南、沿江、淮北3大部分组成。口味以咸鲜香为主。徽菜重油、重色、重火工。它以烹制山珍野味著称，擅长蒸、炖、烧。名菜有葡萄鱼、清炒鳝糊、黄山炖鸽、问政山笋、红烧划水（旺火急烧青鱼尾段）、李鸿章杂碎（李鸿章设宴款待美国公使的杂烩）等。著名的风味菜有符离集烧鸡等。

（四）仿古菜简介

南京随园菜与曲阜孔府菜、北京谭家菜并称为中国著名的3大官府菜。仿古菜是仿照古代菜肴制作的菜品。

1. 仿孔府菜

孔府菜可以分为两部分：一是衍圣公及其府内家人日常饮食的菜肴，由"内厨"负责烹制，称为家常菜；二是为来孔府的帝王、贵族、名族、官宦祭孔或拜访而举办的各种宴请活动的菜肴，由"外厨"负责烹制。20世纪80年代中后期，山东济南和北京先后开办了孔膳堂饭店，对外经营仿孔府菜。仿孔府菜的名菜名点繁多，既有珍稀名贵原料烹制的筵席大菜，又有寓意孔家历史典故的名菜名点，更有技法独特、精烹细作的孔府菜家常名馔。

2. 仿谭家菜

谭家菜（官府菜）是清末官僚谭宗浚的家传筵席，因其是同治十三年的榜眼，故又称"榜眼菜"。以烹制海味最为有名。驰名中外的"燕翅席"是谭家菜的代表作，山珍也别具一格，对各种素菜甜点也非常拿手，是唯一保存下来的著名官府菜。

3. 仿随园菜

仿随园菜由南京金陵饭店膳药部根据《随园食单》这部烹饪著作挖掘研制而成，现已成为金陵饭店的膳食特色之一。随园菜得名于袁枚所著的《随园食单》。袁枚，字子才，号简斋、随园老人，浙江钱塘（今杭州）人。用袁枚自己的话说，即"每食于某氏而饱，必使家厨彼灶觚，执弟子之礼，四十年来，颇集众之美""余都问其方略，集而存之"。随园菜的特色是十分讲究原料选择，加工、烹调精细而卫生，讲究色、香、味、形、器，注重筵席的制作艺术。仿随园菜的名菜有40种，如素燕鱼翅、鲮鱼炖鸭、白玉虾圆、雪梨鸡片等。

（五）满汉全席

清朝中晚期形成的满汉全席，是清朝烹饪技艺高度发展的结晶。全国各地的满汉全席有不少流派，其中以北京、江苏、广东、四川最具代表性。这些流派在宴席主要菜品上基本一致。例如，大菜中的烤乳猪、哈耳巴（即烤猪肘）、烤鸭、烤鸡是各流派都具有的。各地满汉全席的不同之处，除宴席格局和菜肴组合外，主要表现在它们所具有的地方风味上。如江苏菜系的特点是，原料以水产为主，尤其擅长炖、焖、煨、焐等，菜肴多羹汤。扬州的满汉全席就具有上述特点，除必要的山珍海味外，席中水产原料很多，如螃蟹、鲫鱼、西施乳（河豚鱼脂）、甲鱼等。广东满汉全席的菜单中点心占了不少分量，因为粤菜擅长制作点心。粤地滨海，烹调中又吸收了一些西式做法，如菜单中的"鲜乳苹果露"就是由西点演化来的。广东人喜用调味品蚝油烹制菜肴，满汉全席中就有"蚝油鲜菇"。四川满汉全席中家畜、家禽、蔬菜占的比重较大。四川满汉全席反映了川菜以烹制家畜、家禽、蔬菜、水产等见长的特点。川菜烹调技法向以炒烤见长，而四川的满汉全席正是这个特点的充分体现。不少四川名特产及名菜点都进入了该菜单中，如玲珑佛手、奶汤鲍鱼、桐川软糕等。北京作为首都，云集了各地人士，荟萃了四方物产，在此基础上的清朝宫廷菜吸收了各地菜系精华，如国家历史档案馆中保存的御膳档案记载了各种地方风味菜肴近万种。仿膳饭庄的满汉全席菜单中有不少地方菜系的名菜，如麻辣牛肉、怀胎鳜鱼、怪味鸡片、咖喱菜花等。

（六）以四大美人命名的菜肴

1. 西施舌

西施舌原名东蛤、沙蛤，属海生贝类软体动物。相传，唐玄宗李隆基东游崂山时，庖厨用当地大蛤精心烹制成一道汤菜，玄宗食后拍手叫绝，并赐以"西施舌"之美名。

2. 昭君鸭

据说出身楚地的王昭君出塞和番后吃不惯面食，庖厨便将粉条和油面筋结合，用鸭汤煮之，甚合王昭君之意。后来人们学着将粉条、面筋与肥鸭结合烹调成菜，名曰"昭君鸭"，一直流传至今。

3. 贵妃鸡

贵妃鸡是根据唐玄宗的宠妃杨玉环"贵妃醉酒"的故事创制成的菜肴。贵妃鸡以肥嫩母鸡为主料，辅以葡萄酒等，经炸、炖成菜。成菜后酒香飘溢，味美醉人，寓以"贵妃醉酒"之内涵。

4. 貂蝉豆腐

貂蝉豆腐，实际上是泥鳅烧豆腐。以豆腐形容貂蝉之纯洁，泥鳅寓意董卓心黑奸猾。特点是豆腐洁白，味美带辣。

（七）中国四大小吃

南京夫子庙秦淮小吃、苏州玄妙观小吃、上海城隍庙小吃和湖南长沙火宫殿小吃并称为中国四大小吃。

南京夫子庙秦淮小吃群位于繁华的秦淮河畔，位列中国四大小吃之首，历史悠久，品种繁多，自六朝时期流传至今；苏州玄妙观小吃群位于苏州闹市中心观前街，始于明弘治年间（约1488年前后），集姑苏点心、小吃于一市，著名的小吃有五芳斋的五香排骨、升美斋的鸡鸭血汤、小有天的藕粉圆子、炸酥豆糖粥等；城隍庙小吃是上海小吃的重要组成部分，形成于永乐年间（约1403年前后），地处上海旧城商业中心；湖南长沙火宫殿小吃群始建于1747年，集湖南各地风味小吃于一市，具有浓郁的地方风味。

（八）餐具的使用

1. 中餐餐具分类

中餐餐具可以分为主餐具与辅餐具两类。

1）主餐具

中餐的主餐具是指进餐时主要使用且往往必不可少的餐具，主要有筷、匙、碗、盘等。

（1）筷子。使用筷子吃饭是中国人的传统，使用筷子，首先方法要正确。一般以右手持筷，以其拇指、食指、中指三指前部，共同捏住筷子的上部约 1/3 处。中餐使用筷子有许多礼仪要求，使用筷子时应注意以下忌讳。

碗口筷：即把筷子平放在碗口上。如果主人这样做，就等于奚落客人是来讨饭的。如果客人在吃完饭后这样做，表示还没有吃饱，是对主人招待不周的抗议。最忌讳这样做的要数海边渔民，因为这意味着行船要搁浅。

截筷：有两种情况，一种是主人热情好客，把菜夹给客人，客人中途用筷子接过来或折回去。另一种情况是两个人同时伸向同一盘菜，两对筷子相截"打架"。

泪筷：夹菜时，一路滴滴答答掉个不停，像泪水一般。

叮当筷：即用筷子敲打盆、碗。这是表示肚子饿或没有吃饱，是很不礼貌的行为。

插筷：即将筷子插在饭里。只有给死去的人供奉祭祀品时，才这样做。

除此之外，在餐桌上使用筷子还要注意以下几点：一是不要用嘴含着筷子；二是不要舞动筷子，与人交流应暂时放下筷子；三是不要敲击筷子或以筷子敲击碗、盘等；四是不要用筷子叉取食物，或者剔牙、挠痒等。

（2）调羹。调羹也叫勺子，是常用的餐具。它同筷子一样，也有一定的讲究。正确的方式是右手持调羹，手持调羹的柄端，食指在上，按住调羹的柄，拇指和中指在下支撑。常见的不正确的方式是，拇指在上，按住调羹的柄，食指和中指在下支撑。

在用中餐时勺子的主要作用是舀取食物，尤其是流质的羹、汤。一般情况下，尽量不要单用勺子取菜。使用勺子时，有 4 点注意事项：一是暂且不用勺子时，应将其置于自己的食碟上；二是用勺子取食物后，应立即食用，不要把它再次倒回原处；三是若取用的食物过烫，不可用勺子将其舀来舀去，也不要用嘴吹来吹去；四是食用勺子里盛放的食物时，尽量不要将勺子整个放入口中或反复吸。

（3）碗。碗在中餐里主要用于盛放主食、汤。在我国粤港澳地区，饭碗和菜碗、汤碗是分开的，纵切面为倒梯形的碗用来盛饭、菜，纵切面为 U 形的碗用来盛汤和粥。在正式场合用餐时，有以下 5 点注意事项：一是不要端起碗来进食，尤其不要双手端起碗来进食，但吃米饭时可以端起饭碗吃；二是食用碗里盛放的食物时，应以筷、匙加以辅助，切勿直接下手取用，或不用任何餐具以嘴吸食；三是碗里若有食物过剩，不可将其直接倒入口中，也不可用舌头伸进去乱舔；四是暂且不用的碗里不宜乱扔东西；五是不能把碗倒扣过来放在餐桌之上。

（4）盘。盘又叫盘子。盘子在中餐中主要用以盛放食物，其使用方面的讲究，与碗略同。稍小一点的盘子，则被称为碟子。在我国粤港澳地区，小碟用来装骨头等食物残渣；而在其他地区，则是一边用来暂放从公用菜盘里取来享用的菜肴，另一边放食物残渣。相对而言，用碗盛放食物更卫生。

2）辅餐具

中餐的辅餐具是指用餐时可有可无、时有时无的餐具。它们主要在用餐时发挥辅助作用。最常见的中餐辅餐具有水杯、湿巾、水盂、牙签等。

（1）水杯。中餐中所用的水杯，主要用于盛放清水、汽水、果汁、可乐等软饮料。需要注意的是，不要用它去盛酒，也不要倒扣水杯。另外，喝入口中的东西不能再吐回去。

（2）湿巾。中餐用餐前，若比较讲究，会为每位用餐者上一块湿巾，也称香巾，它只能用来擦手。擦手后，应该将湿巾放回盘子里，由服务员拿走。有时候，在正式宴会结束前，会再上一块湿巾，它只能用来擦嘴。湿巾一般放在客人的右手边。

（3）水盂。有时，品尝中餐者需要手持食物进食。此时，往往会在餐桌上摆上一个水盂，它里面的水不能喝，而只能用来洗手。

（4）牙签。牙签主要用来剔牙。用中餐时，尽量不要当众剔牙。非剔牙不可时，应用手或餐巾掩住口部。剔牙之后，也不要用嘴叼着牙签。

2. 上菜与取菜

在我国北方地区，通常是先上冷盘，接着是热炒，随后是主菜，然后上点心和汤，最后上水果拼盘。当冷盘吃剩 1/3 时，开始上第一道热菜。而在我国粤港澳地区，上菜顺序通常是冷盘、汤、热炒、主菜、点心，最后上水果拼盘。有些高级粤菜馆借鉴了西餐的做法，先上水果，然后依上述顺序上菜，因为水果能开胃，而且排空速度快，饭前吃更有利于健康，并且能避免点菜之后干等的情况。这种菜序更加符合现代健康饮食的要求，应当推广。

上菜时，应按照先主宾后主人、先女士后男士的顺序进行，或者按照顺时针方向依次进行。每道热菜应先放在主宾面前，由主宾开始按顺时针方向依次取食。

3. 用餐方式（根据餐具的使用区分）

1）分餐式

参照西餐的方式，将所有的菜肴分成小份分给每个人，适合较正式的宴会，比较卫生。

2）公筷式

使用公筷从公共盘子里取食，既保持了良好的氛围，又保证了卫生，适合家宴。

3）自助式

参照西方的做法，将所有食物罗列出来，自助取食，适合大型活动。

4）混餐式

传统的中餐吃饭方式，适合亲密的家人聚餐。

三、西餐礼仪

西餐是对西式饭菜的一种约定俗成的统称。在中国人眼里，西餐除与中餐在口味上有所区别外，还有两个鲜明的特点：一是西餐源自西方国家，二是西餐必须以刀叉取食。

要吃好西餐，并且不失风度，就必须对西餐礼仪有一定程度的了解。

（一）西餐上菜顺序

菜序就是上菜的具体顺序。西餐大体上分为正餐和便餐两种。西餐正餐的上菜顺序既复杂多样，又非常讲究。正餐一般由八道菜肴构成，一顿内容完整的正餐，一般要吃上一两个小时。

1. 西餐的正餐

1）头盘

头盘又叫头盆、前菜，是开胃菜，一般有冷头盘和热头盘之分。以色拉为主（有蔬菜色拉、海鲜色拉、什锦色拉等），色拉除蔬菜外，还有一类是用鱼、肉、蛋类制作的，这类色拉一般不加味汁，在进餐顺序上可以作为头盘食用。有时候还有鹅肝酱之类的食品。头盘的基本特点是比较爽口，比较清淡，意在开胃。在西餐正餐里，它属于开始曲或前奏。

2）汤

汤大致可分为清汤、奶油汤、蔬菜汤和冷汤 4 类。清汤用料考究，营养价值高。汤配着面包一起上。

3）菜

菜又分为主菜和副菜。副菜一般是白肉。白肉就是鱼肉和鸡肉，因为鱼肉和鸡肉做熟之后是白色的。副菜吃完了，就会上主菜。主菜一般是红肉，即牛肉、羊肉、猪肉，因为它们做熟之后是红色的。红肉味比较浓，比较厚重，耐饥饿，而白肉则比较清淡。也可以不吃副菜，直接上主菜。

4）蔬菜类菜肴

蔬菜类菜肴在西餐中主要指色拉，可以安排在肉类菜肴之后，也可以与肉类菜肴同时上桌。与主菜搭配的色拉，称为生蔬菜色拉，一般用生菜、番茄、黄瓜、芦笋等制作。还有一些蔬菜是熟食的，如花椰菜、煮菠菜、炸土豆条。熟食的蔬菜通常与主菜中的肉食类菜一同摆放在餐盘中上桌，称为配菜。

5）点心

点心包括炸薯条、三明治、曲奇饼、烤饼等。

6）甜品

甜品包括冰淇淋、各种各样的布丁。

7）果品

果品包括水果、鲜果、干果、坚果。

8）热饮

最正规的热饮是红茶或黑咖啡。喝完咖啡或茶，宴会就该结束了，客人可以开始告辞。

2. 西餐的便餐

西餐的便餐一般是指工作餐，或者自己去餐馆里点，便餐比较简单。便餐的菜序是头盘、汤、主菜、甜品、热饮。

（二）西餐餐具使用礼仪

吃西餐使用的餐具有刀、叉、匙、盘、杯等。一般讲究吃不同的菜肴用不同的刀叉，饮不同的酒也要用不同的酒杯。

1. 西餐餐具的摆法

西餐餐具主要有刀、叉、匙、盘等（图6-16）。正餐餐具繁多，刀分肉用刀、鱼用刀、黄油刀、水果刀等。叉分肉用叉、鱼用叉、水果叉等。匙有汤匙、甜食匙、茶匙等。盘则有大小不同的菜盘、汤盘、垫底盘、面包盘等。酒杯则分为葡萄酒杯、香槟酒杯、烈性酒杯、啤酒杯等。西餐餐具一般在开餐前都已在餐桌上摆好。正式宴会的摆法一般是，座位前正面放垫底盘，左叉右刀、匙。左右侧最外边的刀叉是开胃菜用刀叉，中间的刀叉是吃鱼用的刀叉，靠里边的刀叉是吃肉用的刀叉。它们都纵向放置在就餐者垫底盘的两侧，分别离桌缘1~2cm。这些刀叉从外向里取用，与上菜的顺序一致。吃水果用的刀叉被横向摆放在垫底盘的正上方。其上方放甜食匙，靠右放酒杯，右起依次为葡萄酒杯、香槟酒杯、啤酒杯（水杯）。餐巾叠成花样插在水杯内。面包盘置于叉子左侧1~2cm处，离桌缘3~4cm。此外，在座位左上方有一玻璃杯或金属水盂，盛有清水，有时还撒有花瓣，是供洗手用的。一般饭店吃西餐便餐只备两把叉、一把刀、一把匙。

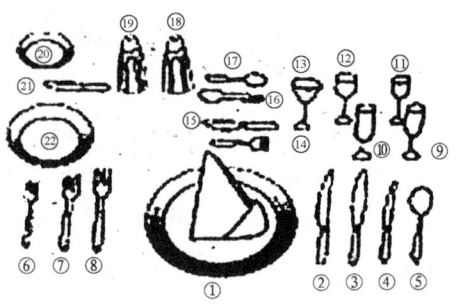

①餐巾	⑦鱼用叉	⑬香槟酒杯	⑲盐
②肉用刀	⑧肉用叉	⑭水果叉	⑳黄油盘
③鱼用刀	⑨饮料杯	⑮水果刀	㉑黄油刀
④开胃菜用刀	⑩水杯	⑯冰激凌勺	㉒面包盘
⑤汤匙	⑪白葡萄酒杯	⑰咖啡勺	
⑥开胃菜用叉	⑫红葡萄酒杯	⑱胡椒	

图 6-16　西餐餐具

2. 西餐餐具的用法

1）餐巾

（1）铺放。一般来说，餐巾放在餐盘正中间或叉子旁边。点完菜后，在前菜送来前的这段时间把餐巾打开，盖住膝盖以上的双腿部分。女主人首先行动，其他人跟随。餐巾应铺在膝上。如果餐巾较大，应双叠放在腿上。正方形餐巾，折成等腰三角形，直角朝膝盖；长方形餐巾，将其对折，折口朝外。如果餐巾较小，可以全部打开。注意上述动作在桌下进行。不要将餐巾扎在衬衣或领带里。

（2）用途。餐巾主要用于防止食物弄脏衣服和擦拭嘴、手指上的油渍。打开餐巾，用内侧轻按嘴角，脸应朝下，但不可用餐巾擦汗、揩拭餐具或擦桌。如果口中有骨头或鱼刺，可用左手持餐巾遮住口部，用餐叉从嘴边接住，放在碟子边。现在由于餐巾纸的普及，许多饭店、酒楼、家庭已不用餐巾而以餐巾纸替代。

（3）暗示作用。如果餐中离座，应该将餐巾放在椅子上，或让它在桌缘边下垂一角，放桌上则意味着不想吃了。用餐完毕，可随主人将餐巾随意放在自己餐盘的左侧，不要照原来的样子折好，除非主人请你留下吃下顿饭。

2）刀叉

吃正餐时，刀叉的数目与上菜的道数是相等的，并按照上菜的顺序由外向内排列，刀刃向内。取用刀叉时，应按照由外向内的顺序，吃一道菜换一套刀叉。

进餐时，原则上是右手持刀，左手持叉，从左往右切。不用刀时，也可以右手持叉。

（1）餐刀的用法。右手持刀，拇指抵住刀柄一侧，食指则按在刀柄背上，其余三指弯曲握住刀柄。

（2）叉子的用法。叉子的拿法有背侧朝上和内侧朝上两种，要视情况选择恰当的拿法。刀叉并用，叉若在左手，宜背侧朝上（叉齿向下）。叉子换到右手时，则内侧朝上（叉齿向上）。切割食物时，先轻轻推上前，再用力拉回并往下切。切时叉子前端和刀刃呈直角，两肘不能张开。菜肴要切成一口大小，再送进口中。吃面条时，可以用叉卷起来送入口中。

吃肉时，英国人左手拿叉，叉尖朝下，把肉扎起来；如果是烧烂的蔬菜，就用餐刀把菜拨到餐叉上。美国人用同样的方法切肉，然后右手放下餐刀，换用餐叉，叉尖朝上，插到肉的下面，不用餐刀，把肉铲起来，送入口中，吃做熟的蔬菜也是这样铲起来吃。

（3）暗示作用。用西餐时如与人攀谈，应暂时放下刀叉，左叉右刀呈"八"字形放在餐盘里，刀口向内，叉齿向下；一道菜用完，刀叉并排放在盘子里，叉齿向上，刀口向内，左叉右刀或刀上叉下。

席间谈话可以拿着刀叉，但在做手势时必须放下，切不可拿着刀叉比画，也不能将刀叉竖起来拿着。这些要求除基于礼仪方面的考虑外，还出于安全方面的原因。使用刀叉进餐时还应注意，切割食物时，不要弄得铿锵作响，应从食物左侧起，叉住食物切出适合的大小。双手使用刀叉时叉齿朝下，右手持叉进食时叉齿朝上。刀叉落地之后，不应再用，应请侍者另换一副。接受侍者服务，从大盘中取菜时，应用公用叉匙，且左手持叉，右手持汤匙，先取大盘中靠近自己一侧的主菜（鱼头朝左、鱼腹向自己）放在自己餐盘的中央，再取其他配菜。取菜后应将公用餐具放回原处，不能用自己的餐具取菜或为别人劝菜。

3）匙

西餐的匙也分多种，如喝汤的、取食的、吃甜品的、搅拌的等。不可将餐匙立于杯子里、食物上，不可用茶匙舀茶水、咖啡等。

喝汤时，用左手轻扶盆边，右手以握铅笔或握乒乓球拍的姿势握汤匙，匙由靠自己的一侧伸入汤里往外舀。汤比较少时可以轻轻将盆从里向外掀起，用汤匙舀出来喝。若汤热，可试温，但不要用嘴吹，更不能用匙拨弄，舀起的汤要一口喝完。喝汤时不要以嘴就碗去啜饮，不要发出声响。喝完后将汤匙放在汤盆前面，匙柄朝右，匙心朝上。

取食时一口吃完一餐匙食物，不要舔食。将餐盘上的料理舀起时，利用刀子挡着以免料理散落到盘子外面。如有淋上调味酱的料理，也可以利用刀子刮取调味酱，再用汤匙将料理与酱料一起送入口中。以叉子舀起料理时，左手持用叉子，将食物置于叉子正面的叉腹上送入口中。当盘子内的细碎食物聚集时，可利用刀子挡着，再以叉子靠近舀起。利用汤匙代替刀子也是可以的。用叉子将料理聚集到汤匙上，再用汤匙将食物送入口中。

（三）西餐菜品的食用礼仪

1. 色拉的吃法

色拉既可以作为第一道菜，又可以作为配菜和间隔菜。对色拉中大块（片）的蔬菜，可用叉或刀切成小块（片）。对色拉中的豌豆可以左手持叉，右手持刀，用刀把豌豆推到叉子上。

2. 面包的吃法

面包在任何时候都可以吃，但通常在吃鱼和肉时开始吃面包。面包的吃法是，用手将面包撕成小块，然后用黄油刀涂上黄油或果酱，再送进嘴里。值得注意的是，面包不能整个拿起来咬着吃，也不能用叉子叉着吃。不能把面包全部撕成小块后再一块块吃，也不能把面包浸在汤里捞出来吃。

往面包、蛋卷、饼干或吐司上抹黄油要用刀,而且小块面包只能抹少量的黄油。不要往蔬菜上抹黄油,因为这被认为是对厨师的侮辱。

3. 主菜的吃法

(1)切带骨头或硬壳的肉食时,叉子一定要把肉叉牢,食指压在刀把上,刀紧贴叉边下切以免滑开。注意不要过于用力,以免撞击盘子发出声音。不易叉的食品可以用刀轻轻推上叉。

(2)吃米饭时,可以用刀把饭压在叉上盛起来吃,也可以用叉把饭铲起来吃。

(3)吃带骨头的鸡、鸽子等或带皮的大虾、龙虾时,如主人打了招呼,那么可以用手撕着吃。如主人没打招呼,就应用叉。先用叉子按住鸡或虾,再用刀将肉剥下来,切成小块吃。

(4)吃鱼时,先用刀在鱼鳃附近刺一条直线,刀尖不要刺透,刺入一半。将鱼的上半身挑开后,从头开始,将刀放在鱼骨下方,往鱼尾方向划开,把骨剔掉并挪到盘子的一角,最后把鱼尾切掉。还可以先用刀叉把鱼头和鱼尾割下,放在盘边,然后用刀尖顺着鱼骨把鱼从头到尾劈开。吃鱼、肉等带刺或骨的菜肴时,不要直接吐出刺或骨,可用餐巾捂嘴轻轻吐在叉上放入盘内。如果嘴里吃进了小骨头,可用拇指和食指捏出。

(5)吃面条时,要用叉子先将面条卷起,然后送入口中。

4. 土豆的吃法

土豆片和土豆条是用手拿着吃的。除非土豆条里有汁,那样的话要使用叉子。如果土豆条太大,不好取用,就用叉子叉开,不要在叉上咬着吃。把番茄酱放在盘子边上,用手拿或用叉子叉着小块蘸汁吃。烤土豆在食用时往往已被切开,如果没有切的话,就用刀从上部切入,用手或叉子将土豆掰开一点,加入奶油、盐和胡椒粉等,每次加一点。

5. 调料的用法

西餐要在餐桌上配调料,吃煎炸食品或腥味食品时,往往盘上有一两片柠檬,不要当水果吃掉,而要将汁挤到食品上调味去腥。

餐桌上的盐、胡椒瓶通常是盐瓶3个眼,胡椒瓶5个眼。有少数盐瓶一个眼,胡椒瓶3个眼。还有的需要转动胡椒桶现场磨出胡椒粉。

吃咖喱菜时,可把花生、椰子、酸辣酱等调料放到盘子里混合后配咖喱食用。

6. 各种水果的吃法

1)无花果

鲜无花果作为开胃品与五香火腿一起吃时,要用刀叉连皮一起吃下。若上面有硬秆,可用刀切下(否则会嚼不动)。作为饭后甜食吃时,要先把无花果切成四块,在汤汁或奶油中浸泡后,用刀叉食用。

2)柚子类

吃柚子时,要先把它切成两半,然后用茶匙或尖柚子匙挖出食用。在非正式场合,可以把柚子汁小心地挤到茶匙中。橙子可以用尖刀螺旋式剥皮,也可以先用刀切去两端的皮,再竖直将皮一片片切掉。如果橙子是切好的,也可以像吃柚子那样使用柚子匙或茶匙挖着吃。吃柑橘时用手剥去皮,并去除白色覆盖膜,再一片一片地吃。

3）葡萄和樱桃

可用手从一串葡萄或樱桃中一颗一颗地摘下吃。吐皮或核时，要先吐入手中，再放在餐盘内。吃不成串的单粒果品时，则应用餐叉相辅取食。

4）芒果、木瓜

要先用锋利的水果刀把芒果纵向切成两半，然后切成 1/4。用叉子将每一块放在盘中，皮面朝上，然后剥掉芒果皮。也可以把芒果切成两半，挖食核肉，保留皮壳。吃木瓜时先切成两半，抠出籽，然后用勺挖着吃。

5）桃李

将桃李先切成 1/2，再切成 1/4，用刀去核。皮可以剥下来，但如果带着皮切成小块，用甜食刀叉食用也是不错的。

6）柿子

有两种方法：一是先切成两半，然后用勺挖出柿肉；二是将柿子竖直放在盘中，柄部朝下，切成四块，然后再借助刀叉切成适当的小块。食用时将柿核吐在勺中，放到盘子的一边。不要吃柿子皮，因为太苦涩。

7）西瓜

切成块的西瓜一般用刀和叉来吃，吃进嘴里的西瓜籽要及时处理，先吐在手中，然后放入自己的盘子里。

8）香蕉

正规的吃法是先用刀子将香蕉皮纵向划上几刀，然后剥去皮，再用刀子切成小块，用餐叉食用。一般不能用手整个拿着香蕉，一边剥皮，一边咬着吃。

9）草莓

普通的草莓，可用手取食。吃带调味汁的草莓，要用餐匙。

7. 甜品的吃法

1）冰淇淋

吃冰淇淋一般使用小勺。当和蛋糕或馅饼一起吃，或者作为主餐的一部分时，要使用一把甜点叉和一把甜点勺。

2）果汁冰糕

如果作为肉食的配餐食用，可以用叉；如果作为甜点食用，要使用勺子，吃完后可以将勺子放在碟子的前沿。

（四）参加西式宴会的注意事项

1. 衣着考究

再昂贵的休闲服，也不能穿着去高档的西餐厅，如果指定穿正式服装的话，男士必须打领带。

2. 尊重女士

西餐礼仪中尊重女士体现在许多方面。例如，高级西餐厅的服务人员均为男性；进入餐厅时，男士先开门请女士进入，并请女士走在前面；入座、点酒、餐点端来时，都应让女士优先。

应等所有客人面前都上了菜，女主人示意后才开始用餐。在女主人拿起她的勺子或叉子以前，客人不得食用任何一道菜。当女主人要为你添菜时，你可以将盘子连同放在上面的刀叉一起传递给她或交给服务员。如果她不问你，你就不能主动要求添菜，那样做很不礼貌。餐桌上有些食品，如面包、黄油、果酱、泡菜、干果、糖果等，应待女主人提议方可取食。大家轮流取食品时，男客人应请他身旁的女客人先取，或者问她是否愿意让自己为她代取一些。

用餐完毕，客人应等女主人从座位上站起后，再一起随着离席。在进餐中或宴会结束前离席都不礼貌。起立后，男宾应帮助女士把椅子归回原处。餐巾应放在桌上。

3. 适度交际

进餐时，始终保持沉默是不礼貌的，应该同身旁的人有所交谈。但是在咀嚼食物时不要讲话。即使有人同你讲话，也应咽下口中食物后再回答。谈话时可以不放下刀叉，但做手势时必须放下，不可拿着刀叉在空中摇晃。

就餐时间太早、匆匆吃完就走、在餐桌上大谈生意、衣着不讲究、主菜吃得太慢影响下一道菜、只点开胃菜而不点主菜和甜点，都是不礼貌的行为。

4. 主人注意事项

用餐时，主人应待客人吃完一道菜后，再换下一道菜。主人吃饭速度不可太快，如果多数人已吃完，而少数人尚未吃完，更应放慢速度，以免使客人感到不安。席间，主人应尽力使每位客人感到舒适自如。如客人将刀叉掉在地上，应立即礼貌地为他换一把。如果客人不慎打碎盘碗，女主人应镇静地收拾干净，安慰客人，绝不能显出不悦之色。最后，主人绝不能在客人面前计算请客所花费的费用。

四、自助餐礼仪

自助餐，是国际通行的一种非正式宴会，也是商务用餐的常用形式。参加自助餐形式的宴会时，服务员能够提供的服务比较有限，取餐要靠自己亲自动手。在大型的商务活动中往往使用自助餐的形式招待来宾。自助餐的好处就是服务人员少，不排座次，而且一次可以宴请很多人，就餐者活动自由。

（一）安排自助餐的礼仪

安排自助餐的礼仪，是指自助餐的主办者在筹办自助餐时的规范性做法。一般而言，它包括以下四个方面。

1. 就餐时间

依照惯例，自助餐大都被安排在各种正式的商务活动之后，作为其附属环节之一，而极少独立出来，单独成为一项活动。

因为自助餐多在正式的商务活动之后举行，所以其举行的具体时间受到正式商务活动的限制。不过，它很少被安排在晚间举行，而且每次用餐的时间不宜超过一小时。

一般来讲，主办单位假如准备以自助餐招待来宾，最好事先以适当的方式对其进行通报。同时，必须注意一视同仁，不要安排一部分来宾用自助餐，而安排另外一部分来宾去参加正式的宴会。

2. 就餐地点

自助餐的就餐地点，要既能容纳全部就餐的人，又能为其提供足够的交际空间。正常情况下，自助餐安排在室内外进行皆可。通常，大多选择在主办单位所拥有的大型餐厅、露天花园之内进行。有时，也可外租、外借类似的场地。在选择、布置自助餐的就餐地点时，有下列 3 点要注意。

（1）要为用餐者提供一定的活动空间。除摆放菜肴的区域外，在自助餐的就餐地点还应划出一块明显的用餐区域。这一区域不要显得过于狭小，要考虑到实际就餐人数往往具有一定的弹性，如果就餐人数难以确定，那么用餐区域的面积宁肯划得大一些。

（2）要提供足够的餐桌与座椅。尽管真正的自助餐所提倡的是就餐者自由走动，立而不坐，但是在实际中，有不少的就餐者，尤其是年老体弱者，还是期望在就餐期间能有一个暂时的歇脚之处。因此，在就餐地点应当预先摆放一定数量的桌椅，供就餐者自由使用。在室外就餐时，提供适量的遮阳伞，往往也是必要的。

（3）要使就餐者感觉到就餐地点环境宜人。在选定就餐地点时，不仅要注意面积、费用问题，还要兼顾安全、卫生、温度等问题。如果用餐期间就餐者感到异味扑鼻、过冷或过热、空气不畅、过于拥挤，显然会影响宾客对此次自助餐的整体评价。

3. 准备食物

自助餐中为就餐者所提供的食物，既有其共性，又有其个性。共性在于，为了便于就餐，以提供冷食为主；为了满足就餐者的不同口味，应当尽可能使食物品种丰富；为了方便就餐者进行选择，同一类型的食物应集中在一处摆放。

4. 招待客人

招待客人，是自助餐主办者的责任和义务。要做到这一点，必须特别注意下列环节。

（1）要照顾好主宾。在任何情况下，主宾都是主人的重要客人，在自助餐上也不例外。主人在自助餐上对主宾所提供的照顾，主要表现在陪同其就餐，与其进行适当的交谈，为其引见其他客人等。但要注意给主宾留下一点自由活动的时间，不要始终伴随其左右。

（2）要充当引见者。应当注意的是，介绍他人相识，必须了解双方是否有此意愿，切勿一厢情愿。

（3）要安排侍者。根据常规，自助餐上的侍者须由健康而敏捷的男性担任。他们的主要职责是主动为来宾提供一些辅助性服务。

（二）享用自助餐的礼仪

所谓享用自助餐的礼仪，主要是指以就餐者的身份参加自助餐时必须遵循的礼仪规范。一般来讲，在自助餐礼仪之中，享用自助餐的礼仪对绝大多数人而言，往往显得更为重要。通常，它主要涉及下述 8 点。

1. 排队取菜

在就餐取菜时，必须自觉地维护公共秩序，讲究先来后到，排队选用食物。不允许乱挤、乱抢、乱插队。

在取菜之前，要先准备一个食盘。轮到自己取菜时，应以公用的餐具将食物装入自己的食盘之内，然后迅速离去。切勿在众多的食物面前犹豫再三，让身后之人久等；更不应该在取菜时挑挑拣拣，甚至直接下手或以自己的餐具取菜。

2. 循序取菜

按照常识，参加自助餐时取菜的先后顺序与西餐菜系类似，依次为冷菜、汤、热菜、点心、甜品和水果。因此在取菜前，最好先在全场转上一圈，了解一下情况，然后取菜。如果不了解这一顺序，在取菜时乱装乱吃一通，难免会本末倒置、咸甜相克，令自己吃得既不畅快又不舒服。

3. 量力而行

在根据本人的口味选取食物时，必须量力而行。切勿为了吃得过瘾而将食物狂取一通，导致浪费。在享用自助餐时，多吃是允许的，而浪费食物则绝对不允许。夹菜时，不可从整盘菜中间夹取，应从边缘开始夹，而且动作不能粗鲁，以免破坏菜肴放置的形状。

4. 多次取菜

用餐者在自助餐上可以多次选取某一种类的菜肴。应当每次只取一点，待品尝之后，觉得它适合自己，则再次取，直至自己吃好为止。如果为了省事而一次取用过量，装得太多，则是失礼之举。"多次"是为了量力而行，"少取"是为了避免造成浪费，二者结合就是"多次少取"原则。

5. 避免外带

所有的自助餐，不论是由主人亲自操办的自助餐，还是对外营业的正式餐馆里所经营的自助餐，都有一条不成文的规定，即自助餐只允许就餐者在用餐现场自行享用，而绝对不允许在用餐完毕之后携带回家。

6. 送回餐具

一般情况下，自助餐大都要求就餐者在用餐完毕之后、离开用餐现场之前，自行将餐具整理到一起，然后送回指定的位置。在庭院、花园里享用自助餐时，尤其应当这么做。不允许将餐具随手乱丢，甚至任意毁损餐具。在餐厅里就座用餐，有时可以在离去时将餐具留在餐桌之上，而由侍者负责收拾。即便如此，也应在离去前对其稍加整理，不要弄得自己的餐桌上杯盘狼藉，不堪入目。自己取用的食物，以吃完为宜，万一有少许食物剩下，也不要私下里乱丢、乱倒、乱藏，而应将其放在适当之处。

7. 照顾他人

在自助餐上，要和他人和睦相处，对他人多加照顾。对自己的同伴要加以关心，若对方不熟悉自助餐，不妨向其简明扼要地进行介绍。年轻的男士应为女士服务，替她们端菜。在用餐的过程中，对于其他不相识的用餐者，应当以礼相待。在排队、取菜、寻位及行动期间，对于其他用餐者要主动谦让，不要目中无人、蛮横无理。

8. 积极交际

在参加自助餐时，要主动寻找机会，积极地进行交际活动。首先，应当找机会与主人攀谈一番。其次，应当与老朋友好好叙一叙。最后，还应当争取多结识几位新朋友。

五、咖啡常识及饮用礼仪

（一）咖啡的种类（图 6-17）

浓缩咖啡（Espresso），即意大利特浓咖啡，意大利语原意为"立即为你煮"。浓缩咖啡是利用高压，让沸水在短短几秒里迅速通过咖啡粉，得到约 1/4 盎司的咖啡，味苦而浓香。

玛奇朵（Espresso Macchiato），意大利语原意为"印记、烙印"，音译为"玛奇朵"。玛奇朵是在浓缩咖啡上加上薄薄一层热奶泡以保持咖啡的温度，细腻香甜的奶泡能缓冲浓缩咖啡带来的苦涩，想喝咖啡但又无法舍弃甜味的人可以选择玛奇朵。

美式咖啡（Americano）是使用滴滤式咖啡壶、虹吸壶、法压壶之类的器具所制作的黑咖啡，或者在意大利浓缩咖啡中加入大量的水制成。其口味比较淡，但因为萃取时间长，所以咖啡因含量高。Americano 在西班牙语中是"南美"的意思，不是"美国"。

白咖啡（Flat White）是马来西亚土特产，约有 100 多年的历史。白咖啡并不是指咖啡的颜色是白色，而是采用特等咖啡豆及特级脱脂奶精原料，经特殊工艺加工后得到的咖啡。其甘醇芳香不伤肠胃，保留了咖啡原有的色泽和香味，颜色比普通咖啡更清淡柔和，故得名"白咖啡"。

拿铁（Caffè Latte）的做法极其简单，就是在刚刚做好的意大利浓缩咖啡中倒入接近沸腾的牛奶。加入多少牛奶没有一定之规，可依个人口味自由调配。

康宝蓝（Espresso Con Panna），即意式浓缩咖啡加上鲜奶油。有一种说法是，正宗的康宝蓝要配一颗巧克力或太妃糖，先将巧克力或太妃糖含在嘴里，再喝咖啡，让美味一起在口中绽放。

布雷卫/半拿铁（Cafe Breve）很像拿铁，不同之处是加入的不是牛奶，而是半牛奶、半奶油的混合物，有时会再加少许奶泡。

图 6-17 咖啡的种类

卡布奇诺（Cappuccino）包含三分之一浓缩咖啡、三分之一蒸汽牛奶和三分之一泡沫牛奶。卡布奇诺分为干湿两种。干卡布奇诺（Dry Cappuccino）是指奶泡较多、牛奶较少的做法，喝起来咖啡味浓过奶香。湿卡布奇诺（Wet Cappuccino）则是指奶泡较少、牛奶较多的做法，奶香盖过浓郁的咖啡味，适合口味清淡者。

摩卡（Caffè Mocha）是一种古老的咖啡，得名于著名的摩卡港。摩卡是由意大利浓缩咖啡、巧克力糖浆、鲜奶油和牛奶混合而成的，是意式拿铁咖啡的变种。

焦糖玛奇朵（Caramel Macchiato），即加了焦糖的玛奇朵，是在香浓热牛奶中加入浓缩咖啡、香草，最后淋上纯正焦糖而制成的饮品，特点是在一杯饮品里可以喝到三种不同的口味。

爱尔兰咖啡（Irish Coffee）是一种既像酒又像咖啡的饮品，由热咖啡、爱尔兰威士忌、奶油、糖混合搅拌而成。

维也纳咖啡（Viennese Coffee）是奥地利最著名的咖啡。在温热的咖啡杯底部撒上薄薄一层砂糖或细冰糖，接着向杯中倒入滚烫且偏浓的黑咖啡，最后在咖啡表面装饰两勺冷的新鲜奶油，一杯维也纳咖啡就做好了。

土耳其咖啡又称阿拉伯咖啡，是欧洲咖啡的始祖，已有七八百年历史。据说在土耳其，为客人煮一杯传统的土耳其咖啡是无比崇高的事情，有时甚至要提前沐浴、吃斋。2013 年 12 月 5 日，土耳其咖啡及其传统文化被列入联合国教科文组织人类非物质文化遗产名录。土耳其咖啡并不常见，口味主要分为苦（Skaito）、微甜（Metrio）及甜（Gligi）3 种。烹煮方法主要是采用一种名为 Briki 的不锈钢锅，将咖啡粉磨得很细，直接放入锅中烹煮，一直到沸腾为止，然后将火关掉，将其全部倒入杯中，残渣是不滤掉的。由于咖啡磨得非常细，因此在品尝时，大部分咖啡粉都会沉淀在杯子的最下面，不过还是能喝到一些细微的咖啡粉末，这也是土耳其咖啡最大的特色。土耳其咖啡还有一个特色，就是在喝时不加任何伴侣或牛奶，并且在烹煮咖啡时，先加入一些糖，而糖的多少主要随个人喜好，喜欢喝苦的，可以一点糖都不加。

（二）咖啡器具的使用

饮用咖啡，有专用的器具。了解相关器具的使用，可以更好地遵守咖啡礼仪。

1. 咖啡杯

咖啡杯的正确拿法是以右手拇指和食指捏住杯耳，将杯子端起送至嘴边，不可以用手指穿杯环去拿。在餐后饮用的咖啡，一般都用袖珍型的杯子盛放。这种杯子的杯耳较小，手指无法穿过。但即使用较大的杯子，也不要用手指穿过杯耳再端杯子。不要双手握杯，俯身就着杯子去喝，这也是失礼行为。

2. 咖啡匙

咖啡匙是专门用来搅拌咖啡的，饮用咖啡时应当把它取出来。不要用咖啡匙舀着咖啡一匙一匙地慢慢喝，也不要用咖啡匙来捣碎杯中的方糖。

在使用咖啡匙时，应注意以下几点。

（1）咖啡加糖或冰块是一种常见的饮咖啡习惯。加入后应用小汤匙沿杯周边将其搅拌均匀，然后将匙放于碟子左边或横放于靠近身体的一侧。汤匙放在杯内就喝是不文明的举动，而用匙搅得杯子乱响也是失礼的。添加配料后，应以匙轻轻搅动，使其与咖啡迅速融合。但搅动时动作不要过大，也不要用匙去捣碎杯中的方糖。

（2）搅拌之后，应把匙立即取出，不要让其立在杯中，否则很易使咖啡杯翻倒。

（3）如果咖啡太烫，应充分发挥匙的作用，轻轻搅动使其降温，切不可用嘴去吹。

（4）饮用咖啡时，不能以匙去喝，而应端杯饮用。

3. 杯碟

盛放咖啡的杯碟都是特制的。它们应当放在饮用者的正面或右侧，杯耳应指向右方。饮咖啡时，可以用右手捏着咖啡杯的杯耳，左手轻轻托着咖啡碟，慢慢地移向嘴边轻啜。不宜满把握杯、大口吞咽，也不宜俯首就着咖啡杯。喝咖啡时，不要发出声响。

站立时，则应该以左手将杯碟一起端至胸高，再以右手端起杯，送至嘴边饮用，饮用完应立即将杯子置于咖啡碟中。即使添加咖啡时，也不要将咖啡杯从咖啡碟中拿起。

（三）品咖啡的注意事项

1. 步骤

正式开始喝咖啡之前，先喝一口冰水，冰水能帮助咖啡味道鲜明地浮现出来，让舌头上的每一个味蕾都充分做好感受咖啡美味的准备。

一杯咖啡端到面前，先不要急于喝，应该像品茶或酒那样，有个循序渐进的过程，以达到放松、提神和享受的目的。

（1）闻香。闻一闻咖啡那扑鼻而来的原香。

（2）观色。咖啡最好呈深棕色，而不是一片漆黑，深不见底。

（3）品尝。先喝一口黑咖啡，感受一下原味咖啡的滋味。咖啡入口不要急于咽下，应暂时含在口中，让咖啡的香气自鼻腔呼出，然后将咖啡咽下。

（4）依个人喜好加入适量的糖，并用小匙搅拌，借着搅拌的咖啡旋涡，缓缓加入奶油球，让油脂浮在咖啡上，既能保持咖啡的热度，也可蒸发奶香，使人享受到多层的口感。

2. 温度和容量

（1）饮品咖啡的最佳温度是80℃左右。因为普通咖啡的质地不太稳定，所以最好趁热品尝，即使在夏季也一样饮热咖啡。为了不使咖啡的温度降低，要事先将咖啡杯预热。咖啡理想的温度是冲泡的刹那为83℃，倒入杯中时为80℃，而到口中时为61～62℃。一般来说，趁热品尝主人端上的咖啡，并尽可能在10分钟内饮尽，也是喝咖啡的基本礼节。

（2）咖啡一般不上满杯，以七八分满为宜，分量适中的咖啡不仅会刺激味觉，喝完也不会有腻的感觉，使身体消除疲劳。同时，适量的咖啡液可以满足某些喜欢直接加糖、奶的客人，以免加糖、奶后杯内咖啡太满。

（3）喝咖啡以80～100mL为宜，正式的咖啡杯的容量通常刚好。若想连续喝三四杯，就要将咖啡的浓度冲淡或加入大量的牛奶。

3. 加糖

给咖啡加糖时，可用咖啡匙舀砂糖，直接加入杯内；也可先用糖夹子把方糖夹在咖啡碟的近身一侧，再用咖啡匙把方糖加在杯子里。如果直接用糖夹子或手把方糖放入杯内，有时可能会使咖啡溅出，从而弄脏衣服或台布。

4. 取食甜点

接受邀请去他人住所饮用咖啡或参加咖啡宴，一般会同时被招待以各式甜点，以免空腹饮用咖啡伤及肠胃。吃甜点与喝咖啡要搭配进行，应注意以下几点。

（1）取食甜点应适量。毕竟在这种场合，应以咖啡为主，食用点心次之。不能食用过多甜点，破坏社交气氛。

（2）不能一手拿点心一手拿杯，边吃边喝。正确做法是，吃点心时，先放下咖啡杯，吃完点心，再继续饮用。

5. 正确交谈

社交场合中喝咖啡只是一种交际手段，饮用时应彼此交谈、增进了解。在饮用咖啡时，切不可只顾品尝咖啡，忘了"主要任务"。交谈时，不要高谈阔论，宜柔声细语；不要乱开玩笑、大声喧哗，宜含蓄有度、礼让谦恭。注意不要在他人饮用咖啡时忽然提问，以免对方仓促应对。

六、茶文化与饮茶礼仪

茶是世界三大饮料之一，且位居三大饮料之首。饮茶在我国不仅是一种生活习惯，也是一种文化传统，并形成了相应的饮茶礼仪。以茶待客、客来献茶一直是我国各族人民的传统美德和传统习惯，掌握一定的茶文化和饮茶礼仪十分必要。

（一）茶叶的分类

茶叶品种繁多，其中我国最多。按照不同的标准有不同的茶叶分类方法。在国外，茶叶分类比较简单。欧洲人把茶叶按商品特性分为红茶、乌龙茶、绿茶3大类，日本人则按茶叶发酵程度不同分为不发酵茶、半发酵茶、全发酵茶、后发酵茶。在我国，以制法和品质为基础，按茶多酚氧化程度可以把初制茶叶分为绿茶、黄茶、白茶、青茶、红茶、黑茶6大类，这种分类方法已被业界广泛采用。此外，结合茶叶的商品形态可把茶叶分成绿茶、黄茶、白茶、乌龙茶、红茶、黑茶、再加工茶7类。

发酵会让绿叶红化，香气产生变化，发酵轻，茶叶还是绿色，香气还是青草气；发酵重，茶叶变红，香气变为花香果香。绿茶无发酵，如龙井、碧螺春直接炒青；黄茶如银针堆积闷黄，轻微发酵；白茶如福鼎白茶，轻度发酵；乌龙茶如铁观音半发酵，绿叶镶红边，叶子边缘已变红，中心还是绿色，茶汤金黄；红茶如滇红发酵重，叶全红，汤红；黑茶如普洱渥堆后发酵，完全发酵，叶呈黑色，茶汤呈褐色。

1. 绿茶

绿茶又称不发酵茶，以适宜的茶树新梢为原料，经杀青、揉捻、干燥等典型工艺制成。按其干燥和杀青方法不同，一般分为炒青、烘青、晒青和蒸青绿茶。绿茶具有"清汤绿叶，滋味收敛性强"等特点。绿茶是历史最悠久的茶类，距今已有三千多年，也是我国产量最大的茶类，产区主要分布于浙江、安徽、江西等省。

1）西湖龙井

西湖龙井简称龙井，产于浙江省杭州市西湖西南龙井村四周的山区，每年春季分4次采摘鲜叶。清明前采头茶称为"明前茶"，产量很少，珍贵，其形似莲心，故称"莲心"。谷雨前采摘的称"雨前茶"，又称二春茶，其形似旗如枪，故称"旗枪"。立夏采的三春茶，形似雀舌，故称"雀舌"。四春茶附带茶梗，故称"梗片"。龙井，既是地名，又是泉名和茶名。龙井茶有"色绿、香郁、味甘、形美"四绝之誉，并有"三名巧合，四绝俱佳"之喻。

2）信阳毛尖

信阳毛尖产于河南省南部大别山的信阳县。其外形细、圆、直，多白毫。信阳毛尖风格独特，香气清高，汤色明净，滋味醇厚，叶底嫩绿，饮后回甘生津。冲泡四五次，尚保持有长久的熟栗子香。茶圣陆羽在其《茶经》中把光州茶（信阳毛尖）列为茶中上品，宋代大文豪苏东坡又有"淮南茶信阳第一"的千古定论。

3）碧螺春

碧螺春产于江苏省吴县洞庭山，又名洞庭碧螺春。每年三月下旬至四月中旬采摘，而高档极品都在清明前后采制，采摘时间更短，季节性更强。鲜茶越幼嫩，制成干茶后白毫越多，品质越佳。碧螺春茶条索紧结，卷曲如螺，白毫毕露，银绿隐翠，号称"三鲜"，即香鲜浓、味鲜醇、色鲜艳，花香果味，沁人心脾，浓郁甘醇，鲜爽生津，回味绵长，别具一番风味。

4）黄山毛峰

据史料记载，黄山茶在四百余年前就相当著名。黄山毛峰白毫披身，芽尖似峰，取名"毛峰"，后冠以地名为"黄山毛峰"。黄山毛峰采摘讲究，特级黄山毛峰在清明前后采制，采摘标准为一芽一叶初展芽，其他级别采一芽二叶或一芽三四叶。特级黄山毛峰形似雀舌，白毫显露，色似象牙，鱼叶金黄。冲泡后，清香高长，汤色清澈，滋味鲜浓、醇厚、甘甜，叶底嫩黄，肥壮成朵。其中"鱼叶金黄"和"色似象牙"，是特级黄山毛峰外形与其他毛峰不同的两大明显特征。黄山毛峰冲泡时水温以80℃左右为宜，玻璃杯或白瓷茶杯均可，冲泡五六次后香味犹存。

5）庐山云雾

庐山云雾古称"闻林茶"，从明朝起始称云雾，至今已有三百多年历史。号称"庐秀甲天下"的庐山，北临长江，东毗鄱阳湖，平地拔起，峡谷深幽，由于江湖水汽蒸腾而成云雾，常见云海茫茫，年雾日195天之多。茶树萌发在四月下旬至五月初，正值雾日最多之时，受庐山凉爽多雾的气候及日光直射时间短等条件影响，造就了云雾茶独特的品质。庐山云雾芽肥、毫显，条索秀丽、香浓味甘、汤色清澈，是绿茶中的精品，以"味醇、色秀、香馨、液清"而久负盛名。若用庐山的山泉沏茶焙茗，就更加香醇可口。

6）六安瓜片

六安瓜片属著名绿茶，产于皖西大别山茶区，其中以六安、金寨、霍山三县所产茶品最佳，每年春季采摘，成茶呈瓜子形，故名"六安瓜片"。色翠绿，香清高，味甘鲜，耐冲泡。它最先源于金寨县的齐云山，而也以齐云山所产瓜片茶品质最佳，故又名"齐云瓜片"。沏茶时雾气蒸腾，清香四溢，所以也有"齐山雾瓜片"之称。六安瓜片的成品，叶缘向背面翻卷，呈瓜子形，与其他绿茶大不相同；冲泡后，汤色翠绿明亮，香气清高，味甘鲜醇。

2. 黄茶

黄茶属微发酵茶，发酵度为10%～20%。人们从炒青绿茶中发现，由于杀青揉捻后干燥不足或不及时，叶色即变黄，于是产生新的品类黄茶。黄茶的制作与绿茶有相似之处，不同点是多一道闷堆工序。这个闷堆过程是黄茶制法的主要特点，也是它同绿茶的根本区别。黄茶按鲜叶的嫩度和芽的大小，分为黄芽茶、黄小茶和黄大茶3类。

1）君山银针

君山银针简称银针，产于湖南省岳阳市洞庭湖君山岛，以其色、香、味、分并称四绝。君山银针成品外形芽头茁壮，坚实挺直，白毫如羽，芽身金黄光亮，素有"金镶玉"之美称。毫香鲜嫩，汤色杏黄明净，滋味甘醇甜爽，叶底肥厚匀亮。冲泡时尖尖向水面悬空竖立，继而徐徐下沉，头三次都如此。竖立时，如鲜笋出土；沉落时，像雪花下坠。品饮时，还具有很高的欣赏价值。

2）蒙顶黄芽

蒙顶黄芽以每年清明节前采下的鳞片外展的圆肥单芽为原料制成，芽条匀整，扁平挺立，色泽黄润，全毫显露。汤色黄中透碧，甜香鲜嫩，甘醇鲜爽，叶底全芽嫩黄。

3）霍山黄芽

霍山黄芽产于安徽省霍山县大化坪金鸡山的金刚台、乌来尖、漫水河与金竹坪等地，而以金刚台所产品质最佳。成品茶叶挺直匀齐，色泽黄绿，细嫩多毫，形似雀舌，汤色明亮黄绿，带黄圈，叶底嫩黄，滋味浓厚鲜醇，甜和清爽，有熟板栗香，饮后有清香满口之感。

3. 白茶

白茶属轻微发酵茶，发酵度为20%～30%，是我国茶类中的特殊珍品。因其成品茶多为芽头，满披白毫，如银似雪而得名。白茶的主要产区在福建省建阳、福鼎、政和、松溪等县，我国台湾省也有生产少量。白茶制法的特点是既不破坏酶的活性，又不促进氧化作用，且保持毫香显现、汤味鲜爽。

1）白毫银针

白毫银针简称银针，又称白毫。其成品多为芽头，满披白毫，色白如银，纤细如针，故得此高雅名称。白毫银针是白茶品种中的极品，与君山银针齐名于世，历代为皇家贡品。银针成品茶芽肥壮，满披白色茸毛，色泽鲜白，闪烁如银，条长挺直，如梭如针；汤色清澈晶亮，呈浅杏黄色；入口毫香显露，甘醇清鲜，其性寒，有解毒、退热、降火之功效。

2）白牡丹

以绿叶夹银白色毫心，形似花朵，冲泡后绿叶托着嫩芽，宛如蓓蕾初放，故名"白牡丹"。成品毫心肥壮，叶张肥嫩，呈皱纹隆起，叶缘向叶背卷曲，芽叶连枝，叶面色泽呈深灰绿，叶背遍布白茸毛，香毫显、味鲜醇，汤色杏黄或橙黄清澈，叶底浅灰，叶脉微红，其性清凉，有退热、降火之功效。

4. 乌龙茶

乌龙也称青茶、半发酵茶，是我国几大名茶中独具鲜明特色的茶叶品类。乌龙茶综合了绿茶和红茶的制法，其品质介于绿茶和红茶之间，既有红茶的浓鲜味，又有绿茶的清芳香，并有"绿叶红镶边"的美誉。乌龙茶的药理作用突出表现在分解脂肪、减肥健美等方面。其在日本被称为美容茶、健美茶。

1）安溪铁观音

安溪铁观音是乌龙茶之极品，产于福建省安溪县尧阳乡。每年分 4 次采摘，春茶在立夏，夏茶在夏至后，暑茶在大暑后，秋茶在白露前，以春茶为最好。其成品茶外形条索卷曲，肥壮圆结，沉重匀整，色泽油亮，滋味醇厚甘鲜，香气清芳高雅，水色清澈金黄，叶底肥厚软亮，常以天然的兰花香和特殊的"观音韵"而区别于其他乌龙茶。好的铁观音，在制作过程中因咖啡碱随水分蒸发还会凝成一层白霜，用小巧的功夫茶具品饮，先闻香，后尝味，顿觉满口生香，回味无穷。近年来，在发现乌龙茶有健身美容的功效后，铁观音更是风靡日本和东南亚。

2）武夷岩茶

武夷岩茶产于闽北"秀甲东南"的名山武夷山，茶树生长在岩缝之中。武夷岩茶具有绿茶之清香、红茶之甘醇，是乌龙茶中的极品。武夷岩茶可分为岩茶与洲茶。在山者为岩茶，是上品；在麓者为洲茶，次之。从品种上分，它包括日仙茶、洞宾茶、水仙、大红袍、武夷奇种、肉桂、白鸡冠、乌龙等，多随茶树产地、生态、形状或色香味特征取名，其中以"大红袍"最为名贵。因数量稀少、采摘困难，这种茶在市场上是价格昂贵的珍品。

武夷岩茶属"绿叶红镶边"的半发酵茶，其条形壮实、匀整，色泽绿褐鲜润，冲泡后茶汤呈深橙黄色，清澈艳丽。叶底软亮，叶缘朱红，叶心淡绿带黄。茶性和而不寒，久藏不坏，香久益清，味久益醇。泡饮时常用小壶、小杯，因其香味浓郁，冲泡五六次后余韵犹存，这种茶最适宜泡功夫茶，因而十分走俏。

3）冻顶乌龙茶

它产于我国台湾省南投县凤凰山支脉冻顶山一带，其成品外形呈半球形弯曲状，色泽墨绿，有天然的清香气，汤色橙黄，味道醇厚甘润，其品质以春茶为最好。

5. 红茶

红茶发酵度为 80%~90%，以适宜的茶树新芽为原料，经萎凋、揉捻、发酵、干燥等典型工艺过程精制而成。其汤色以红色为主调，故得名。红茶可分为小种红茶、功夫红茶和红碎茶，为我国第二大茶类。

1）祁门红茶

祁门红茶又称祁红，产于安徽省祁门、东至、贵池、石台，以及江西的浮梁一带。高档祁红外形条索紧细苗秀、色泽乌润，冲泡后茶汤红浓，香气清新芬芳、馥郁持久，有明显的甜香，有时带有玫瑰花香。祁红这种特有的香味，被国外消费者称为"祁门香"。祁门红茶宜于清饮，但也适于加奶、加糖调和饮用。

2）滇红

滇红是云南红茶的统称，分为滇红功夫茶和滇红碎茶两种。滇红功夫茶外形条索紧结、肥硕雄壮，干茶色泽乌润、金毫显露，汤色艳亮，香气馥郁绵长，滋味浓厚鲜爽，深受国际市场欢迎。滇红的饮品以加糖、加奶调和饮用为主，加奶后茶香依然浓烈。高档滇红冲泡后，茶勺茶杯接触处常显金圈，冷却后立即出现乳凝状的冷后浑现象。冷后浑出现得早是质优的表现。滇红功夫茶中，品质最优的是以一芽一叶为主制造而成的特级茶。

6. 黑茶

黑茶是后发酵茶，发酵度为 100%，是我国生产历史十分悠久的特有茶类。在加工过程中，鲜叶经渥堆发酵变黑，故称黑茶。黑茶既可直接冲泡饮用，也可压制成紧压茶（如各种砖茶）。主要产于湖南、湖北、四川、云南和广西等地。因以销往边疆地区为主，故以黑茶制成的紧压茶也称边销茶。

普洱茶是黑茶的代表品种，产于云南普洱及西双版纳、思茅等地，历史十分悠久，在唐代就有与康藏地区的普洱茶贸易了。普洱茶以云南大叶种茶树鲜叶为原料，加工中有一道泼水堆积发酵的特殊工艺，使得成茶有股独特的陈香。普洱茶具有降血脂、减肥、助消化、醒酒、解毒等诸多功效。人们在吃过酒肉后，常泡一杯普洱茶，以助消化和醒酒提神。普洱茶流行于许多国家和我国的港澳地区，被称为美容茶、减肥茶和益寿茶。普洱茶蒸压后可制成普洱沱茶、七子饼茶、普洱茶砖。

7. 再加工茶

以基本茶类绿茶、红茶、乌龙茶、白菜、黄茶、黑茶为原料经再加工而成的产品称为再加工茶。它包括花茶（如茉莉花茶、珠兰花茶）、紧压茶（如泥茶和六堡茶）、萃取茶、果味茶和药用保健茶等，分别具有不同的品味和功效。

（二）茶具的选择

饮茶，讲究茶具，这是我国自古以来的传统。茶的色、香、味与泡茶使用的茶具关系很大。因而，正确地选择和使用茶具，既能发挥茶的价值，又能陶冶人们的情操。目前我国常用的茶具主要有以下几种。

1. 陶土茶具

陶土茶具中的佼佼者首推宜兴紫砂茶具，用这种茶具泡茶，能保持茶叶真味，使用年代越久，泡出的茶香味越纯正。只是这类茶具多为褐色，较难欣赏到茶的汤色。

2. 瓷质茶具

瓷质茶具以白为贵，能反映茶汤色泽，传热慢，且保温适中，加之瓷器造型各异，为饮茶器皿之上品。

3. 玻璃茶具

用玻璃茶具泡茶，传热快，不透气，茶香易损失，但透明度高，能增加欣赏的乐趣。

搪瓷杯和保温杯容易将茶叶泡熟，影响茶叶的品质，特别是饮用高级茶时，更不宜使用。下面列出了各种茶的茶具选择，供读者参考。

绿茶：透明玻璃杯，应无色、无花、无盖，或用白瓷、青瓷、青花瓷无盖杯。

花茶：青瓷、青花瓷等盖碗、盖杯。

黄茶：奶白或黄釉瓷及黄橙色壶杯具、盖碗、盖杯。

红茶：内挂白釉紫砂、白瓷、红釉瓷、暖色瓷的壶杯具、盖杯、盖碗或咖啡壶具。

白茶：白瓷壶杯具及内壁有色黑瓷具。

乌龙茶：紫砂壶杯具或白瓷壶杯具、盖碗、盖杯。

普洱茶：用紫砂或陶瓷茶具泡，同时可以用玻璃茶壶装茶，以便于欣赏汤色。

（三）饮茶礼仪

饮茶礼仪包括待客有道和品茶礼仪两个方面。

1. 待客有道

自古以来，中国人待客就有"坐，请坐，请上座；茶，上茶，上好茶"的说法。由此可见，以茶敬客是待客时不可缺少的重要礼仪。以茶待客时要注意以下几个方面。

1）客人的嗜好

如有可能，应多备几种茶叶，以便客人选择。在上茶之前，应先询问一下客人喜欢用哪一种茶。不要自以为是，强人所难。当然，若只有一种茶叶，则务必实事求是地说清楚，不要客套过头。若客人点出自己没有的茶叶品种，可就难以下台了。

同时，也应考虑有一些人出于各种原因不喜欢饮茶。因此，应事先征询一下来宾个人的意见："请问您想喝点什么？"并为之提供自己力所能及的几种选择，如白开水、矿泉水、咖啡、果茶等其他饮料。

一般认为，饮茶不宜过浓，否则有可能使饮用者"醉茶"，即因摄入过量的咖啡因而令人神经过度兴奋，甚至惊厥、抽搐。所以，若客人没有特殊要求，为之所上的茶水不应过浓。通常，民间以茶待客讲究要上热茶，而且还有"茶满欺人""七茶八酒"之说。其含义是斟茶不可过满，以七分满为佳。这样，热茶便不会从杯中溢出来烫伤人。

2）上茶的规矩

（1）奉茶之人。以茶待客时，由何人为来宾奉茶，往往涉及对来宾重视的程度。在家中待客时，通常可由家中的晚辈或家庭服务员为客人上茶。接待重要的客人时，则应由主人亲自为之奉茶。

在工作单位待客时，一般应由秘书、接待人员、专职人员为来宾上茶。接待重要的客人时，则应由本单位在场的职位最高者亲自为之上茶。

（2）奉茶顺序。若来访的客人较多，上茶的先后顺序一定要慎重对待，切不可随意而为。合乎礼仪的做法如下：其一，先为客人上茶，后为主人上茶；其二，先为主宾上茶，后为次宾上茶；其三，先为女士上茶，后为男士上茶；其四，先为长辈上茶，后为晚辈上茶。

如果来宾甚多，且彼此之间地位差别不大，可采取下列 4 种顺序上茶：其一，以上茶者为起点，由近而远依次上茶；其二，以进入客厅之门为起点，按顺时针方向依次上茶；其三，在上茶时以客人的先来后到为先后顺序；其四，上茶时不讲顺序，或由饮用者自己取用。

3）敬茶的方法

以茶待客时，一般应当事先将茶沏好，装入茶杯，然后放在茶盘之内端入客厅。如果来宾较多，务必多备上几杯茶，以防供不应求。

上茶时，应双手端着茶盘进入客厅，首先将茶盘放在临近客人的茶几上或备用桌上，然后右手拿着茶杯的杯托，左手附在杯托附近，从客人的左后侧双手将茶杯递上去。茶杯放置到位之后，杯耳应朝向右侧。使用无杯托的茶杯上茶时，也应双手捧上茶杯。条件不允许时，至少也要从其右侧上茶，尽量不要从其正前方上茶。要将茶杯放在客人右手附近。

有时，为了提醒客人注意，可在为之上茶的同时，轻声告之"请您用茶"。如果上茶时打扰了客人，应对其道一声"对不起"。

为客人敬茶时，一定要注意尽量不用一只手上茶，尤其不要只用左手上茶。同时，双手奉茶时，切勿将手指搭在茶杯口上，或者将其浸入茶水，污染茶水。

4）续水的时机

为客人端上第一杯茶时，通常不宜斟得过满。得体的做法是斟到杯深的 2/3 处，否则就有厌客或逐客之嫌。

要为客人勤斟茶、勤续水。一般来讲，客人喝过几口茶后，即应为其续上，绝不可让其杯中茶叶见底。这种做法的寓意是"茶水不尽，慢慢饮来慢慢叙"。

当然，为来宾续水一定要讲究主随客便，不可连续以斟茶续水搪塞客人而始终一言不发。旧时，中国人待客有"上茶不过三杯"一说：第一杯叫作敬客茶，第二杯叫作续水茶，第三杯则叫作送客茶。如果一再劝人用茶而无话可讲，则往往意味着提醒来宾"应该打道回府了"。有鉴于此，在以茶招待较为守旧的老年人或海外华人时，切勿再三为之斟茶。

在为客人续水斟茶时，以不妨碍对方为佳，最好不要在其面前进行操作。非如此不可时，则应一手拿起茶杯，使之远离客人身体、座位，另一只手将水续入。

在续水时，不要续得过满，也不要使自己的手指、茶壶或水瓶弄脏茶杯。如有可能，应在续水时在茶壶或水瓶的口部附上一块洁净的毛巾，以防止茶水"自由泛滥"。

2. 品茶礼仪

在正式的社交场合，饮茶应当文明礼貌。具体而言，应在下述两个方面加以注意。

1）态度谦恭

既然以茶待客是一种礼仪，那么作为接受款待的一方，客人在饮茶之时，也应对主人投桃报李，勿失谦恭与敬意。当主人向自己征求意见时，如果没有什么特别的禁忌，可以在对方提供的几种选择之中任选一种，或告以"随便"。一般情况下，向主人提出过高的要求是很不礼貌的。如果自己不习惯饮茶，应及时向主人说明。若自己尚未说明而茶已上来了，千万不要面露不快，更不能责怪主人或为自己上茶的人。当主人，特别是女主人或长辈为自己上茶时，在可能的情况下，应当起身站立，双手捧接，并道以"多谢"，不要视若不见，不理不睬。当其为自己续水时，应以礼相还。其他人员为自己上茶、续水时，也应及时以适当的方式向其答谢。如果对方为自己上茶、续水时，自己难以起身站立、双手捧接或答以"多谢"，至少应面带微笑，向其点头致意，或者欠身施礼。不喝的凉茶、剩茶，千万不要随手泼洒在地上。

在社交活动中，与交往对象正在交谈时，最好不要饮茶，否则不但会打断谈话，而且会显得自己用心不专。只有在自己不是主要的交谈对象时，或者与他人的交谈告一段落之后，才可以见机行事，喝上一口茶润润嗓子。

2）认真品味

在饮茶时，要懂得悉心品味。这不仅体现了自身的教养，而且是一种礼貌的做法。在饮茶之时，应当一小口、一小口地细心品尝。每饮一口茶汤后，应使其在口中稍作停留，再慢慢地咽下去，这样品茶才香。无论如何，饮茶时都不要大口吞咽，一饮而尽，喝得口中"咕咚咕咚"直响，这样喝茶只能解渴，丝毫谈不上对茶的美妙之处的品味。

在端起茶杯时，应以右手持杯耳。端无杯耳的茶杯，则应以右手握茶杯的中部。不要双手捧杯，或以手端起杯底，或用手握住茶杯杯口。那样不仅动作粗鲁，也不够卫生。饮茶的时候，忌连茶汤带茶叶一并吞入口中。万一有茶叶进入口中，切勿嚼而食之，应悄悄吐在手心或吞下。

饮盖碗茶时，可用杯盖轻轻将漂浮于茶水上的茶叶拂去，不要用嘴去吹。茶太烫的话，也不要去吹或用另一只茶杯倒凉茶水，最好待茶自然冷却。饮用红茶或奶茶时，不要用茶匙舀茶，也不要将匙放在茶杯中。不用时，将其放在碟中即可。

若主人告之所饮的是名茶，则饮用前应仔细观赏一下茶汤，并在饮用后加以赞赏。不要不予理睬，或者随口加以贬低，说"没听过这种茶的名字""喝起来不怎么样""这茶有些走味""没把好茶泡好"等让主人不快的话。

（四）四季养生喝茶法

1. 根据体质喝茶

绿茶、黄茶、白茶性凉，体虚者不宜喝；红茶性热，体热者不宜喝；乌龙茶性平，适应范围较广。

2. 根据天时喝茶

1）春天适宜饮花茶

早春气候开始转暖，万物复苏。但在这时，人们却普遍感到困倦、乏力，中医称为"春困"。如果喝上一杯香香的花茶，就能缓解"春困"现象。因为花茶甘凉而兼芳香辛散之气，有利于散发冬天以来积聚在人体内的寒邪，促进体内阳气生发，阳刚之气回升，令人神清气爽，可使"春困"自消。花茶集茶味之美、鲜花之香于一体，可谓"花引茶香，相得益彰"。

2）夏天适宜饮绿茶、黄茶、白茶

夏天烈日炎炎，骄阳似火，酷暑难挡，人们体力消耗多，精神不振，如喝上一杯清凉爽口的绿茶，不仅能止渴生津、防暑去火，还能起到消食化痰、强身健体的作用。除绿茶外，黄茶、白茶性凉，能降火，有健胃提神、去暑降热之功效。

3）秋天适宜喝乌龙茶

乌龙茶是介于绿茶（性凉）和红茶（性温）之间的一个品种，属不寒不热的中性茶类。秋天天气开始转凉，花木凋落，气候干燥，令人口干舌燥、嘴唇干裂，即中医所讲的"秋燥"。此时，喝上一杯不寒不热、性平和的乌龙茶，或喝上一杯经适当焖黄的黄茶，能润肤、润喉、生津，消除体内积热，恢复津液，让肌体适应自然条件的变化，消除夏天余热。

4）冬天适宜饮红茶、黑茶

冬天天寒地冻，万物蛰伏，寒邪袭人。此时，人体生理机能处于闭藏抑制状态，俗语称"猫冬"。而红茶、黑茶性甘温，含丰富蛋白质和大量糖类，可养人体阳气，生热暖腹，增强人体的抗寒能力，还能助消化、去油腻、补营养、壮身体。

（五）我国粤港澳地区的"饮茶"

"饮茶"是我国粤港澳地区最富有地方特色的饮食形式，最初是早茶，主要由中式点心和茶水构成。一般从清晨6点开始就有"茶客"，特别是老人在中餐厅开始"一盅两件"的"叹茶"。"一盅"是指盛装茶水的陶瓷茶壶，"两件"是指广式点心。"叹茶"的"叹"字，在粤语中是享受的意思，很好地诠释了"饮茶"的生活情调。我国粤港澳地区的年轻人也喜欢"饮茶"，但通常不会和老人家赶在一起争位置，一般会在9点前后，边"饮茶"边谈事，因气氛轻松，丰俭由人，成为一种很受欢迎的社交形式。过去"饮茶"至11点结束，11点之后餐厅进入饭市。如今，"饮茶"已经不限于早上，有专营茶市的广式茶楼，从早到晚都可以享用茶点，点心在广式茶点的基础上增加了许多新品种，如淮扬点心、西点等，不同城市的茶点会有所不同。一般来说，茶点分为干湿两种，干点有饺子、粉果、包子、酥点等，湿点则有粥类、肉类、龟苓膏、豆腐花等，从头盘到甜品，一应俱全。虾饺、干蒸烧卖、叉烧包、蛋挞是广式早茶的"四大天王"，铁观音、普洱和菊花茶是必备茶水品种，不论哪个地方的茶楼都有它们。

（六）下午茶

下午茶是餐饮形式之一，现在多指享有盛名的英国维多利亚时代的英式下午茶。下午茶如今已变成现代人的一种休闲习惯。

1. 下午茶的由来

下午茶起源于 17 世纪。当时，英国上流社会的早餐都很丰盛，午餐较为简便，而社交晚餐则一直到晚上 8 时左右才开始，人们便习惯在下午 4 时左右吃些点心、喝杯茶。有一位很懂得享受生活的女伯爵名叫安娜·玛丽亚，每天下午她都会差遣女仆为她准备一壶红茶和点心，她觉得这种感觉很好，便邀请友人共享。很快，下午茶便在英国上流社会流行起来。

红茶传进欧洲时，由于是从遥远的东方传来的珍品，"喝茶"还只是上流社会的专属享受。后来红茶在伦敦的咖啡屋、红茶庭园开始流行。咖啡屋是名流聚集交流、饮茶的场所。红茶庭园则出现于伦敦郊区，大多数英国人借此才开始接触红茶。18 世纪中期以后，茶才真正进入平民生活。英国贵妇人之间风行的时尚便逐渐平民化，下午茶风俗开始盛行于饭店和百货公司之间。英国贵族赋予红茶优雅的形象及丰富华美的品饮方式。下午茶更被视为社交的入门、时尚的象征，是英国人招待朋友开办沙龙的最佳形式。享用下午茶时，英国人喜欢选择极品红茶，配以中国瓷器或银质茶具，摆放在铺有纯白蕾丝花边桌巾的茶桌上，并且用小推车推出各种各样的精制茶点。至于音乐和鲜花更是必不可少，并且以古典为美，曲必悠扬典雅，花必清芬馥郁。

2. 正统英式维多利亚下午茶的基本礼仪

喝下午茶的正统时间是下午 4 点钟。在维多利亚时代，男士穿燕尾服，女士则穿长袍。如今在白金汉宫的正式下午茶会上，男性来宾则仍着燕尾服，戴高帽及手持雨伞；女性则穿礼服，且一定要戴帽子。通常是由女主人着正式服装亲自为客人服务。正统英式下午茶的点心用三层点心瓷盘装盛，第一层放三明治，第二层放传统英式点心 Scone，第三层则放蛋糕及水果塔。这种三层架点心应从下往上吃。除这些必不可少的点心外，一些牛角面包、葡萄干、鱼子酱等食品也会被摆上，以迎合宾客的口味。Scone（圆饼）的吃法是先涂果酱，再涂奶油，吃完一口后再涂。

3. 下午茶的养生功效

面对现代社会的高效率、快节奏，上班族的午餐常常吃得太少或过于匆忙。一顿营养均衡的下午茶不仅能赶走下午的瞌睡虫，也有助于恢复体力，还可以帮助人们保持精力直到黄昏，进而使晚餐比较清淡，养成最完美的饮食习惯。实验证明，下午茶还可以增强记忆力和应变力。有喝下午茶习惯的人在记忆力和应变力上，比其他人的平均分值高出 15%～20%。

七、酒文化与饮酒礼仪

饮酒是各种宴请中都不可缺少的。宴会的级别、规格不同，所选用的酒的品种也有所不同。

（一）中国的酒文化

1. 酒史

中国人饮酒已有几千年的历史。

（1）第一阶段从公元前4000到公元前2000年，即由新石器时代的仰韶文化早期到夏朝初年。这个阶段经历了漫长的2000年，是我国传统酒的启蒙期。

（2）第二阶段从公元前2000年的夏王朝到公元前200年的秦王朝，历时1800年，这一阶段为我国传统酒的成长期。

（3）第三阶段从公元前200年的秦王朝到公元1000年的北宋，历时1200年，是我国传统酒的成熟期。

（4）第四阶段从公元1000年的北宋到公元1840年的晚清时期，历时840年，是我国传统酒的提高期。

（5）第五阶段从公元1840年到现在，是我国传统酒的变革期。

2. 中国酒的类别

按酿造方式分类：蒸馏酒、发酵酒、配制酒。

按酒精含量分类：高度酒、中度酒、低度酒。

商业分类：白酒、黄酒、啤酒、果酒、露酒、药酒。

1）白酒

白酒的香型及代表品种：清香型，山西杏花村汾酒；窖香型，四川五粮液、泸州老窖、古井贡酒；酱香型，贵州茅台酒；米香型，桂林三花酒；复香型，湖北白云边、湖南白沙液。

中国名酒：茅台酒、汾酒、五粮液、剑南春、古井贡酒、洋河大曲、董酒、泸州老窖。

2）黄酒

黄酒的代表品种是绍兴女儿红。

3）啤酒

啤酒由大麦和啤酒花发酵而成。在西方，啤酒不上宴会酒桌，但在中国却非常普遍。

3. 斟酒礼仪

中餐宴请中，稍微正式一点的都称为酒席。在酒席上，人们一般会通过为他人斟酒或敬酒来向他人表示敬意。酒具应大小一样，如果是在家中设宴，酒具一定要清洁、无破损，酒瓶应是当场打开。主人或主人安排的主要陪同人员应首先为客人斟酒，客人不要争着给别人斟酒。但有时身份较低的人也会主动为身份较高的人斟酒，以表示自己的敬意。为客人斟酒时应站在客人的右侧，酒杯应放在餐桌上，瓶口不能与酒杯相碰，酒不宜斟得太满。斟酒的顺序应该是先位高者、年长者、远道而来者，然后顺时针逐个斟酒。自己的酒杯最后斟，也可以不斟。

当有人为你斟酒时，应表示感谢。如果你不想喝酒，可以婉言谢绝。斟酒者可以适当劝酒，但不能勉强别人。

4. 敬酒礼仪

敬酒是用自己喝酒的方式来表示敬意。在宴会开始时，通常由主人向大家敬酒，并说上几句祝福的话。这时候，大家应该站起来，互相碰一碰杯，人多时可以举杯示意，不必碰杯，然后象征性地喝上一口，不一定要喝干，除非主人提议干杯。主人敬酒后，客人们可以互相敬酒，也可以回敬主人。一般来说，敬酒者应该把自己的酒喝干，以表达自己的诚意。如果知道对方的酒量不错，可以提议干杯；但若对方酒量较浅或不能饮酒，则不必勉强对方喝干，可以说"我干了，你随意"，更不能勉强长者。

宴会中有权首先提议敬酒的是宴会的主人，第一资格人是男主人，男主人不在时是女主人。宾客应按照主人的意图行事，不要喧宾夺主。主人敬过一杯后，会饮酒的人应回敬一杯。在主人和主宾祝辞时，其他人应停止进餐，停止交谈，注意倾听，并且不要借此机会抽烟。

如果你不善于饮酒，当主人或别的客人向你敬酒时，你可以婉言谢绝；但如果主人请你喝一些酒，则不应一味推辞，可以选淡一点的酒或饮料，喝一点作为象征，以免扫兴。

5. 饮酒礼仪

1）姿势正确

合乎礼仪的喝酒姿势应该是端起酒杯，首先观赏颜色，闻一闻酒香，然后轻轻吸一口，慢慢品味。为了显示自己的酒量而端起酒杯一饮而尽是不文雅、没修养的。同时，喝酒也不应该让别人听到自己的吞咽声，喝酒的速度尽可能不要超过宴请自己的主人。慢喝也是一种很聪明的防醉方法。

2）酒量适宜

在宴请中主客双方都应该严格控制饮酒量。切忌见到美酒佳肴就忘乎所以，在热烈的气氛中开怀畅饮，这样是有失礼仪的。在正式的宴请中，主宾的饮酒量均应控制在正常酒量的一半以下。

3）拒酒得体

在宴请的过程中，不会喝酒或不打算喝酒的人，可以有礼貌地阻止他人敬酒，但不应该一概拒绝，至少应喝一点饮料或果汁，否则会扫了大家的兴，影响宴会的气氛。拒绝喝酒的方式很多，可以解释说明自己不会喝酒，也可以让斟酒的人在自己面前的杯子里少斟一点，不要东躲西藏，更不要把酒杯扣在餐桌上，或把自己杯中的酒偷偷倒在地上。按照礼节，酒可以不喝，但空着杯子是不合适的。

（二）西方的酒文化

西方只在宴会上或酒吧里喝酒。喝酒的顺序讲究先浅色后深色，先年份近后年份久，先酸后甜，先味淡后味重。一饮而尽、边喝边透过酒杯看人、拿着酒杯边说话边喝酒、吃东西时喝酒、口红印在酒杯沿上等，都是失礼的行为。不要用手指擦杯沿上的口红印，用面巾纸擦较好。

1. 西餐配餐酒水选择

在西餐宴请中，酒的搭配是比较规范的，每道菜会配不同的酒。所以，对酒要有适当的了解，这样才不至于失礼。

1）餐前酒

餐前酒又称开胃酒，通常在宴会前半个小时左右由主人招待。一般有威士忌（Whisky）、马提尼（Martini）、雪利（Sherry）、杜松子酒（Gin）、伏特加（Vodka）等系列。国内宴请中，也会用啤酒、果汁、饮料等替代。

2）餐中酒

餐中酒又称席上酒，按照国内的习俗，任何酒都可以作为席上酒，但在正式的西餐中，席上酒仅限于葡萄酒。葡萄酒的酒精含量一般为 8%～14%。

（1）白葡萄酒。具有一定的酸味，可以去腥，所以一般配鱼类、海鲜、虾等肉质比较细嫩的肉类。饮用温度应在 7～10℃，一般须连瓶事先冰镇后再饮用，饮用时无须在酒中加冰块。

（2）红葡萄酒。味带苦涩，苦涩可以去油腻，一般配肉质纤维较粗的牛肉、羊肉、猪肉、鸭肉等。饮用温度应在 18℃左右。

（3）香槟酒。在最后一道菜或点心、甜点、水果后上桌。饮用温度应为 7℃左右。一般会请有经验的服务员开启，服务员在斟酒时，应该以餐巾包裹酒瓶。

3）餐后酒

用餐完毕后，在上咖啡或茶时，即可用餐后酒，用来化解油腻。餐后酒一般有白兰地（Brandy）、康雅克（Cognac）等。饮用温度应在 18℃以上。

2. 酒与酒杯

每种酒需要配置一个不同的酒杯。酒杯通常摆放在主菜盘的右上方，按使用的顺序从右向左摆放，有时也会从左向右。使用时，服务员往哪个酒杯里倒酒，就拿哪个酒杯喝酒。另外，西餐里喝酒都是"含蓄"式的，无论是别人敬酒还是自己喝酒，都是喝一小口，甚至放到唇边舔一下也算符合礼仪。

3. 食物搭配

饮酒时搭配的食物应根据口味而定。食物和酒类可以分为 4 种口味，即酸味、甜味、苦味和咸味。

酸味：酒一般不能和色拉搭配，原因是色拉中的酸会极大地破坏酒的醇香。但是，如果色拉和酸性酒类同用，酒里所含的酸就会被色拉的乳酸分解掉，这当然是一种绝好的搭配。所以，可以选择酸性酒和酸性食物一起食用。酸性酒类与含碱食品搭配，味道也很好。

甜味：用餐时，同样可以依个人口味选择甜点。一般说来，甜食会使甜酒口味变淡。如果选择加利福尼亚查顿尼酒和一小片烤箭鱼一起食用，酒会显得很甜。但是，如果在鱼上放色拉，酒里的果味就会减色不少。所以吃甜点时，糖分过高的甜点会将酒味覆盖，应该选择略甜一点的酒类，这样酒才能保持原来的口味。

苦味：仍然遵循"个人喜好"原则。苦味酒和带苦味的食物一起食用，苦味会减少。所以如果想减少或除去苦味，可以将苦味酒和带苦味的食物搭配食用。

咸味：一般没有咸味酒，但有许多酒类能降低咸味食品的咸度。许多国家和地区的人食用海产品如鱼类时，都会配用柠檬汁或酒类，主要原因是酸能降低鱼类的咸度，使其味道更加鲜美可口。

【思考与练习】

1. 案例：周小姐的尴尬。

周小姐有一次代表公司出席一家外国商社的周年庆典活动。正式的庆典活动结束后，那家外国商社为全体来宾安排了丰盛的自助餐。尽管在此之前周小姐并未用过正式的自助餐，但是她在用餐开始之后发现其他用餐者的表现非常随意，便就"照葫芦画瓢"，像别人一样放松自己。让周小姐开心的是，她在餐台上排队取菜时，竟然见到自己平时最爱吃的北极甜虾。于是，她毫不客气地给自己满满地盛了一大盘。当时她的主要想法是，这东西虽然好吃，可也不便再三再四地来取，否则旁人就会嘲笑自己没见过什么世面。再说，它这么好吃，这会儿不多盛一些，保不准一会儿就没有了。然而令周小姐脸红的是，她端着盛满了北极甜虾的盘子从餐台边上离去时，周围的人居然个个都用异样的眼神盯着她。有一位同伴还用鄙夷的语气小声说道："真给中国人丢脸呀！"

（资料来源：徐克茹．商务礼仪标准培训．北京：中国纺织出版社，2007）

讨论：周小姐失礼在哪里？

2. 案例：王女士约会。

王女士是某公司经理，发现有两个安排在周五的约会有冲突，就让秘书打电话重新安排其中一个约会的时间。王女士被邀请到一家公司的老板家吃晚饭，路上塞车，迟到了10分钟。进餐时感到有点热，王女士脱下外衣搭在椅背上。餐后女主人为大家端上咖啡，王女士右手持咖啡杯，左手端碟子，一边喝咖啡一边对主人夫妇的菜肴做了由衷的赞美。

讨论：王女士失礼在哪里？

3. 案例：孙老板宴请。

孙老板接待日本一家外贸公司的经理商谈签订合同具体事宜，简单攀谈之后，就邀请该经理前去一家高档餐厅就餐。孙老板特别强调该饭局的重要性，饭店一方备料丰盛，做工精细，烹调讲究"色、香、味"，待客力尽地主之谊。席间孙老板不停地劝该经理喝酒，而且一定要该经理喝白酒，大有不醉不归之意，该经理应接不暇。并且孙老板一直谈及对方家庭方面的事，以求业务上的成功合作。该经理不胜酒力，醉后被孙老板安排在酒店。该经理作别归国后，拒绝与孙老板合作。

（资料来源：散文吧日本商务拜访礼仪案例 https://www.sanwen8.cn/subject/jmfjphi.html）

思考：

（1）外贸公司的经理为何拒绝与孙老板合作？

（2）敬酒时的正确做法是什么？

# 第七章 大学生礼仪

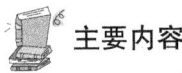
主要内容

- 大学生交往礼仪
- 大学生学习场所礼仪
- 大学生食宿礼仪

一、大学生交往礼仪

（一）师生礼仪

1. 学生尊师礼仪

教师是辛勤的园丁，肩负教书育人的责任，除要认真备课、辅导学生、批改作业外，还要广泛查阅资料，进行科学研究。所以，教师上课时，学生应主动帮教师擦黑板、打开水等；课后，应根据需要帮助教师整理实验室等。当教师生病或发生意外时，应及时前去看望和慰问。师生之间的交往重在真诚，应保持师生情谊，不能演变成庸俗关系。

2. 学生请教礼仪

学生有问题需要请教教师时，应讲究请教礼仪，如主动请教师落座。若教师不坐，学生应该和教师一起站着说话。只有等教师坐下并请学生坐，学生方可坐下与教师说话。学生无论是站着还是坐着，都应姿势端正，不可东张西望、抓头摸耳。学生与教师交谈时应双目凝视教师，认真地听教师说话，不可一个耳朵进，另一个耳朵出。如果学生对教师说的话感到不理解或无法接受，并有不同看法，可不必隐瞒，应谦虚而诚恳地向教师请教，直到弄明白为止。

3. 学生进办公室的礼仪

学生进教师办公室要讲究相关礼仪，应注意仪表、仪态及着装。进门前，要有礼貌地轻轻敲门，在征得教师同意后方可进入。学生进入办公室后要向在场的教师问好，未经教师邀请不可随意坐下，而应站着聆听教师讲话。如要找的教师不在，应礼貌地询问一下办公室的

其他教师，可根据情况说明自己的姓名或所在班级、有什么事、何时再联系等，然后告辞。

4. 学生拜访教师的礼仪

学生去教师家拜访，不论是祝贺节日、探望患病教师，还是请教师帮助排疑解惑等，都要事先通知教师，以免吃"闭门羹"，或弄得教师措手不及。拜访教师时要做到服饰整洁，按时到达。进门后，称呼要得体。如在场的人多，又不熟悉，则可泛泛问候"大家好"。当教师或其家人递茶水时，应起立双手接过，并道谢。当有新客人来访且教师做介绍时，应主动起立招呼、问候；若发现因自己在场有所不便或拜访时间已经不短，应马上告辞。告辞时，若教师相送，应请教师留步。学生如果因故不能赴约，一定要设法提前通知教师，以免教师等候与牵挂。

（二）同学礼仪

1. 一般交往礼仪

同学之间相处，不论自己与对方关系如何，均应对其表现应有的尊重，并且以礼相待、以诚待人、与人为善。对待同学要态度谦虚随和，不要狂傲自满，拒人于千里之外。要团结同学、互相帮助、共同进步、理解宽容。不能无事生非、心胸狭隘、语言粗俗。忌打听别人的隐私。

去同学家串门，要礼貌称呼其家人，对其父母应称"伯父""伯母""叔叔""阿姨"，对于同学的其他亲属，可以随同学的称呼而称呼。在同学家做客，不能乱翻东西，也不要停留时间过长，以免给对方添麻烦。

2. 异性交往礼仪

男女同学交往时，应该坦然相处、大大方方，不必顾虑重重、躲躲闪闪。一般情况下，男生应主动关心、帮助和照顾女生。异性之间串门，要事先预约，进门前应先敲门，获得允许后，方可入内。

异性间要注意举止得体、彬彬有礼、文雅大方，不要过于随便或粗俗。男生不要对女生凑得太近，或用手随意触碰。男生或女生背后议论或贬低对方，或给对方的长相、身材、性格打分都是不礼貌的行为，极易伤害同学的自尊心，从而妨害异性同学间的友谊。

学生时代，不宜早恋。但在拒绝同学的追求时，采取的措施要文明，不可讥笑对方，更不可公开异性的求爱信，伤害对方的自尊心。

二、大学生学习场所礼仪

（一）课堂礼仪

课堂是教师对学生传授知识与技能的场所。讲究课堂礼仪，对于促进教师与学生的沟通，提高教学质量极为重要。

1. 提前两分钟

上课前的两分钟，学生必须进入教室，做好准备工作。这本身是一种应有的礼貌，也是对教师的尊敬。学生可以利用这两分钟时间从容地做好上课准备，如找出上课要用的教材、笔记本和其他文具，关闭手机或把手机调成静音状态。

2. 认真听课

学生上课时要专心听讲、精神饱满、做好笔记。不要心不在焉，打哈欠，打瞌睡；不要与同学说悄悄话，听音乐，看其他书报；更不要吃东西。

学生提问和回答问题时要先举手，待教师示意后方可发言。发言时应自觉起立，目光正视教师，声音清晰、洪亮，使大家都能听清。学生的站姿和表情要大方，不要搔首弄姿，或者故意做出滑稽的举止引人发笑。

教师讲课时，一般不允许学生中途离开教室。如有特殊情况必须中途离开，应该在教师讲完一个问题时举手请假。得到允许后，要迅速而轻盈地走出教室。

教师在教学过程中出现差错，如由于笔误写错字，由于发音不准念错字，由于一时记混而说错等，这并不一定说明教师水平低。作为学生应该正确对待教师出现的疏忽和差错，发现后应该选择适当的时机和方式告知，如写纸条或等教师走到身边时悄悄告知。沟通时，应使用请教或商量的口气，让教师有思考的余地，不应使教师当场难堪。

3. 文明下课

教师尚未宣布下课，学生不要急于收拾东西，下课后应让教师先走。教师走后，学生方可自由活动。自由活动时，不宜在教室或教学楼里大声喧哗、追逐打闹。

（二）实验室礼仪

理工科学生除在课堂学习知识外，还要上实验课，接触实验设备，进行实际操作，以增强理论与实践相结合的能力。实验课一般在实验室完成。学生在做实验时，要听从教师的安排，爱护实验室设备，遵守实验室礼仪。

1. 听从安排，遵守纪律

在操作实验设备的过程中，学生要听从教师统一安排，按教师要求规范操作。教师指导具体操作时，学生应放下手中设备，站立听讲，记住操作要点，掌握操作程序，不得违反纪律。

2. 爱护实验室设备

实验室存放的药品、标本、用具、实验设备等物品比较贵重，学生操作时一定要轻拿轻放，注意节省。实验中，如果损坏仪器设备，应及时向教师报告，不得相互推诿，甚至溜之大吉。如果是做剧毒危险品或细菌实验，要严格执行操作程序，保护自身安全，以免意外发生。一旦出现险情，应立即报告教师，及时进行处理，必要时应送医院急救。

做实验时，如遇到意料之外的问题，应向教师请教，不要擅自处理。

3. 整理实验设备

实验室是教学工作的重要场所，里面有水、电、易燃品、危险品等。上完实验课以后，学生应自觉打扫实验室，保持实验室干净、整洁，扔掉废弃物，还要检查水、电、门窗的关闭情况。总之，要有安全意识。

（三）自习室礼仪

自习室是"无声的课堂"。在自习室学习，最重要的是维护室内安静的环境。讲究自习室礼仪，也是取得良好学习效果的保证。自习室虽无教师授课，却仍然是课堂教学的延续，任何与学习不相干的事情都不宜在自习室里进行。在自习室里与他人说话、打闹、玩扑克等，都是与学习环境格格不入的失礼行为。进入自习室时动作要轻，相识的同学见面彼此可以点头或挥手示意，言语的问候是不合时宜的。自习期间要尽量减少走动，离开座位时，如果需要坐在外边的同学起立让路，应向其表示歉意并致谢。有问题需要与其他同学商量或请教时，最好到自习室外边交谈。在自习室学习，开门、关门、起立、入座动作要轻，尽量避免发出响声影响他人。自习期间在楼道内也要轻手轻脚、低声细语，不要在楼道内打手机或追逐打闹、高声喧哗。

在自习室学习，要遵守学校教学楼的有关规定：一是不要在自习室内乱丢废弃物，保持室内卫生；二是要准时下课，不要拖延过久。在自习室中要爱护桌椅，不在上面乱刻乱画。

（四）图书馆礼仪

图书馆不仅是人类智慧的宝库，也是读者学习和交流知识、获取信息的场所。读者在图书馆学习应衣着整洁，不能穿背心、拖鞋进图书馆。要自觉遵守图书馆的规章制度，保持环境安静和清洁卫生。读者进入图书馆阅览室后，应将手机调至静音或关闭。在图书馆内严禁吸烟。

在图书馆学习要讲文明、讲礼貌，不要抢占座位，为自己或他人划地盘。图书馆是公共学习场所，有空位人皆可坐，但欲坐在别人旁边的空位时，应有礼貌地询问其旁边是否有人。读者不应在图书馆占座位后长时间趴在桌上睡觉，影响他人学习。

在图书馆借还图书，进行计算机检索、课题查询，复印资料，或在语音室听录音、影视室看录像等，要按序排队。在图书馆，特别是在阅览室，走路要轻，最好不要穿钉了铁掌的皮鞋；入座和起座要轻，翻书也要轻；碰到熟人可点头致意，如要交谈，应离开阅览室找一个不影响他人的地方，不可在室内谈笑。

读者应自觉维护图书馆的环境，爱护馆内的公共设施，保持室内卫生，不随地吐痰，不乱扔废弃物。

读者在图书馆阅览书刊时，不要在图书、报刊上涂画或在图书、报刊上开"天窗"。在大学图书馆工作的图书管理员绝大多数是各学科毕业的本科生、研究生。读者在查阅资料时，若遇到自己解决不了的问题，可以有礼貌地向图书管理员咨询请教。

借阅图书时，必须使用本人的借书证，对工作人员应彬彬有礼。在图书馆借阅的书刊一定要及时归还或办理续借手续，自己保管使用期间应小心爱护，以便到时候"完璧归赵"。如果图书不慎遗失或发生损坏，要主动说明并照章赔偿。

三、大学生食宿礼仪

（一）学生宿舍礼仪

在我国，全日制大中专院校基本采用学生住宿制。集体宿舍是学生的基本生活单位，也是学生课余休息的重要场所。学生的一半时间在宿舍度过，宿舍是学生的"第一社会、第二家庭、第三课堂"。所以，每个学生都应讲究宿舍礼仪，共同把第一社会风气搞好，把第二家庭生活过好，把第三课堂的课上好。

1. 保持宿舍卫生

集体宿舍是大家共同生活的场所。要创造一个整洁、美观、舒适、充满情趣的生活环境，需要大家共同设计和保持。

对住校的学生来说，宿舍是他们的主要生活环境之一，它的面貌在一定程度上体现和反映了学生的文化修养和思想素质。学生应注意以下礼仪。

（1）讲究个人卫生，培养良好的生活习惯。被褥要折叠得整齐美观，衣服、鞋帽要整齐地安放在一定的地方。换下的脏衣服、脏鞋袜要及时清洗和晾干，未洗之前不可乱丢，要安置在隐蔽的地方，并将自己的其他物品归类放置整齐。

（2）自觉遵守值日制度，并爱护寝室内的公用物品。在每日值日和定期大扫除之余，还应共同做好保洁工作，以保证宿舍内没有杂物、纸屑、痰迹，门窗洁净，桌面及公用物品摆放整齐。

（3）窗外不是垃圾堆，不能向楼下倒污水、扔废物、摔酒瓶。

（4）水房卫生离不开大家。不要往水池里倾倒废物，剩饭剩菜要倒进泔水桶，以免堵塞下水道。发现堵塞后，要主动进行处理，必要时通知楼长或修理工，不要置之不理。

（5）保持厕所卫生。如厕时，大小便要入池，否则应用纸擦干净或用水冲干净；脏纸或卫生巾等应投入指定的垃圾篓，以免引起堵塞；便后要放水冲厕所。

2. 美化宿舍环境

宿舍可以分为两部分，即室内公共部分和个人小天地。两部分的美化要协调一致。公共部分一般以花卉、盆景、书画、牌匾、工艺品等装饰，该部分确定了寝室的基调。个人小天地的美化是对该基调的丰富和深化，要突出个人的生活情趣，富于幻想和创造，不拘泥于统一的形式。个人小天地一般用图片、手工艺品、玩偶、小型字画来美化。个人小天地的美化要注意与整个宿舍的美化相协调，不要过于强调自己的个性而破坏了整体的和谐美。切忌张贴或悬挂不健康的海报、照片，应努力营造大学生应有的奋发向上、多姿多彩的宿舍文化氛围。另外，宿舍的美化还应考虑季节的变化，夏天应注意清爽，冬天应充满暖意。

3. 不妨碍他人休息

在宿舍中，学生应遵守共同制定的文明公约和作息时间，养成良好的生活习惯。

（1）按时起床。现今校园里，总有那么一部分学生晚上不愿睡，早上不愿起，有的甚至旷操、旷课。这样既影响学习，也影响宿舍适时开窗通风换气。而另一部分学生起床太早，动作幅度比较大，使得别人欲起不忍、欲睡不成，时间久了会造成他人心中不悦，甚至可能影响同学之间的关系。因事偶尔需要早早起床，应提前向室友打招呼，起床时要特别注意动作轻柔，尽量不要弄出大的声响，尽快离开宿舍，以免影响他人睡眠。

（2）准时归宿。只有准时归宿才能确保在熄灯前洗漱完毕，按时上床休息。无论是因为在教室苦读，还是因为其他事情造成夜半归宿，干扰其他同学睡眠，都是非常不礼貌的行为。实在事出有因不得不推迟归宿，应该向室友表示歉意，并努力把这种惊扰降到最低程度。

（3）适时就寝。在学校规定或宿舍约定的就寝时间之前上床睡觉。应及时关闭光源、声源，不要玩电脑或开"卧谈会"，妨碍他人休息。

（4）当有人休息时，走路动作要轻，拿东西声音要小，说话尽量耳语。

（5）当与室友同睡高低铺时，晚上如睡不着，应尽量减少翻转次数，以免殃及上（下）铺。

（6）休息时间，手机应置于振动状态，如有电话呼入，应去室外接听。宿舍如有固定电话，应由未睡者或距离最近者快速接听，避免吵醒所有人。

4. 尊重个人隐私

生活在同一间宿舍，同学之间相互开放的程度很大，但不等于同学之间没有个人隐私和秘密。因此，尊重个人隐私非常重要。

（1）不要随便使用同学的用具，不要翻看同学的笔记、书籍和物品，更不能将同学的东西据为己有。如有特殊情况需要借用，要事先打招呼，征得对方同意。东西用后要及时归还，若有损坏，要照价赔偿。

（2）不能翻看同学的日记，不能私拆、私藏同学信件。

（3）不可打听同学的隐私。

（4）当同学有亲友来访，谈论一些私事时，其他同学要适当回避，不要在一旁偷听，更不要插嘴询问。

（5）有同学离校去处理私事，他人不要主动打听甚至刨根问底。

5. 注意语言文明

古人云："言，心声也；书，心画也。"大学生讲话应注意语言文明，否则将有损自己的形象。个别大学生脏话不离嘴，开口、闭口挂着被鲁迅先生痛斥的"国骂"；有的学生语言粗俗野蛮，稍不满意就出言不逊，轻则讽刺挖苦，重则彼此辱骂；有的学生语言庸俗，开不健康的玩笑等，这些行为必须改正。语言粗野无聊，是与大学生这个身份极不相称的。大学生在宿舍里如能坚持使用文明、诙谐的语言，互相关心，互相关照，成员之间的关系必然和睦融洽，生活也会感到舒心、愉快。

6. 以礼相待

《礼记》中"有礼则安，无礼则危"的论断，深刻地揭示了"礼"的巨大社会作用。待人彬彬有礼，就能在人与人之间架设一座互相尊重和友爱的桥梁，使生活充满愉悦与和谐。相反，待人粗暴无礼，只能带来不满与怨恨。

（1）互相尊重。同宿舍的同学可能来自不同地区，由于各自的成长环境和经历不同，造成性格、脾气、爱好及生活习惯也不一样。同学间应互相体谅、互相尊重、和睦相处、以礼相待。

（2）互相关心。同学之间应在学习上和生活上互相照顾。当有同学遇到困难时，大家应伸出友谊之手，给予帮助。当有同学取得优异成绩时，大家应当为其感到高兴。另外，遇有同宿舍其他成员的友人来访时，应热情接待，不可表现"事不关己，高高挂起"的态度。

7. 学会集体生活

大学生要学会集体生活，谨记集体生活的规则。

（1）在使用水龙头、晾衣绳及电话等公用设施时，应尽量礼让他人。在使用中要小心谨慎，不能故意破坏。

（2）使用自来水要注意节约，使用完毕后要拧紧水龙头。

（3）节约用电，不违章使用电器。

（4）录音机等音源的声音不要开得过大，休息时间最好使用耳机。

（5）如厕时，若门已坏、虚掩着，不能确定里面是否有人，应先敲门，核实后再进入。

（6）楼上的同学晾晒衣服要拧干，尽量不要滴湿楼下同学晾着的衣物。

（7）不要过多地串门或在他人宿舍逗留过久，以免干扰他人正常的生活规律。在午休或晚上休息时，拜访异性同学，应把对方请出来，而不要直奔异性宿舍，以免给对方的室友带来不便。

（8）不在宿舍里从事商业性营销活动。

（9）尊重楼长和其他管理人员，配合他们的工作。

（10）注意安全，离开宿舍时要及时关门、关窗，不要将不认识的人引进宿舍，发现可疑情况及时汇报。

（二）学生食堂礼仪

学校食堂就餐人数多，就餐时间集中，工作人员往往比较繁忙。所以，营造文明的食堂环境，遵守食堂礼仪显得尤为重要。

1. 注意公共卫生

学生去食堂就餐，要穿着整齐，不要穿背心、拖鞋进入食堂。要讲文明礼貌，不可随地吐痰，不要向地面泼水、扔杂物。用餐时，应该吐骨入盘，不要吐在桌上或地面上。用餐后，剩余的饭菜应倒入泔水桶，若使用的是食堂提供的餐具，还应将其分类放入指定的回收容器中。

2. 维护公共秩序

排队购餐时应遵守秩序、互相礼让，自觉按先后顺序排队，不应硬挤或插队，更不应打闹、起哄或敲柜台、餐具等。

买饭后入座时,在座位有限的情况下,应互相礼让,避免抢座位、占座位。由于用餐时间人多拥挤,所以走路、入座要多加小心,以防碰撞、烫伤同学。如有不慎,应互相谅解。

3. 讲究进餐礼仪

进餐时切忌"狼吞虎咽",吃东西应闭嘴咀嚼,不要发出声音,喝汤时不要嘬。如菜、汤太烫,可稍凉后再用,勿用嘴吹。口内的鱼刺、骨头等不要直接外吐,最好用餐巾捂嘴,用手或筷子取出,包在餐巾纸内,更不能吐在地上或别人面前。不要对着餐桌打喷嚏或咳嗽,实在忍不住,要把头转个方向,并用餐巾或手帕遮口,之后向旁边的同学说"对不起"。餐后不要不加控制地打饱嗝。需要剔牙时,要用手遮口。

聚餐时的用筷禁忌包括以下几个。

(1)半途筷,即夹住菜后又放下,再夹另一种。
(2)游动筷,即在菜盘里挑拣或上下翻动。
(3)窥筷,即手握筷子,目光在各盘碗上扫来扫去。
(4)碎筷,即用筷子捣碎菜。
(5)以筷当叉,即叉起菜往嘴里送。
(6)签筷,即用筷子当牙签,挑捅牙缝。
(7)泪筷,即筷头上的菜汁在持筷途中像泪水一样滴淌。
(8)吮筷,即用嘴吮舔筷头上的汤汁。

4. 尊重职工劳动

食堂工作人员无论是白天黑夜还是酷暑严寒,都早起晚睡,常年如一日地工作。所以,同学们应尊重他们的劳动,珍惜他们的劳动成果,主动协助他们做好食堂的工作,与他们友好相处,以礼相待。进餐时如发现饭菜有质量问题,可找有关管理人员有礼貌地说清楚,以帮助食堂改进工作,提高服务质量。不可大发脾气,失去理智,吵闹不休。如果一味坚持粗暴的态度,不但不利于问题的解决,而且会引起食堂工作人员的反感,甚至造成学生与食堂工作人员之间的关系恶化。

【思考与练习】

1. 学生进办公室的礼仪有哪些?
2. 学生食堂礼仪有哪些?
3. 在宿舍集体生活中应该怎么做?
4. 案例分析。

黎同学今天早上排队买早餐,生怕不能在上课铃响前进入教室,于是看到前面的队伍有个空隙就插了进去,还若无其事地吹起口哨。当他来到教室时,还是没赶上在上课铃响前进入教室,老师已经在教室里上课,教室的后门关了,但是前门没有关起来。黎同学为了不让老师记他缺勤,于是动作很大地一路直冲到他的位置坐下。

(资料来源:百度网百度文库社交礼仪案例 https://wenku.baidu.com/view/1aa5194cff00bed5b9f31dd1.html?sxts=1523153341959)

讨论：黎同学的做法有何不妥？

分析：排队是城市文明程度和个人文化素养的重要标志，插队是很令人厌恶和鄙视的。如果担心自己迟到，就应提前赶到教室。迟到是对别人的不尊重，况且黎同学迟到后未经老师同意就一路直冲到自己的位置坐下，这是对老师的严重不尊重和失礼。应轻敲教室门并向老师报告，表示自己要进来，得到老师的允许后才能轻轻地进来，不要打扰正在认真上课的其他同学。

第八章　初涉职场的礼仪修养

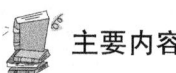 **主要内容**

- 求职准备
- 面试礼仪及技巧
- 面试禁忌
- 职场相处之道

 二维码链接

哪种需要对你最为重要？

哪种需要对你最为重要？

一、求职准备

(一)求职前的准备

所谓"知己知彼，百战不殆"，要想顺利走上心仪的工作岗位，必须对自身的条件有客观的评价，同时要对就业环境有必要的了解，对拟就业的行业乃至单位有清楚的认识。

1. 了解自我，准确定位

定位包括自我定位、与他人比较定位、请他人给自己定位3个方面。在求职应聘之前先给自己准确定位，是日后顺利开始职业生涯的基础。

1) 自我定位

可以通过参阅相关的书籍材料、做一些就业心理测试题，帮助自己厘清思路。最重要的是知道自己最适合做什么，只有做自己最适合的才是最愉快的，也是最容易做好的。以下是关于职业类型适应对象的描述。

（1）技术型。持有这类职业定位的人出于自身个性与爱好考虑，往往不愿意从事管理工作，而是愿意在自己所处的专业技术领域发展。

（2）管理型。这类人才有强烈的意愿做管理人员，同时经验也告诉他们自己有能力达到高层领导岗位，因此他们将职业目标定为有相当大职责的管理岗位。成为高层管理人才需要的能力包括3方面，即分析能力、人际交往能力、情绪控制能力。

（3）创造型。这类人需要建立完全属于自己的东西，或是以自己名字命名的产品或工艺品，或是自己的公司，或是能反映个人成就的私人财产。

（4）自由独立型。有些人更喜欢独来独往，不愿像在大公司里那样彼此依赖。自由独立型的人往往会成为自由撰稿人，或者开一家小的零售店。

一个人的职业生涯是一个漫长的过程。科学地将其划分为不同的阶段，明确每个阶段的特征和任务，做好规划，对更好地从事自己的职业、实现确定的人生目标非常重要。

2）与他人比较定位

了解与自己条件相当的学长或其他熟人，观察他们的职业生涯是否如鱼得水，选择其中你认为最理想的一两位作为自己的参照对象。

3）请他人给自己定位

家长和老师是最值得信赖的请教对象。家长对你的个性特点、家庭期望和社会关系最清楚，他们的意见非常有针对性；而老师因为掌握的信息多，对你的观察更为客观，他们的建议往往是高瞻远瞩的。

2. 确定求职目标

综合考虑自身的兴趣特长、专业特点、知识水平、能力水平、社会关系及学校的社会声望，大致确定自己的求职目标。

3. 信息准备

捕捉信息，把握机会。求职者要及时了解和掌握国家、地方政府或学校的有关就业政策、法律，搜集企业的招聘信息等。获取信息的渠道是多种多样的，如通过政府相关部门获取信息，通过学校毕业生就业工作部门获取信息，通过社会各级人才市场获取信息，报纸、网络、杂志及广播电视等新闻媒体也是获取信息的有效渠道。

4. 了解并正确评价用人单位

1）了解用人单位的途径

（1）用人单位的自我介绍。如今企业招聘应届毕业生，往往直接到学校召开专场招聘介绍会，通过多媒体、书面材料或校友现身说法，向前来应聘的毕业生全面、详细地介绍企业的各方面情况，以求吸引更多优秀毕业生加盟企业。企业专场招聘介绍会不仅扩大了企业的影响，也是毕业生了解用人单位最方便、快捷、全面的一种途径。

（2）查阅资料。有些企业只是在报刊、网络上发布招聘信息，或直接打电话到高校的毕业生就业指导中心，请学校代为发布招聘信息。采用这种招聘方法的企业，一般都没有提供企业的介绍资料。要想了解企业的状况，可通过互联网查询，获取企业的信息；也可以通过高校毕业生就业指导中心设立的资料库查询。通过查阅资料了解企业的方式，比较费时且不够全面。目前，许多企业都设有自己的网站，直接访问企业的网站，也是毕业生了解用人单位的一种途径。

（3）实地考察。毕业生也可以直接到用人单位了解情况，对企业的办公场所和管理模式等进行实地考察，或与员工交谈，或直接向招聘人员提问来获取信息。通过这种渠道获得的信息通常也不会很全面，且比较费时费力，但感性认识较强。

2）正确评价用人单位

用人单位的好与坏通常是相对而言的，每个用人单位都有自己的特点，如大企业、大机构有丰厚的薪金和规范的管理，但对人才要求严格并有较大压力；而小企业能为人才提供较大的发展空间，但可能没有高薪。同样，每个毕业生自身的情况也各不相同，大企业不一定适合每个毕业生。毕业生应根据自己的特点，选择适合自己的就业单位，不要一味追求热门工作。因此，择业时一定要结合自己的特长、爱好、职业能力、职业兴趣等，给用人单位一个正确的评价。

（1）用人单位的规模。

① 大企业、大单位的人才结构已经初具规模，他们到人才市场招聘人员，多半有特殊要求。一般是选择有特殊专长或具有某方面专业知识的人才，而对社会上的泛泛之才并不感兴趣。

② 中小企业招聘的特点如下：其一，需要数量大。由于中小企业大多处在革新和发展时期，因而需要一大批稳定的技术人才。其二，需要层次广泛。无论是高层决策人才还是中层管理人才和低层操作人才，不论是技术人才还是管理人才，一般都大量需要。其三，由于他们规模小，在招聘时唯恐求职人员看不起，因此他们一般首先介绍自己企业的优势和发展前途，实事求是地向求职者介绍企业情况，对求职者是否具有吃苦的精神看得很重，有的甚至把"事业心"和创业精神当作求职者的第一职业道德，希望招聘那些能长久为其服务和具有敬业精神的"永久性"人才，而对那些只想待一待就走的"流动性"人才敬而远之。他们选择人才的最基本条件是既懂理论又有实际操作能力，而且知识面尽可能宽一些。

（2）用人单位的经营性质。

① 外资企业或私营企业，一般对人才的需要十分迫切。他们一般倾向于招聘两种人才：一种是高级管理和高级科技人员，另一种是低层次的一般工作人员或服务人员。他们对中等水平的人才不大感兴趣。

② 外贸单位、服务行业、医疗部门在招聘时，十分注重求职者开朗、温和和热情的性格特征，因为这些单位主要是与人打交道的。因此，如果到此类单位求职，就要提高自我职业性格的素养。

③ 高等院校、研究所在招聘时，一般十分注重求职者深沉、善思、严谨、富于想象力的职业性格。

④ 企业单位在招聘时，一般比较注重求职者反应灵敏、兴趣广泛和审慎的职业性格及实际工作能力。

⑤ 政府部门、机关单位在招聘时，一般比较注重求职者的能力素质，如组织协调能力、政策理论水平等，而且非常看重一个人与他人进行交往时的表现，以及人生观、价值观和世界观。

（3）用人单位的工作环境。这里所讲的工作环境包括工作方式、工作时间、晋升制度、培训机会、福利待遇等方面。毕业生应聘时首先应了解具体招聘什么职位，不同职位的工作方式和时间会有很大区别，如营销人员经常要外出或常驻外地，性格文静的人往往很难适应；

反之，让好动的人整天呆在办公室里抄抄写写，无疑也是很痛苦的事。再如，服务业、公安系统等行业，工作时间长或不固定，这些都是毕业生应聘时应了解的情况。其次，公司的晋升制度、培训机会也是毕业生应聘过程中应掌握的情况。如果公司有健全的晋升制度，员工便有机会晋升；如果公司经常招聘大量员工，却只有很少一部分人获得升职，那么员工晋升的机会就会很少。在信息发达的社会，每个人都需要不断地学习，公司提供培训机会也是人才竞争的一种手段。那些知名外资企业之所以能吸引大批优秀人才，给员工提供良好的培训机会是一个重要原因。

（4）用人单位的发展潜力。用人单位的发展前景对个人事业前景也有较大影响。夕阳产业走向衰退，自然谈不上好的前景，说不定刚进去就要考虑找新的单位。朝阳产业则前途不可限量，也就预示着自己可以有好的发展机会。如信息产业、休闲产业、生物医药产业等都是20世纪末兴起的新兴产业，其发展前途不可估量，也将为个人的事业发展提供充足的空间。

此外，公司的业务范围和社会声誉也是毕业生择业时应考虑的因素。业务范围广泛的企业会为你带来许多机遇，企业良好的社会声誉会提高你的身份等，这些都将为你今后的发展打下良好的基础。

5. 求职简历的准备

简历能够传达关键信息。制作简历时，除要求结构合理、语言精练、表达专业外，绝不允许出现任何拼写和打印错误。

1）简历类型

大致来说，有两种简历类型：目标型简历和资源型简历。

（1）目标型简历。如果你了解职位的要求，熟悉你打算就职的行业或环境，那么你适合使用目标型简历。简单地说，通过职务名称和行业，你可以确认你打算从事什么职业。你的简历必须强调那些能够满足目标雇主需要的技能和资质。

（2）资源型简历。如果你是一个全面型人才，拥有多种选择或不确定自己打算从事什么职业，那么你适合使用资源型简历。资源型简历可以更多地强调你的成就和技能，告诉未来的雇主，你能给他带来什么样的利益。

2）简历格式

简历格式分为时序型格式、功能型格式、综合型格式、履历型格式和图谱型格式。

（1）时序型格式。有许多职业指导和招聘专家认为时序型格式是简历格式的最佳选择，因为这种格式能够演示出持续和向上的职业成长全过程。它是通过强调工作经历实现这一点的。时序型格式以渐进的形式罗列求职者曾就职的职位，从最近的职位开始回溯。时序型格式有别于其他类型格式的一个特点是在罗列的每个职位下，要说明自己的责任、该职位所需要的技能，以及最关键、突出的成就。关注的焦点在于时间、工作持续期、成长与进步、成就。

（2）功能型格式。功能型格式在简历的一开始就强调技能、资质及成就，但是并不把这些内容与某个特定雇主联系在一起。不把职务、在职时间和工作经历作为重点，以便突出个人资质。这种格式关注的焦点在于求职者所做的事情，而不在于这些事情是在什么时候和什么地方做的。

功能型格式的问题在于一些招聘人员不喜欢它。人们似乎默认这种格式是那些存在问题的求职者所用的，如频繁跳槽者、大龄工人、改变职业者、有就业记录空白或存在学术性技能缺陷的人，以及经验不足者。一些招聘人员认为，如果求职者没有以时序方式列出自己的工作经历，那么其中必有原因，而且这种原因值得深究。

（3）综合型格式。这种格式提供了最佳选择——首先简要介绍自己的市场价值（功能型格式），随即列出自己的工作经历（时序型格式）。这种强有力的表达方式首先突出求职者的资历和资质，并且通过凸显能够满足潜在行业和雇主需要的工作经历来加以支持。

综合型格式很受招聘机构的欢迎。事实上，它既强化了时序型格式的功能，又避免了使用功能型格式而招致的怀疑。当功能部分信息充实且有阅读者感兴趣的材料，而工作经历部分的内容又能够强有力地加以支持时，很容易就能打动招聘者。

（4）履历型格式。履历型格式的使用者绝大多数是专业技术人员，或者应聘的职位仅仅需要罗列能够表现求职者价值的资讯。例如，医生就是使用履历型格式的典型职业，在履历型格式中只要罗列出相关资讯，如就读的医学院、住院实习情况、实习期、专业组织成员资格、就职的医院、公开发表的著作等。

（5）图谱型格式。图谱型格式是一种与传统格式截然不同的简历格式。传统的简历写作只需要运用左脑，思路限定于理性、分析、逻辑及传统的方式。而使用图谱型格式还需要开动右脑（大脑的这一半富于创意、想象力和激情），简历也就更加充满创意。

6. 择业决策程序

择业决策是毕业生根据自身特点和择业原则，确定择业方向，实现择业目标的过程。择业决策同其他决策有同样的性质，只有遵循科学的决策程序，才能确定合理的择业目标。

1）了解形势，掌握政策

目前，毕业生在择业过程中有很大的自主权。要想择业成功，必须了解所面临的就业形势、就业政策规定、经济发展状况等，做到心中有数。这样在择业过程中才能明确方向，主动出击，及时把握机遇。

了解形势、掌握政策是毕业生择业决策的第一步，其主要途径有3个。

（1）学校就业主管部门。一般情况下，学校在学生毕业前最后一学年的上半学期，都会通过大会、班会、讲座等形式，向毕业生宣讲当年的就业形势、政策等，并定期设有咨询日，供毕业生前来咨询国家和省市的有关政策及学校的有关规定。

（2）针对应届毕业生召开的供需见面会。毕业生就业主管部门和各高校每年春节前后举办的供需见面会，集中了众多用人单位，可从会上了解当年的需求形势和用人单位的基本要求等。

（3）社会传播媒介。每年度的毕业生就业工作开始后，各大新闻单位都会报道有关就业的热点问题，如当年的就业形势、主管部门的有关规定和做法等，尤其是一些专业性报纸，如《大学生就业指导报》《广东毕业生就业指引》等，都会提供有关的就业政策和规定的信息。

2）获取信息，选准目标

通过对收集到的信息进行分析，毕业生可从中选出重点，确定目标。选准目标是毕业生择业决策的关键,对整个决策过程起着定向作用。

(1) 提出目标。择业目标是毕业生对某种职业的追求和向往,是自己的兴趣、能力、价值观与社会需求相互协调的结果。毕业生应在了解形势、掌握政策、收集信息、自我认识的基础上,拟定相应的待选目标。

(2) 比较分析,确定目标。在待选目标中,根据选择职业的原则,筛选出那些经过努力可能实现的有价值目标。一个好的目标,一般应满足下列条件:一是明确性,即目标的内容要明确具体;二是可操作性,即目标经过努力是可以实现的;三是层次性,既要有总目标,又要有明确的子目标,各子目标要服从总目标。

在确定目标的步骤中,可采用调查法、预测法和对比法等方法,并结合择业者个人特征、社会需求形势、竞争状况及实现的可能性等进行分析,充分考虑主观和客观因素、个人期望和社会需要等条件。这样,择业者的职业目标才能正确确立。

3) 把握机遇,果断抉择

机遇是指在某件事情的实施过程中偶然出现的有利于事情成功的机会。机遇对每个人都是公平的,关键是如何发现和把握机遇,有的人一味坐等机遇的降临,有的人却通过不懈的奋斗去赢得机遇。对于处在人生重要关头的应届大学毕业生来说,能不能抓住择业的机遇,不仅关系到能否顺利就业,而且对走上社会以后的成长与成才都将产生重要的影响。机遇是偶然的,但也有其必然性,毕业生只要注意培养发现机遇、利用机遇的能力,就能及时把握机遇。

(1) 把握机遇的条件。

① 信息是前提。掌握的就业信息越多,发现有价值的信息就越多,挑选的余地也就越大。只有掌握更多的用人单位信息,或者掌握别人没有掌握的信息,才更有可能从中发现机遇。因而在择业过程中,毕业生要尽量收集更多的就业信息,创造更多的就业机会。

② 行动是关键。机遇是不会自己从天而降的,只有积极寻找机遇、发现机遇,才有可能把握机遇。我国著名的数学家华罗庚曾说过:"如果说科学发现是有什么偶然机遇的话,那么偶然的机遇只能给那些学有素养的人,给那些善于思考的人,给那些具有锲而不舍精神的人,而不是给懒汉的。"

③ 能力是基础。机遇的出现是偶然的,但能否把握机遇就不是偶然的了,而在于人的能力。有利的机遇也可以是创造的,因为人有适应环境、利用环境的能力。毕业生在学校期间,应注重锻炼自己各方面的能力,为今后走上社会创造更多的机会。

(2) 影响把握机遇的不利因素。俗话说:"机不可失,时不再来。"机遇是偶然的、稍纵即逝的。在机遇面前,毕业生要克服从众攀比、依赖等待、患得患失等心理,从自身的实际情况出发,权衡利弊,果断抉择,一举成功,切忌优柔寡断、犹豫不决,丧失就业机遇。

4) 注意反馈,适时调整

反馈信息、调整目标是科学决策系统中必不可少的一步,因为实践是检验真理的唯一标准。确定的择业目标是否最佳,必须由实践来检验,在实施过程中才能发现问题,应根据反馈的信息,不断调整择业目标,以便顺利就业。

在收集反馈信息时应注意两个问题。

（1）及时性。目前，毕业生的就业派遣仍实行统一派遣，因而，毕业生的择业时间是受限制的。毕业生要在较短时间内实现择业目标，信息反馈一定要快捷、及时，这样才有可能对择业目标进行不断的调整。有部分毕业生就是因为在择业过程中"一条胡同走到底"，不注重掌握反馈信息，未及时调整择业决策目标，错失了许多就业的良机。毕业生应通过"决策—执行—反馈—修正再执行—再反馈"这一反复循环的过程，发现问题，及时调整，使择业目标渐趋合理、完善。

（2）准确性。准确、真实的信息反馈，是调整、完善择业目标的重要条件。毕业生在收集反馈信息时，要尽量通过直接渠道来获取信息，减少中间环节，力求信息的准确和真实。

（二）面试前的准备

在整个应聘过程中，面试无疑是具有决定性意义的一环，事关成败。面试是用人单位招聘时最重要的一种考核方式，是供需双方相互了解的过程，是一种经过精心设计，以交谈和观察为主要手段，以了解被试者素质及相关信息为目的的一种测评方式。

现在的用人单位越来越看重人员的综合素质，如自信心、合作性、交往时的敏感性、分析和解决问题的能力等，能否在面试过程中表现这些良好素质，将会左右考官对求职者的印象。同时，面试也是求职者全面展示自身素质、能力、品质的最好时机，面试发挥出色，可以弥补笔试或其他条件（如所学专业）上的一些不足。在求职的几个环节中，面试也是难度最大的，尤其是对于那些初入职场的应届毕业生来说，因为缺乏经验，面试常常成为一道难过的坎儿，有很多毕业生顺利通过了简历关、笔试关，最后却在面试中铩羽而归。

1. 服饰

应聘者在面试前应精心选择自己的服饰。服饰要与自己的身材、身份相符，要符合时代、季节、场所、收入水平，并且要与自己应聘的职位相协调，能体现自己的个性和职业特点。例如，应聘的职位是机关工作人员、管理人员或教师、律师等，打扮应庄重、素雅、大方；应聘的职位是导游、公关、设计等，则可以穿得时尚、艳丽一些，以表现热情、活泼的职业特点。一般说来，服饰要给人以整洁、大方得体的感觉，穿着应以保守、庄重一点为好，不要追求时髦、浓妆艳抹，否则会给人轻浮的印象，影响面试的成绩。

2. 熟悉招聘单位的资料

求职者要了解目标单位的全部情况，包括生产什么产品或提供什么服务，领导声誉，社会形象，竞争对手的现状，行业中有哪些共性问题（如政府法规、国际的价格竞争），待聘的职位及其所属部门，该部门的职责是什么，与待聘职位有联系的具体任务有哪些等。

3. 了解主考人员的情况

有可能的话，求职者要尽量了解主考人员的姓名、性格、工作背景及经历、兴趣、爱好，以及你们是否有共同认识的人等。

二、面试礼仪及技巧

（一）面试的基本类型

面试的方式很多，概括起来有以下几种。

1. 模式化面试

主考官根据预先准备的问题逐一发问。其目的是获得有关应试者全面、真实的材料，观察应试者的仪表、谈吐和行为，考查应试者的沟通能力等。

2. 问题式面试

主考官对应试者提出一个问题或一项计划，请应试者予以完成或解决。其目的是观察应试者在特殊情况下的表现，以考查其解决问题的能力。

3. 非引导式面试（无目的式面试）

主考官海阔天空地与应试者交谈，让应试者自由地发表议论，尽量活跃气氛，在闲聊中观察应试者的能力、知识和风度。通常用于招聘高层次人才。

4. 压力式面试

主考官有意识地对应试者施加压力，针对某一问题做一连串的发问，不仅详细，而且刨根问底，直至无法回答；甚至有意刺激应试者，看应试者在突如其来的压力下能否做出恰当的反应，以观察其机智程度和应变能力。

5. 综合式面试

主考官通过多种方式综合考查应试者多方面的才能。如用外语同应试者会话以考查其外语水平，让应试者抄写一段文字以考查其书法，让应试者讲一段课文以考查其演讲能力，也许还会要求应试者现场操作等。

以上几种面试是根据面试的内容划分的。在实际面试过程中，主考官可能只采取一种面试方式，也可能同时采用几种面试方式。

（二）面试基本礼仪

1. 遵守时间

据统计，求职面试迟到者获得录用的概率只有不迟到者的一半。接到面试通知后，应仔细阅读通知上是否标有交通路线，要搞清楚究竟在何处上下车、转换车。要留出充裕的时间搭乘或转换车辆，包括一些意外情况都应考虑在内。如果对交通不熟悉，最好把路线图带在身上，以便问询查找。而且最好能够提前10分钟到达面试地点，以便有充足的时间调整自己的情绪，同时表示求职的诚意。假如依照约定的时间匆匆前往，对方也许已在等候你，那样就显得你欠礼貌、欠诚意，同时还容易使你情绪紧张而影响面试效果。

2. 表情自然，动作得体

表情越自然越好，在对方没有请你坐下时切勿急于坐下，请你坐下时应说"谢谢"，坐下后要保持良好的坐姿，不要二郎腿乱抖。对于女性应聘者来说，动作更应得体，任何轻浮的表情或动作都可能会让招聘人员对你不满。另外，各种手势也要得体、自然。

3. 文明礼貌

进门时应主动打招呼，如"您好，我是某某"，如果是对方主动约自己面谈，一定要表示感谢，谢谢对方给自己这样一个机会；如果是自己约对方面谈，一定要表示歉意，如"对不起，打扰您了"等。面谈时要真诚地注视对方，表示对他的话感兴趣，绝不可东张西望、心不在焉，不要不停地看手表，否则显得不尊重对方。另外，对对方谈话的反应要适度，要有呼应。他说幽默的话时，你的笑声会增添他的兴致；他说话严肃认真时，你屏住呼吸则能强化气氛。这种反应要自然坦率，不能故意做作或大惊小怪地做出表情。

4. 安静等候

在等候面试时，不要到处走动，更不能擅自到考场外面张望。求职者之间的交谈也应尽可能降低音量，避免影响他人应试或思考。最好的办法就是抓紧时间熟悉可能被提问的问题，积极做好应试准备。

5. 尊重他人，善解人意

如果在求职时遇到招聘者有些方面如资历或学历、职称等不如自己，千万不能妄自尊大。一旦流露出不尊重对方的表情，显示出优于对方、待价而沽的情绪，就会引起对方的反感，从而导致面试失败。

（三）面试基本技巧

在求职面试过程中，常常见到大学毕业生面红耳赤、语无伦次或答非所问，辛辛苦苦准备的"台词""腹稿"一急之下都抛到九霄云外，生怕说错一句话、一个问题答不好，就会影响自己的"第一印象"，以致缩手缩脚，影响正常水平的发挥。因此，毕业生平时要加强面试技巧的训练，培养自己的应变能力和语言表达能力，以便给用人单位留下良好的"第一印象"。

1. 消除紧张情绪

参加面谈的求职者不可避免地会产生不同程度的紧张情绪或羞怯心理，因此在谈话之前应尽可能地克服紧张、羞怯。在竞争面前，人人都会紧张，这是一个普遍的规律。这时你不妨坦率地告诉对方"对不起，我有点紧张"，对方会理解你，甚至会安慰你，帮助你放松。承认紧张对推荐自己没有什么消极影响，反而会显示出自己求职的诚意。同时要进行自我暗示，提醒自己镇静下来，告诉自己"胜败乃兵家常事"。可以把面对的考官当熟人对待，掌握讲话的节奏，"慢慢道来"。

面试时应聘者往往要接受多方的提问，迎接多方的目光，这是造成紧张的客观原因之一。这时你不妨盯住主考官的鼻梁，用余光注视周围，既可显得自信，又能消除紧张感。在面试过程中，考官们可能交头接耳、小声议论，这是很正常的，不要把它当成精神负担。

2. 善于聆听

首先，要耐心。对对方提起的任何话题，你都应耐心倾听，不能表现出心不在焉或不耐烦的神色，要尽量让对方兴致勃勃地讲完，不要轻易打断或插话。其次，要细心。要具备足够的敏感性，善于理解对方的"弦外之音"，即从对方的言谈话语之间找出他没有说出来的潜在意思，同时要注意对方说话的每个细节。再次，要专心。专心的目的是抓住对方谈话的要点和实质。因此，你应该保持饱满的精神状态，专心致志地注视对方，并有表示听懂或赞同的声音或动作；如果对方提出的问题本身很明确，但你却没有完全理解，那么你可以婉转、诚恳地提出不理解的部分，对方会进一步解释的，这样既能弄清问题的要点和实质，又能给对方留下专心致志的好印象。最后，要注意强化。要认真琢磨对方讲话的重点或反复强调的问题，必要时可以进行复述或提问。重复对方强调的问题，会使对方产生"酒逢知己千杯少"的感觉，往往会促进情感的融合。

3. 交谈的技巧

求职面谈不同于当众演讲，重点在于相互间的呼应。在面试时，求职者可以采用呼应式的交谈，并巧妙地引导话题。成功的对话是一个相互应答的过程，自己每句话都应是对方上一句话的继续，并给对方提供发言的余地，还要注意巧妙地引导话题。例如，当所谈内容与求职无关，而对方却大谈特谈时，你可以说"这件事很有意思，以后一定向您请教。现在我有个问题不明白……"，从而巧妙地转移话题。另外，谈话要动之以情，处处表现情真意切。不要海阔天空，更不能虚情假意，说假话、空话。另外，人们在紧张的情况下，讲话的节奏往往会加快，这不利于进行情感交流。因此，谈话时应掌握节奏，必要时可用机智、幽默、风趣的语言使双方都放慢谈话的节奏。

4. 面试中的经典问题

1）可以谈谈你自己吗？

这是个开放性问题。这样的问题是考查你是否能选择重点，并且把它清楚、流畅地表达出来。显然，提问者想让你把你的背景和想要得到的职位联系起来。你可以直接回答对方所问的问题，也可以在回答前要求对方把问题问得更明确。在上述两种情况下，你都要很快地把你的答案转移到你的技能、经验和你为得到目前这份工作所接受的培训上。

可以参考如下回答："我来自一个小家庭，有一个弟弟，父母都还在工作，我攻读市场营销专业。大学期间在一家商业机构担任营销执行员，学了不少管理方面的知识。例如，我全权负责一个批发销售公司的业务，销售总额一年为200万美元。在那里我学习到怎么管理人事，怎么在压力下解决问题。我希望能更好地运用我的技能。我相信我的经验和学历能让我迎接未来更大的挑战。"

这样的回答只简单地介绍了个人经历，你应该很快地将重点话题转到与工作有关的技能和经验上。你也可以把对方想了解的东西集中到一点，如你可以问："您是不是想知道我受过的教育，或者与工作有关的技术和经验？"，大多数雇主都会乐意告诉你他们感兴趣的是什么。

2）你认为我们公司为什么要雇用你？

这是个直接、正面的问题。对于这个问题，可以直截了当地回答。你要向对方证明你可以帮助他们提高工作效率、降低成本、增加销售、解决问题（如准时上班，改进对顾客的服务，组织一项或多项管理工作等）。在回答中，要以实例作为有力的证据，直接而自信地推销自己。

可以参考如下回答："我是个经验丰富的学生干部，在社团成员队伍建设方面，从组织项目的实施到鼓励成员合作，我得心应手。""我经常协助老师开展科研工作，参与多个项目的调研和培训。""几年来，我已经掌握了一套选人和留人的技巧。此外，我还擅长帮助公司顺利实现技术改造和员工培训。"

3）你有哪些主要的优点？

这个问题同样相当直接。你的回答应当首先强调你适应所谋职位的技能。雇用你的决定在很大程度上取决于这些技能。你可以在后面详细介绍自己与工作有关的技能。

可以参考如下回答："我具有朝着目标努力工作的能力。一旦我下定决心做某事，我就要把它做好。例如，我的志愿是成为一个出色的公关经理，我喜欢接触不同的人，服务人群，为了实现这个目标，我学习了有关课程，并参加了学生会的公关部。"

4）你有哪些主要的缺点？

这是个棘手的问题。雇主试图使你处于不利的境地，观察你在类似的工作困境中将做出什么反应。回答这样的问题应诚实，尽量用简洁、正面的介绍抵消反面的影响。

可以参考如下回答："我需要更耐心一点。我的性子比较急，我总想赶在第一时间完成工作，我不能容忍工作怠慢。"看起来回答的是自身的缺点，但却表现了正面的效果。

5）你想得到的薪水是多少？

这个问题也很棘手，如果你对薪酬的要求太低，那显然会贬低自己的能力；如果你对薪酬的要求太高，那又会显得你分量过重，公司雇用不起。一些雇主通常会事先对求聘的职位确定开支预算，因而他们第一次提出的薪酬往往是他们所能给予的最高薪酬。他们问你只不过想证实一下这笔钱是否足以引起你对该工作的兴趣。最好在商谈薪酬之前，调查一下所应聘工作的合理的市场价值。在与对方商谈时，不妨尽可能插入"合理的市场价值"等语句。记住，商谈时降低原来的开价轻而易举，但一旦开出低价后再想提上去就难乎其难。

如果你尚未彻底表现自我价值，面试者就提此问题考你，你不妨参考以下答案："钱不是我唯一关心的事。我想先谈谈我对贵公司所能做的贡献——如果您允许的话。"或"我对工资没有硬性要求。我相信贵公司在处理我的问题上会友善合理。我注重的是找对工作机会，所以只要条件公平，我不会太计较。"

如果你已经阐明该职位的重要性，可是对方仍旧告诉你给你的报酬已是最好的，你不妨指出它的工作性质实际上值得更高的报酬，阐明你将如何通过努力缩减公司的开支，说明在工作中你要自我承担哪些费用等，以证明你对公司的价值，并表明你要求更高报酬是以你的工作表现为前提的。

如果对方仍不愿妥协，你可以问："你们决定雇用我了吗？"如果答案是肯定的，报酬却使你不愿接受，你可以这样拒绝："谢谢你给我提供工作机会。这个职位我很想得到，但是，工资比我想要的低，这是我无法接受这份工作的原因之一。也许你会重新考虑，或者以后有合适的工作时再考虑我。"要注意的是，即使拒绝对方，也要为协商留有余地。如果雇主需要你，他会乐于满足你的要求。

6) 你以前的经验和我们现在的工作有哪些联系?

回答这个问题时,首先要介绍自己的优势。

可以参考以下两种回答:"如您所知,我刚刚结束电脑编程方面的加强培训。另外,我在企业有 3 年多的工作经验,其中包括在老板不在时管理小型企业。我在那里学会了处理财务及基本的会计工作。我还管理过价值 30 万元的产品。这些经历使我认识到企业使用电脑编程的作用。虽然我刚接触编程工作,但我对电脑语言是非常熟悉的。我受的教育是全面的,我有 300 多个小时的电脑操作时间,这是我课程的一部分。因为我是新手,我决心比别人更努力地工作,以便按时完成任务。""在以前的工作中,我使用很多与做好这项工作所需要的相同的技术。尽管是不同的企业,但管理企业都需要我所具有的组织和监督能力。在过去的 7 年里,我使我的部门成为我们公司赢利最多的部门之一。在我工作期间,每年销售额平均上升 30%,利润也提高了 30%。由于这是个老牌公司,这样的业绩是很不一般的,7 年中我得到两次晋升,并很快地荣升到管理层。我想在你们这样的发展型公司接受挑战,我感到我的经验为我走向这一步做好了准备。"

7) 你对以后有什么打算?

这个问题是在考查你的工作动机,探究你是否会把工作长久且努力地干下去。你应该坦率地、正面地回答雇主关心的问题。而哪些是雇主关心的问题取决于你介绍个人背景的具体情况。

有一定工作经验的人可以这样回答:"我认识到要在这一领域造就自己,我很愿意从这里开始。我想过我要做什么,而且肯定我的技能正是做好这项工作所需要的。例如,我善于与人打交道。在我过去的一项工作中,我每周向 1000 多名不同的人提供服务。在我 18 个月的工作中,我曾为 72000 多名顾客提供服务,从未接到一次正式的投诉。事实上,他们常因我的周到服务表扬我。我认识到我喜欢与公众接触,能得到这份工作我会感到非常愉快。我想在工作中更好地学习。"

没有工作经验或只有各种短期工作经验的人可以这样回答:"我做过几种工作(一种或失业),我认识到应该珍视体面的、稳定的工作。我的各种经验是一种财富,我学到了很多东西,我可以把它们用于这项工作。我正在寻找一份可以安定下来并持续下去的工作。"

8) 你为什么要找这样的职位?为什么是在这里?

这个问题实际上有两方面的含义:一是为什么选择这个职位,二是为什么选择这个公司。

可以参考以下回答:"我花费了很多时间考虑各种职业的可能性,我认为这方面的工作最适合我,原因是这项工作要求的许多技能都是我擅长的。举例来说,分析问题和解决问题是我的强项,在以前的工作中我能比别人更早发现和解决问题。有一次,我提出一项计划使得租借设备的退货率降低了 15%,这听起来不算高,但是取得了年增长 15 万元的好效益,而成本仅为 1000 元。目前,你们公司似乎是能让我施展解决问题能力的地方。你们公司运行良好,发展迅速,善于接受新思想。你们的销售额去年上涨了 30%,而且你们准备引进几项大型新产品。我会在这里努力工作,证实自身的价值。我感到我有机会与公司共同发展。"

三、面试禁忌

一些不起眼的小动作常常会毁了面试官对求职者的印象，求职者在面试中必须避免出现以下情况。

（一）举止

（1）握手无力，显得没有诚意或身体不好。

（2）不停地看手表。不论是在面试或与人交谈时，不停地看手表，都会让对方感觉你不耐烦。

（3）靠面试官过近。这对同性会产生压迫感，对异性会显得轻浮。

（4）跷二郎腿。放松心情，正襟危坐，是面试时最基本的坐姿要求。

（5）做鬼脸。顽童做鬼脸，人们往往觉得其天真可爱。但是，在面试中做鬼脸会使主试者认为你过于造作、善于伪装、会演戏；另外，表达恶意的鬼脸更容易令对方觉得你是没有礼貌、无教养的人。

（6）夸张的肢体动作。面试时，做出太过活泼、夸张的动作，易给人留下不稳重的印象。

（7）一边谈话，一边玩弄手指。求职者在面试时，若无意间玩弄手指，会给人一种长不大的感觉。

（8）一些令人生厌的小动作，如当着人挖耳朵、擦眼睛、剔牙、擦鼻子、打喷嚏、用力清喉咙等。这些在面试时应该尽量避免。

（9）拨弄头发。留着长发的人与别人交谈时，常常会不自觉地拨弄头发，但这种习惯会令人产生不庄重的感觉。因此，为避免这种习惯影响到面试的结果，求职者最好将长发扎起来或换个清爽的发型。

（10）拉裙子。女性求职者在面试时，若是因为自己穿着的裙子太短，坐下时怕走光而不断地拉裙摆，容易给主试者留下浮躁的印象。为避免这种窘境，求职者应注意裙子的长度。

（二）谈吐

（1）说话太急。言谈中迫不及待想得到这份工作，急着回答自己没听清或没有理解透彻的问题，所谓"欲速则不达"。

（2）支支吾吾地小声说话。求职者说话声音太小，会给人留下不自信的印象。

（3）提问幼稚。在向考官提问时要考虑自己提的问题是否有价值，或者考官是否已经回答或解释。千万别提一些很幼稚的问题，如"办公室有空调吗？""你知道某某主任在哪里吗？"

（4）言语粗俗。粗俗的语言会令人难堪、生厌。

（5）言语离题。有的求职者讲话不分场合、不看对象，让主试者听得莫名其妙。

（6）反应迟钝。聆听考官讲话不仅要用耳朵，更要用心。如果对方说话时你双眼无神、反应迟钝，考官肯定会对你失去信心，败局已定。

（三）表情

（1）眼神飘忽不定。求职者在面试时，若两眼到处乱瞄，容易让考官觉得这是一位没有安全感、对任何事都抱着不信任态度的应试者。

（2）像个嫌疑犯一般。面试是一种双向选择的面谈，不是公安机关审讯嫌疑犯。应聘者应该表现得自然、大方。

（四）形象

（1）手提服饰袋。面试时，随手提个服饰袋，容易给人留下轻浮的印象。
（2）穿卡通图案的服装，显得幼稚。
（3）穿戴不干净整洁的服装鞋袜，会给人留下粗枝大叶的印象。
（4）女生浓妆艳抹，显得轻佻浮躁，会给面试官留下不安心工作的印象。

（五）心理过早或过分放松

一般人面试开始时都比较紧张，但在面试过程很顺利，眼看大局将定时就容易疏忽大意，导致与工作机会失之交臂。

一位先生曾经去应聘。一切都进行得很顺利，就在商谈到什么时候开始正式工作时，面试的考官站起身来倒杯水，轻松地问道："你喜欢玩游戏吗？"求职者误以为是换个话题轻松一下，随口答道："通常在工作疲倦时玩游戏放松放松。"考官听后脸色马上沉下来说："工作时间玩游戏，这样的员工我们不能要。"

四、职场相处之道

职场中的人际关系分两类：一是同事，二是同行。

同事又分为上级、下级和平级。作为上级，对下级要以礼相待，以身作则，恩威并施，办事公正，这样自然会树立权威，赢得下属的尊重。作为下级，应当尊重、服从、支持、维护领导，即使有不同意见，也要在私下婉转地向上级提出，切忌公然顶撞上司或越级请示汇报。多数情况下，与平级的同事是合作关系，应当互相关心、彼此宽容；少数情况下，与平级的同事可能存在竞争关系，这时应当合法竞争，保持应有的风度。

同行又分为合作伙伴和竞争对手。对待合作伙伴，应当讲信誉，做到利益共享、互通有无、互谅互让、共同发展；对待竞争对手，要牢记合法竞争，常言道没有永远的敌人，今天的对手可能是明天的合作伙伴，所以在竞争中不能失去应有的品格，做事不能做绝。

案例：融入新单位八大招数

新人晓丽进一家市场调研公司工作不到半年，就想跳槽。倒不是工作不适应，连不喜欢她的主管都说她特别适合做市场调研；也不是对工资有太多的不满意，缴完了"四金"，晓丽的税后工资也能拿到3000元左右。晓丽说她就是觉得跟同事越熟越有隔阂。例如，同事小娜喜欢在她面前说三道四。来说是非者便是是非人，所以晓丽不愿与小娜走得很近。来自山东的晓丽性格豪放，那次新员工评分，主管给她分数不高，她一急就找到了部门经理。结果，主管碍于经理的面子给她改了分，但从此主管再没给她什么好脸色。晓丽很是苦闷，想跳槽走人。

分析：其实，晓丽在这家公司碰到的问题在其他公司也一样会碰到，所以与其匆匆跳槽，倒不如学会如何适应新的环境。眼下，晓丽首先要做的就是在最短的时间内融入集体，避免受到排挤和孤立。只有这样，才能与大家和谐相处，享受到融入集体的快乐。这里有几招可以教"职场菜鸟们"防防身。

1. 招数一：团结协作，互惠互利

同事之间应该是相互合作的关系，而不是相互竞争的"敌人"。如果你把同事当成阻挡自己发展的绊脚石，你一定很难在办公室立足，更别提发展了。记住互惠互利，这才是集体接纳你的基本前提。

2. 招数二：彼此尊重，求同存异

新同事的喜好可能与你相同，也可能与你全然不同。看法不一致时，应保持沉默，不要妄加评论，更不能以此为界，划分同类与异己。为了工作，要学会"兼容"。

3. 招数三：说话有分寸

因为大家都不熟悉，所以不能想说什么就说什么，说每句话之前，都要先考虑一下是否合适。不同的场合，对不同的人，有很多话是不能随意说的，否则可能会带来意想不到的麻烦。

4. 招数四：尊重隐私

如生活状况、感情纠葛等，除非对方主动向你说起，否则即使是好朋友也应该保留一定的空间，更何况同事呢？过分关心别人隐私是一种无聊、没有修养的低素质行为。

5. 招数五：积极参加集体活动

晓丽说，下班后同事们总喜欢一起出去吃吃喝喝，她却觉得无聊。其实，在工作之余，与同事们一起出去娱乐，如唱歌、郊游、跳舞、泡吧等，不仅能彼此增进了解，也能让自己获得更多的快乐和放松，更有助于培养和谐的人际关系。

6. 招数六：经济上分清楚，AA制是最佳选择

这样大家心里都没有负担，经济上也都承受得起。千万不可"小气"，把自己的钱包捂得很紧，被别人看轻，即使偶尔吃点亏也没什么大不了的。

7. 招数七：切勿越级

晓丽对主管有所不满，贸然找经理投诉，这样与主管"交恶"，不仅影响了工作情绪，还可能影响晓丽的职业生涯。倘若换一种方式，找合适的时间用合适的方法与主管直接沟通，可能效果全然不同。

8. 招数八：自愿承担艰巨任务

与同事互相尊重、配合，快速融入集体，这是进一步展示自己才华的前提，也是进入任何工作单位都要面对的功课。

【思考与练习】

1. 求职前应做哪些准备？
2. 面试有哪些基本的礼仪？有什么技巧？
3. 面试有哪些禁忌？
4. 案例分析。

某公司招聘文秘人员，由于待遇优厚，应者如云。中文系毕业的小李同学前往面试，她的背景材料可能是最优秀的：大学四年中，在各类刊物上发表了 3 万字的作品，内容有小说、诗歌、散文、评论、政论等，还为六家公司策划过周年庆典，一口英语极为流利，书法也堪称佳作。小李五官端正，身材高挑、匀称。面试时，招聘者拿着她的材料等她进来。小李穿着迷你裙，露出藕段似的大腿，上身是露脐装，涂着鲜红的唇膏，轻盈地走到一位考官面前，不请自坐，随后跷起了二郎腿，笑眯眯地等着问话。孰料，三位招聘者互相交换了一下眼色，主考官说："李小姐，请下去等通知吧。"她喜形于色地说道："好！"然后挎起小包飞跑出门。

（资料来源：百度网百度文库 https: //wenku.baidu.com/view/7752db2dbd64783e09122bf1.html）

分析：

（1）李小姐的应聘为什么会失败？

（2）服装美的最高境界是外在美和内在美的统一，你对此是怎样理解的？

第九章　专题活动礼仪

 **主要内容**

- 开业典礼
- 庆典仪式
- 剪彩仪式
- 交接仪式
- 会见会谈礼仪
- 签约仪式

 二维码链接

剪彩仪式的起源

剪彩仪式的起源

专题活动是指社会组织围绕某一明确的目标而专门开展的社会活动。其主要有开业典礼、庆典仪式、剪彩仪式、交接仪式和签约仪式等。专题活动的目的是提高社会组织的知名度和美誉度，塑造良好的组织形象。因此，社会组织一定要按照礼仪要求，精心安排专题活动。

一、开业典礼

开业典礼是指在单位创建、开业，项目完工、落成，某一建筑物正式启用，或者某项工程正式开始之际，为了表示庆贺或纪念，按照一定的程序隆重举行的专门仪式。开业典礼是社会组织第一次向公众亮相，也是社会组织提高知名度、树立良好形象的好机会。开业典礼应该遵循庄重、热烈的原则。

（一）开业典礼的准备

1. 主张节俭

开业典礼是企业或组织的首次公开亮相，历来备受重视，将其办得红红火火、隆重、喜庆是理所当然的事情。但在举办开业典礼时应主张节俭，量力而行。切忌大摆排场、铺张浪费,更不要将钱花在烟花爆竹、吃喝玩乐上。

2. 邀请来宾

开业典礼应该热热闹闹,来宾越多越好,最好能邀请到知名人士参加,为典礼增添光彩。在邀请来宾时应事先安排,认真填写请柬,并装入精美的信封内,由专人送到对方手中。切忌错填或漏填,更不可误送。

3. 布置场地

开业典礼举办现场应布置彩旗,悬挂横幅写明典礼名称,悬放彩色气球,摆放花篮等,还可配有锣鼓队助兴,使整个场面显得隆重、喜庆。在整个典礼活动中,要让组织标志给观众留下深刻的印象,可将组织标志做成大模型放置在会场醒目之处,在会场四周的彩旗上印上组织标志,在发放的纪念品上印上组织标志。

4. 搞好服务

作为主办方,在举行开业典礼时必须安排人员专门负责接待和服务来宾,如迎接来宾、为来宾引导、端茶倒水等。若有重要来宾前来祝贺,应由主办方亲自迎接、招待。若为一般来宾,可由专门的服务人员如礼仪小姐等负责客人的接待工作。切忌客人到来时无人过问,不理不睬。

5. 广泛宣传

举办开业典礼的主旨在于塑造本单位的良好形象,因此要进行舆论宣传,以吸引社会各界对本单位的注意,争取社会公众对本单位的认可或接受。为此要做的常规工作有以下几项。

(1)选择有效的大众传播媒介,进行集中性的广告宣传。广告宣传的内容有开业典礼举行的日期、开业典礼举行的地点、开业之际对顾客的优惠、开业单位的经营特色等。

(2)邀请有关的大众传媒界人士在开业典礼举行之时到场进行采访、报道,以便对本单位进行进一步的正面宣传。

6. 准备礼品

举行开业典礼时赠予来宾的礼品,一般属于宣传性物品。

(二)开业典礼的程序及礼仪要求

1. 开幕仪式

开幕仪式是开业典礼的常见形式一,通常是指公司、企业、宾馆、商店、银行正式启用之前,或者各类商品的展示会、博览会、订货会正式开始之前所举行的相关仪式。开幕仪式举行之后,公司、企业、宾馆、商店、银行将正式营业,有关商品的展示会、博览会、订货会将正式接待顾客与观众。

依照常规,举行开幕仪式需要较为宽敞的活动空间,所以门前广场、室内大厅等均可用作开幕仪式的举行地点。在会场的正面应悬挂开幕仪式的横幅,较为隆重的开幕仪式还应悬挂国旗、会旗等,会场周围应悬挂彩旗等。

开幕仪式的主要程序如下。

（1）宣布仪式开始，全体肃立，介绍来宾。

（2）邀请专人揭幕或剪彩。揭幕的具体做法是揭幕人行至彩幕前，礼仪小姐双手将开启彩幕的彩索递交给揭幕人。揭幕人目视彩幕，双手拉启彩索，展开彩幕。全场目视彩幕，鼓掌并奏乐。

（3）在主人的亲自引导下，全体到场者依次进入幕门。

（4）主人致辞答谢。

（5）来宾代表发言祝贺。

（6）主人陪同来宾进行参观。

2. 开工仪式

开业典礼的常见形式二是开工仪式。开工仪式，即工厂准备正式开始生产产品、矿山准备正式开采矿石时，专门举行的庆祝性、纪念性活动。

开工仪式一般在生产现场举行，即以工厂的主要生产车间、矿山的主要矿井等，作为举行开工仪式的场所，除司仪按惯例着礼仪性服装外，东道主一方的全体职工均应穿着干净而整洁的工作服出席仪式。

开工仪式的常规程序如下。

（1）宣布仪式开始，全体起立，介绍各位来宾，奏乐。

（2）在司仪的引导下，本单位的主要负责人陪同来宾行至开工现场肃立，如走到机器开关或电闸附近。

（3）正式开工。例如，请本单位职工代表或来宾代表启动机器或合上电闸。此时，全体人员应鼓掌祝贺，并奏乐。

（4）全体职工各就各位，上岗进行操作。

（5）在主人的带领下，全体来宾参观生产现场。

3. 奠基仪式

开业典礼的常见形式三是奠基仪式。奠基仪式，通常是一些重要的建筑物，如大厦、场馆、亭台、楼阁、园林、纪念碑等，在动工之初正式举行的庆贺性活动。

奠基仪式一般在将要动工的建筑物施工现场举行。而奠基的具体地点，按常规应选在建筑物正门的右侧。一般情况下，用以奠基的奠基石应为一块完整无缺、外观精美的长方形石料。在奠基石上，通常文字应当竖写。在其右上款，应刻有建筑物的正式名称。在其正中央，应刻有"奠基"两字。在其左下款，则应刻有奠基单位的全称，以及举行奠基仪式的具体年月日。奠基石上的字体大多为楷体，并且最好是白底金字或黑字。在奠基石的下方或一侧，还应安放一个密闭完好的铁盒，内装与该建筑物相关的各项资料及奠基人的姓名。届时，它将同奠基石一道被掩埋于地下，以志纪念。

通常，在奠基仪式的举行现场应设立彩棚，安放该建筑物的模型或设计图、效果图，并使各种建筑机械就位待命。

奠基仪式的程序如下。

（1）仪式正式开始，介绍来宾，全体起立。

（2）奏国歌。

（3）主人对该建筑物的功能及规划设计进行简介。

（4）来宾致辞道喜。

（5）正式进行奠基。此时，应演奏喜庆乐曲。首先，由奠基人双手持握系红绸的新锹为奠基石培土。随后，由主人与其他嘉宾依次为之培土，直至将其埋没为止。

4. 破土仪式

开业典礼的常见形式四是破土仪式。破土仪式，也称破土动工，是指在道路、河道、水库、桥梁、电站、厂房、机场、码头、车站等正式开工之际专门举行的动工仪式。

破土仪式大多选在工地的中央或某一侧举行。举行仪式的现场要事先进行清扫、平整、装饰，避免出现道路泥泞、飞沙走石或蚊蝇扑面的状况。

倘若来宾较多，尤其是高龄来宾较多时，最好在现场附近临时搭建一些供休息用的帐篷或活动房屋，使来宾免受风吹、日晒、雨淋并稍作休息。

破土仪式的具体程序如下。

（1）宣布仪式开始，介绍来宾，全体肃立。

（2）奏国歌。

（3）主人致辞，以介绍和感谢为重点。

（4）来宾致辞祝贺。

（5）正式破土动工。常规做法：首先，众人环绕于破土之处的周围肃立，并且目视破土者，以示尊重；接下来，破土者双手执系有红绸的新锹垦土三次，以示良好的开端；最后，全体在场者一道鼓掌，并演奏喜庆音乐或燃放鞭炮。

破土仪式与奠基仪式的具体程序大同小异，适用范围也相近。因此，这两种仪式不宜于同一处同时举行。

5. 竣工仪式

开业典礼的常见形式五是竣工仪式。竣工仪式，又称落成仪式或建成仪式，是指本单位所属的某一建筑物和某项设施建设、安装工作完成之后，某一纪念性、标志性建筑物（如纪念碑、纪念塔、纪念像、纪念雕塑等）建成之后，以及某种意义特别重大的产品生产成功之后，专门举行的庆贺性活动。

举行竣工仪式的地点一般应为建筑现场，例如，新建成的厂区之内、新落成的建筑物之外，以及刚刚建成的纪念碑、纪念塔、纪念堂、纪念像、纪念雕塑的旁边。

在竣工仪式举行时，全体出席者的情绪应与仪式的具体内容相适应。例如，在庆贺工厂、大厦落成或重要产品生产成功时，应当表现得欢快而喜悦；在庆祝纪念牌、纪念塔、纪念堂、纪念像、纪念雕塑落成时，则须表现得庄严而肃穆。

竣工仪式的基本程序如下。

（1）宣布仪式开始，介绍来宾，全体起立。

（2）奏国歌，并演奏本单位标志性歌曲。

（3）本单位负责人发言，以介绍、回顾、感谢为主要内容。

（4）进行揭幕或剪彩。
（5）全体人员向刚竣工或刚落成的建筑物行注目礼。
（6）来宾致辞。
（7）进行参观。

6. 下水仪式

开业典礼的常见形式六是下水仪式。所谓下水仪式，是造船厂在吨位较大的轮船建造完成、验收完毕、交付使用之际，为其正式下水起航而特意举行的庆祝性活动。

按照目前国际上通行的做法，下水仪式基本上都是在新船码头上举行的。届时，应对现场进行一定程度的美化。在船门口与干道两侧，应饰有彩旗、彩带。在新船所在的码头附近，应设置专供来宾观礼或休息用的彩棚。

对下水仪式的主角新船，也须认真进行装扮。要在船头扎上由红绸结成的大红花，并在新船的两侧船舷上扎上彩旗、系上彩带。

下水仪式的主要程序如下。

（1）宣布仪式开始，介绍来宾，全体起立，乐队奏乐。
（2）奏国歌。
（3）由主人简单介绍新船的基本状况，如吨位、马力、长度、高度、吃水、载重、用途、工价等。
（4）由特邀掷瓶人行掷瓶礼，砍断缆绳，新船正式下水。
（5）来宾代表致辞祝贺。

行掷瓶礼是下水仪式中独具特色的一种仪式。它在国外由来已久，并已传入我国，目的是渲染喜庆的气氛。做法是由身着礼服的特邀嘉宾双手持一瓶正宗的香槟酒，用力将瓶身向新船的船头投掷，使瓶破之后酒香四溢、酒沫飞溅。在嘉宾掷瓶以后，全体到场者须面向新船行注目礼，并随即热烈鼓掌。此时，还可在现场再度奏乐，施放气球，放飞信鸽，并且在新船上撒彩花、落彩带。

7. 通车仪式

开业典礼的常见形式七是通车仪式。通车仪式大都是在重要的交通建筑完工并验收合格之后，正式举行的启用仪式。例如，公路、铁路、地铁及重要的桥梁、隧道等，在正式交付使用之前，均会举行通车仪式以示庆祝。有时，通车仪式又叫开通仪式。举行通车仪式的地点，通常为公路、铁路、地铁新线路的某一端，新建桥梁的某一头，或者新建隧道的某一侧。

在现场附近及沿线两旁，应当插上彩旗、挂上彩带。必要时，还应设置彩色牌楼，并悬挂横幅。在通车仪式上，装饰的重点应当是用以进行"处女航"的汽车或列车。在车头之上，一般应系上红花。在车身两侧，则可酌情插上彩旗、系上彩带，并且悬挂醒目的大幅宣传性标语。

通车仪式的主要程序如下。

（1）宣布仪式开始，介绍来宾，全体起立。

（2）奏国歌。

（3）主人致辞。主要介绍即将通车的新线路、新桥梁或新隧道的基本情况，并向有关方面谨致谢意。

（4）来宾代表致辞祝贺。

（5）正式剪彩。

（6）首次正式通行车辆。届时，宾主及群众代表应一起登车而行。有时还须由主人所乘坐的车辆行进在最前方开路。

8. 通航仪式

开业典礼的常见形式八是通航仪式。通航仪式，又称首航仪式，是飞机或轮船在正式开通某一条新航线之际所举行的庆祝性活动。通航仪式的主角为飞机或轮船，其程序与通车仪式大同小异，这里不再赘述。要特别注意的是飞机首航仪式不得放飞气球。

二、庆典仪式

庆典是各种庆祝仪式的统称。庆典礼仪，即有关庆典的礼仪规范。

（一）庆典仪式的类型

在商界所举行的庆典仪式大致可以分为以下 4 类。

1. 成立周年庆典

这类庆典通常是逢五、逢十举行的，即在本单位成立五周年、十周年及它们的倍数时举行。

2. 荣获某项荣誉的庆典

这类庆典通常在单位荣获某项荣誉称号、单位的"拳头产品"在国内外重大展评中获奖之后举行。

3. 取得重大业绩的庆典

这类庆典通常在取得来之不易的成绩时举行。

4. 取得显著发展的庆典

当本单位建立集团，确定新的合作伙伴，兼并其他单位，开办分公司或连锁店时，通常举行这类庆典。

商界庆典仪式讲究务实而不务虚。若能借此增强本单位全体员工的凝聚力与荣誉感，并且使社会各界对本单位刮目相看，那么不妨多进行一些人、财、物的投入。反之，若是对于宣传本单位的新形象、增强本单位全体员工的自豪感无所作为，那么即使举行一次庆典花费不了多少资金，也没有必要好大喜功，非要举办不可。

（二）庆典组织礼仪

庆典既然是庆祝活动的一种形式，那么它就应当以庆祝为中心，把每项具体活动都尽可能组织得热烈、欢快而隆重。不论是举行庆典的具体场合、庆典进行过程中的某个具体场面，还是全体出席者的情绪、表现，都要体现红火、热闹、欢愉、喜悦的气氛。

1. 来宾的确定

一般来说，庆典的出席者通常应包括如下人士。

（1）上级领导。地方党政领导、上级主管部门的领导，大都对单位的发展给予过关心、指导，所以应该邀请出席。

（2）社会名流。社会各界的名人对于公众最有吸引力，能够请到他们，将有助于更好地提高筹办单位和组织的知名度。

（3）大众传媒。主动与传媒合作，将有助于他们如实介绍本单位的成就，进而有助于加深社会对本单位的了解和认同。

（4）合作伙伴。合作伙伴通常是同呼吸、共命运的，因此有必要请他们来与自己一起分享成功的喜悦。

（5）社区关系单位。这是指那些与本单位共居于同一区域、对本单位具有种种制约作用的社会实体。请其参加本单位的庆典，会使其进一步了解本单位、尊重本单位、支持本单位，或者给予本单位更多的方便。

（6）单位员工。员工是单位的主人，单位每项成就的取得都离不开他们的兢兢业业和努力奋斗。

以上人员的具体名单一旦确定，就应尽早发出邀请或通知。鉴于庆典的出席人员甚多，牵涉面极广，故不到万不得已，均不许将庆典取消、改期或延期。

2. 来宾的接待

与一般的专题活动中来宾的接待相比，对出席庆典仪式的来宾的接待，更应突出礼仪性。不但要热心细致地照顾全体来宾，而且要通过主办方的接待工作，使来宾感受到主人真挚的敬意。庆典的接待小组，原则上应由年轻、精干、身材与形象较好、口头表达能力和应变能力较强的男女青年组成。

接待小组的具体工作有以下几项。

（1）来宾的迎送，即在举行庆祝仪式的现场迎接或送别来宾。

（2）来宾的引导，即由专人负责为来宾带路，将其送到既定的地点。

（3）来宾的陪同，即对于某些年事已高或非常重要的来宾，应安排专人始终陪同，以便关心与照顾。

（4）来宾的招待，即指派专人为来宾送饮料、上点心，以及提供其他方面的关照。

3. 环境的布置

庆典仪式是非常热烈、喜庆、隆重的仪式，可在现场悬挂彩灯、彩带，张贴一些宣传标语，并且悬挂标明庆典具体内容的大型横幅。如果有能力，还可以请乐队、锣鼓队演奏音乐或敲锣打鼓，渲染热闹的气氛。但是这类活动应当适度，不要热闹过头，或者"喧宾夺主"。

在举行庆典之前，要把音响准备好。尤其是来宾们讲话时使用的麦克风和传声设备，不允许临阵"罢工"。在庆典举行前后，可播放一些喜庆、欢快的乐曲，但不要抢占"主角"的位置。对于播放的乐曲，应先期进行审查，切勿随意播放那些让人伤心落泪的乐曲，或者诙谐歌曲和爱情歌曲。

4. 庆典的程序

在拟定庆典的程序时，必须坚持两项原则：第一，时间宜短不宜长。大体上讲，应以一个小时为限。这既是为了确保其效果良好，也是为了尊重全体出席者，尤其是为了尊重来宾。第二，程序宜少不宜多。程序过多，不仅会延长时间，而且会分散出席者的注意力，并给人以庆典内容过于凌乱之感。

依照常规，庆典程序大致如下。

1）宣布庆典正式开始

这时，全体起立，奏国歌，唱本单位之歌。

2）本单位主要负责人致辞

主要是对来宾表示感谢，介绍此次庆典的缘由等。其重点应是报捷及庆典的可"庆"之处。

3）邀请嘉宾讲话

出席庆典的上级领导、协作单位及社区关系单位，均应派代表讲话或致贺词。不过应当提前约定，不要当场推来推去。对外来的贺电、贺信等，可不必一一宣读，但对其署名单位或个人应当公布。在公布时，可依照先来后到的顺序，或者按照具体名称的汉字笔画数进行排列。

4）安排文艺演出

文艺演出可有可无，如果准备安排，应当慎选内容，注意不要有悖于庆典的主旨。

三、剪彩仪式

剪彩仪式可以单独举行，也可以在庆典中进行。剪彩仪式要求隆重而又热烈，准备工作要严密而细致。

（一）剪彩仪式的准备

剪彩仪式的准备工作与前面介绍的庆典仪式的准备工作类似，如舆论宣传、拟定人员、发送请柬、布置现场等，但剪彩仪式也有其特殊的准备工作，应提前做好。

1. 剪彩物件的准备

1）红（彩）色的缎带、绸带

缎带、绸带应具有一定的宽度，根据需要结成等距离的若干彩球。

2）剪刀

剪刀应选用新的，为体现隆重热烈，讲究的单位常选用金色的剪刀。但要注意应事先试一试刀口的锋利程度。剪彩时一刀两断寓意吉祥顺利、一帆风顺。

3）托盘、剪刀和彩球的数量

这些工具的数量应与剪彩的人数一致。托盘供接（剪下的）彩球之用，应该华贵而醒目、大小适中、质地考究。每个盘中放置新剪刀一把、白色薄纱手套一副，用红绒布衬垫，使用时由礼仪小姐双手托上递送给剪彩者。

2. 剪彩人员的确定

剪彩人员主要在应邀出席的来宾中产生，其身份和影响应与剪彩仪式的内容和规格相统一，一般为上级领导、部门主管、社会名流、专家顾问、合作伙伴和本单位代表，视情况确定一人或多人参与剪彩。剪彩人员确定后，对本单位以外的剪彩人员，必须由本单位的负责同志亲自出面或委派代表前往邀请，只打个电话或发个请柬显得过于草率。现场剪彩人员如果不止一位，应在邀请时向被邀请人讲清。几位剪彩人员同意共同剪彩时，剪彩人员才能被正式确定。

3. 礼仪小姐的选定

礼仪小姐是剪彩仪式中负责引领宾客、拉牵彩带、递剪刀接彩带等工作的服务人员，在仪式中扮演重要角色。礼仪小姐既可从礼仪公司聘请，也可在本单位女职工中挑选。条件一般是容貌姣好、仪态端庄大方，还要具备一定的文化素养和气质，比较年轻和健康等。对挑选出的礼仪小姐，应该进行必要的教育和培训，让她们了解剪彩仪式的意义和自己的责任，熟悉剪彩仪式的程序和应有的礼节，落实各自的分工和位置，以确保仪式有条不紊地进行。

（二）剪彩仪式的程序

庆典中的剪彩仪式，只是整个庆典的一个组成部分。如果是单独举办剪彩仪式，应遵循以下程序。

1. 嘉宾入场

剪彩仪式开始前五分钟，嘉宾应在礼仪小姐的引领下集体入场。一般来说，嘉宾中的剪彩者应前排就座，座位上应事先放好席卡，中央级来宾只写"首长"，其他人可直接写姓名。

2. 仪式开始

由举办单位主要负责人宣布仪式开始，奏乐、鸣炮（有的地方禁鸣则可免鸣炮），然后介绍到场的嘉宾，对他们的到来表示感谢。

3. 宾主讲话

由主办单位代表、上级主管部门代表、合作单位代表及社会知名人士先后发言。讲话内容应具介绍性、鼓动性、祝贺性，做到短小精悍、言简意赅。

4. 进行剪彩

礼仪小姐在欢快的乐曲声中登场，引领剪彩者按主办单位的安排站立在确定的位置，然后拉彩者拉起红绸及彩球。在剪彩者剪断红绸、彩球落盘时，全体人员应热烈地鼓掌。

5. 后续活动

剪彩过程结束后，主办单位可安排文艺演出、参观、联谊、座谈、签名、题词、就餐等后续活动，具体做法可依剪彩内容而定。最后可以向来宾赠送一些纪念性礼品，热情欢送他们离去。

（三）剪彩仪式的礼仪

剪彩仪式中，剪彩者和礼仪小姐是最突出的人物，剪彩仪式的礼仪也主要通过他们表现。

1. 对剪彩者的礼仪要求

剪彩者是剪彩仪式的主角，由于身份特殊，他们往往会成为人们和媒体关注的焦点。他们在仪式上的言行举止，尤其要符合礼仪规范。

1）修饰自己的仪表着装

剪彩者的仪表要庄重、整齐，着装要正规、严肃。着中山装、西装或职业制服均可，依剪彩内容的需要选定。头发要梳齐，颜面要洁净，给人以容光焕发、干净利落的好印象。

2）注意剪彩中的行为举止

剪彩者在仪式中应始终保持稳重的姿态、洒脱的风度和优雅的举止。起身剪彩时，应面带微笑地稳步走向待剪的彩带，从礼仪小姐的托盘中自取剪刀，并向礼仪小姐及两边的拉彩带者微笑示意，然后严肃认真地将彩带一刀剪断。如果剪彩者不止一人，还应当兼顾各位，彼此尽量同时开剪。剪完后，将剪刀放回托盘，并举手向人们致意或鼓掌庆祝。

3）尊重主办单位，尽力配合仪式进程

剪彩者一定要按照约定的时间提前来到仪式现场，应当理解此时主办单位盼望嘉宾到位的心情。到现场后，可与主办单位或其他先到一步的嘉宾交流谈心，不宜独坐一隅。仪式开始后，则应专心听取别人发言，关注仪式进展程序，不宜喋喋不休地与人谈笑。剪彩归来回位之前，应先和主办单位的代表握手致贺，礼节性地谈几句，或与他们在一起长时间地鼓掌。在后续活动中，也应善始善终，听从主办单位的安排。切忌因自己地位高而指手画脚、自以为是，令主办单位为难。

2. 对礼仪小姐的礼仪要求

剪彩仪式上通常都有礼仪小姐，她们虽说是配角，但却体现举办单位和社会组织的形象及员工的素质，礼仪对她们而言尤其重要。

1）仪容要高雅

剪彩仪式上的礼仪小姐，多数情况下统一身着中华民族传统礼仪服装——旗袍（也有穿西式套装的），脚穿黑色高跟皮鞋，化淡妆，盘起头发，面带微笑，步履轻盈。要争取一举一动、一颦一笑都能给人以美的感受，做到典雅大方、光彩照人。

2）行为举止要规范

在仪式进行中，礼仪小姐应训练有素，走有走姿，站有站相，整齐有序，动作一致，始终保持微笑。如果在仪式进行中出现了小意外（如剪了几次，仍未剪断彩带），礼仪小姐应镇定地处理，不可手忙脚乱、大呼小叫，以确保仪式顺利进行。

3）工作责任心要强

礼仪小姐在剪彩仪式中，应以规范的举止展示本单位的形象和风采。她们应当意识到，自己在仪式上的任何一点粗心大意都会给来宾留下深刻的印象，给单位带来损失。所以，礼仪小姐的工作需要很强的自控力和高度的责任心。

四、交接仪式

交接仪式，一般是指施工单位依照合同将已经建设、安装完成的工程项目或大型设备，如厂房、商厦、宾馆、办公楼、机场、码头、车站、飞机、轮船、火车、机械、物资等，经验收合格后正式移交给使用单位之时所专门举行的庆祝典礼。交接的礼仪，一般是指在举行交接仪式时须遵守的有关规范。通常，它具体包括交接仪式的准备、交接仪式的程序两个方面。

（一）交接仪式的准备

准备交接仪式，主要关注三件事，即来宾邀约、现场布置、物品预备。

1. 来宾邀约

来宾的邀请，一般应由交接仪式的东道主和施工、安装单位负责。在具体拟定来宾名单时，施工、安装单位应主动征求自己的合作伙伴——接收单位的意见。

从原则上来讲，交接仪式的出席人员应当包括：施工、安装单位的有关人员，接收单位的有关人员，上级主管部门的有关人员，当地政府的有关人员，行业组织、社会团体的有关人员，各界知名人士、新闻界人士，以及协作单位的有关人员等。在上述人员中，除施工、安装单位与接收单位的有关人员外，对于其他所有的人员，均应提前送达或寄达正式的书面邀请，以示对对方的尊重。

2. 现场布置

在对交接仪式的场地进行选择时，通常应视交接仪式的重要程度、全体出席者的具体人数、交接仪式的具体程序与内容，以及是否要求对其进行保密等几个方面的因素而定。根据常规，一般可将交接仪式的举行地点安排在已经建设、安装完成并已验收合格的工程项目或大型设备所在地。有时，也可将其酌情安排在东道主单位本部的会议厅，或者由施工、安装单位与接收单位共同认可的其他场所。

3. 物品预备

在交接仪式上，有不少需要使用的物品，应由东道主一方提前进行准备，主要有验收文件、一览表、钥匙等。验收文件是指已经公证的由交接双方正式签署的接收证明性文件。一览表是指交付给接收单位的全部物资、设备或其他物品的名称、数量明细表。钥匙则是指用来开启被交接的建筑物或机械设备的钥匙。

在交接仪式的现场，可临时搭建一个主席台。必要时，应在其上铺设一块红地毯，至少也要预备足量的桌椅。在主席台上方，应悬挂一条红色巨型横幅，上书交接仪式的具体名称，如"某某工程交接仪式"或"热烈庆祝某某工程正式交付使用"。

在举行交接仪式的现场四周，尤其是在正门入口处、干道两侧、交接物四周，可酌情悬挂一定数量的彩带、彩旗和彩球，并放置一些色泽艳丽、花朵硕大的盆花，用以美化环境。

若来宾所赠送的祝贺性花篮较多，可依照约定俗成的顺序，如"先来后到""不排名次"等，将其呈一行摆放在主席台正前方，或者分成两列摆放在现场入口处两侧。在此两处同时摆放，也是可以的。不过，若是来宾所赠的花篮甚少，则不必将其公开陈列在外。

在交接仪式上赠送给来宾的礼品，应突出其纪念性、宣传性。被交接的工程项目、大型设备的微缩模型，或以其为主角的画册、明信片、纪念章、领带针、钥匙扣等，皆为上佳之选。

（二）交接仪式的程序

交接仪式的程序如下。

1. 宣布仪式开始

主持人宣布交接仪式正式开始。此时，全体与会者应当进行较长时间的鼓掌，以表达对于东道主的祝贺之意。在此之前，主持人应邀请有关各方人士在主席台上就座，并以适当的方式暗示全体人员保持安静。

2. 奏国歌

全体与会者必须肃立，奏国歌。之后，演奏东道主单位的标志性歌曲。

3. 正式交接

由施工、安装单位与接收单位正式进行有关工程项目或大型设备的交接。具体做法是由施工、安装单位的代表，将有关工程项目、大型设备的验收文件、一览表、钥匙等象征性物品，正式递交给接收单位的代表。此时，双方应面带微笑，双手递交、接收有关物品，然后热烈握手。

4. 代表发言

在交接仪式上，须由有关各方的代表进行发言。他们依次应为施工、安装单位的代表，接收单位的代表，来宾的代表等。这些发言，一般均为礼节性的，并以喜气洋洋为主要特征。从原则上来讲，每个人的发言应以三分钟为限。

5. 仪式结束

宣告交接仪式正式结束，随后安排全体来宾参观或观看文艺表演。

按照仪式礼仪的总体要求，交接仪式同其他仪式一样，在时间上也是宜短不宜长。正常情况下，交接仪式从头至尾所用的时间，大体上应当不超过一个小时。

五、会见会谈礼仪

（一）会见会谈前的准备

1. 商定会见会谈的时间、地点和出席人员

工作人员应将会见会谈的出席人员、时间、地点、具体安排、注意事项及时通知对方。若是国际会谈，参加会见的中方人员应提前抵达会见地点。

2. 会议室布置

准备足够的座位及必要的设备，如果双方人数较多，厅室面积大，主谈人说话声音低，应安装扩音器。会谈如用长桌，应事先排好座位，现场应放置鲜花盆景、标语、茶水、饮料、点心、中外文座位卡等。卡片上的字体应工整清晰，以便对号入座。在每个座位前桌面的正中摆放一本供记事的便笺，便笺的下端距桌面的边沿约 5cm。紧靠便笺的右侧摆红、黑铅笔各一支，便笺的右上角摆一个茶杯垫盘，盘内垫小方巾。一般而言，会见会谈不备水果，除矿泉水外也不备其他饮料。如果参加会见会谈的人较多，场地较大，事前应做好准备。必要时安排后排人员站立的架子，选择好背景。另外，签字仪式要准备台式国旗。

3. 准备材料

准备会见会谈的提纲和背景材料供领导内部参考，要注意做好核心会谈问题的保密工作。

4. 通知新闻媒体

如有必要，可通知相关的新闻媒体。

5. 迎候和引座

主方招待人员应该提前到场，做好迎候工作，并由礼仪人员为客人引座。

6. 合影留念

如果需要合影，应事先排好座次，合影的座次安排可与会议室主席台安排相同，人数众多应准备架子。具体来说，合影时主人居中，按礼宾次序，以主人右手为上，主客双方间隔排列。第一排既要考虑人员身份，也要考虑场地大小，即能否都摄入镜头。一般来说，两端均由主方人员把边。

（二）会见会谈的时间、地点

1. 会见会谈的地点

会见会谈一般安排在主方的办公室、会客室或小型会议室，当然也可以安排在客人所住宾馆的会议室。

2. 会见会谈的时间

会见会谈的时间应由双方共同商定。需要注意的是，会见会谈的名单、地点、时间一旦确定，一般情况下不要再做改变。如果是重要的会见会谈，事先应由秘书或其他工作人员进行预备性磋商，确定会见会谈的具体日程。

（三）会见会谈的座次

会见通常安排在会客室或办公室，宾主各坐一边。某些国家元首会见还有其独特的礼仪程序，如双方简短致辞、赠礼、合影等。我国习惯在会客室会见，客人坐在主人的右边，译员、记录员坐在主人和主宾的后面。其他客人按礼宾顺序在主宾一侧就座，主方陪同人员在主人一侧就座。座位不够可在后排加座。常见会议座次安排如图 9-1～图 9-4 所示。

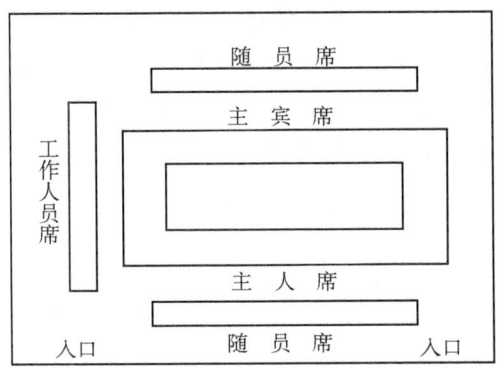

图 9-1　会谈型会议座次安排一

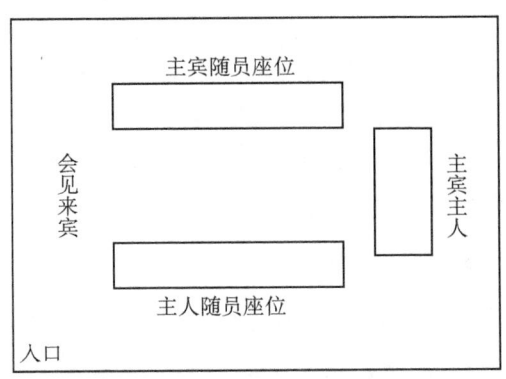

图 9-2　会谈型会议座次安排二

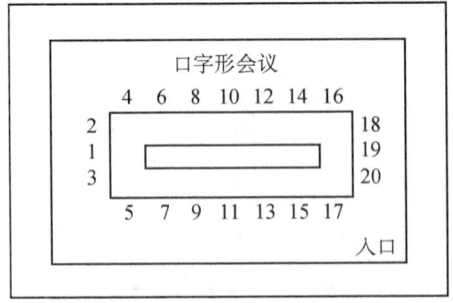

图 9-3　口字形会议座次安排

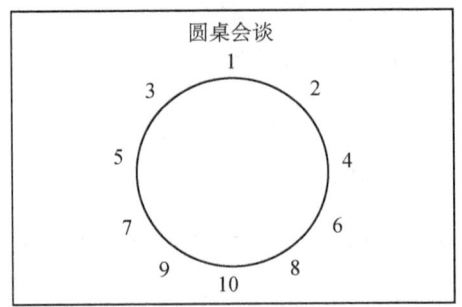

图 9-4　圆桌会谈座次安排

> **案例：礼宾次序安排**
>
> 1995年3月在丹麦哥本哈根召开联合国社会发展世界首脑会议，出席会议的有近百位国家元首和政府首脑。3月11日，与会的各国元首与政府首脑合影。按照常规，应该按礼宾名单安排每位元首、政府首脑所站的位置。首先，这个名单怎么排？究竟根据什么原则排列？哪位元首、政府首脑排在最前面？哪位元首、政府首脑排在最后面？这项工作实际上很难做。丹麦和联合国的礼宾官员只好把丹麦首脑（东道国）、联合国秘书长、法国总统，以及中国、德国总理等安排在第一排，而对其他国家领导人，就任其自便。好事者事后向联合国礼宾官员"请教"，对方答道："这是丹麦礼宾官员安排的。"向丹麦礼宾官员核对时，对方回答说："根据丹麦、联合国双方协议，该项活动由联合国礼宾官员负责。"
>
> （资料来源：管理资源吧，交际礼仪培训，dl.glzy8.com）

（四）会见会谈的程序

1. 迎接

主人在大楼正门或会客厅门口迎接客人（如果主人在会客厅门口迎候，则应由工作人员在大楼门口迎接，将客人引入会客厅）。

2. 介绍

会面介绍，宾、主握手。介绍时，应先将主人介绍给客人（客人有优先知情权），随后将客人介绍给主人。如果客人是贵宾或大家都熟悉的知名人物，就只将主人介绍给客人。介绍主人时要把姓名、职务说清楚。介绍到具体人员时，应有礼貌地以手示意。

3. 致辞、赠礼、合影留念

礼品不用很昂贵，能表达敬意与纪念意义即可。互赠礼品后，如要合影，应事先安排合影图，布置场地，备好照相设备。

4. 记者采访

对于较重要的贵宾，或者公众较为关心的会谈事宜，一般都会在正式会谈之前，按照情况安排短时间的采访。

5. 入座、会谈

各方人员按照会谈座次入座，开始正式会谈。如果时间较长，中间可安排休息，并准备甜点、咖啡、茶水及其他饮料。在会谈期间，与会人员应保证会场秩序，保持会场安静，将手机调成振动或静音模式。

6. 会谈结束

主人送客人至车前或门口握手告别，目送客人离去后再返回室内。

六、签约仪式

签约,即签署合同。它通常标志着有关各方的相互关系取得了重大进展,或者达成了一致性见解。因此,它极受人们的重视。

(一)签约仪式的准备

1. 签字厅的布置(图 9-5)

布置签字厅的总原则是庄重、整洁、清静。一间标准的签字厅应当铺满地毯,除必要的签字用桌椅外,其他一切陈设都不需要。正规的签字桌应当为长桌,其上最好铺设深绿色的台呢。签署双边合同时,可放置两张座椅,供签字人就座。签署多边合同时,可以仅放一张座椅,供各方签字人签字时轮流就座;也可以为每位签字人各提供一张座椅。签字人就座时,一般应面对门。

在签字桌上,应事先放好待签的合同文本,以及签字笔、吸墨器等签字时所用的文具。与外商签署涉外商务合同时还要在签字桌上插放国旗。插放国旗时,其位置与顺序必须与礼宾座次一致。例如,签署双边性涉外合同时,各方的国旗须插在该方签字人座椅的正前方。

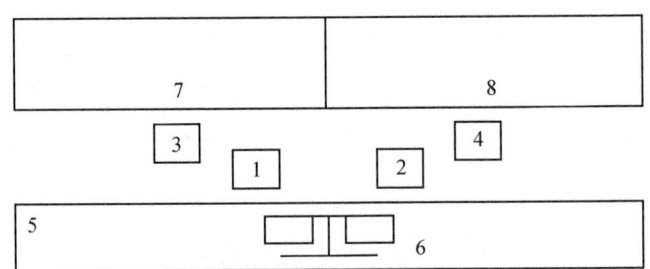

1.客方签字人;2.主方签字人;3.客方助签人;4.主方助签人;5.签字桌;
6.双方国旗;7.客方参加签字仪式人员;8.主方参加签字仪式人员

图 9-5 签字厅的布置

2. 座次的安排(图 9-6 ~ 图 9-8)

签字时各方代表的座次,是由主方先期排定的。合乎礼仪规范的做法是,在签署双边合同时,应请客方签字人在签字桌右侧就座,主方签字人则应同时就座于签字桌左侧。双方的助签人应分别站立于各自一方签字人的外侧,以便随时对签字人提供帮助。双方其他的随员可以按照一定的顺序在己方签字人的正对面就座;也可以自左至右(客方)或自右至左(主方)排成一行,站立于己方签字人的身后。当一行站不完时,可以按照以上顺序并遵照"前高后低"的惯例,排成两行、三行或四行。原则上,双方随员人数应相近。

3. 协议文本的准备

签约事关重大,一旦签订即具有法律效力。所以,应由双方与相关部门指定专人,分工合作完成待签文本的定稿、翻译、校对、印刷、装订等工作。除核对谈判内容与文本的一致性外，还要核对各种批件、附件、证明等是否完整准确、真实有效，以及译本副本是否与正本相符。如有争议或处理不当，应在签约仪式前，通过再次谈判予以确定。作为主办方，应为文本的准备过程提供周到的服务和方便的条件。

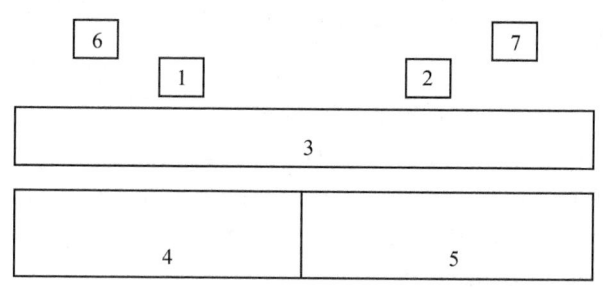

1.客方签字人；2.主方签字人；3.签字桌；4.客方参加签字仪式人员；
5.主方参加签字仪式人员；6.客方国旗；7.主方国旗

图 9-6　一张签字桌的座次安排

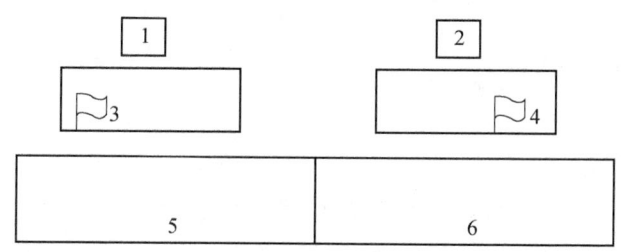

1.客方签字人；2.主方签字人；3.客方国旗；4.主方国旗；
5.客方参加签字仪式人员；6.主方参加签字仪式人员

图 9-7　两张签字桌的座次安排

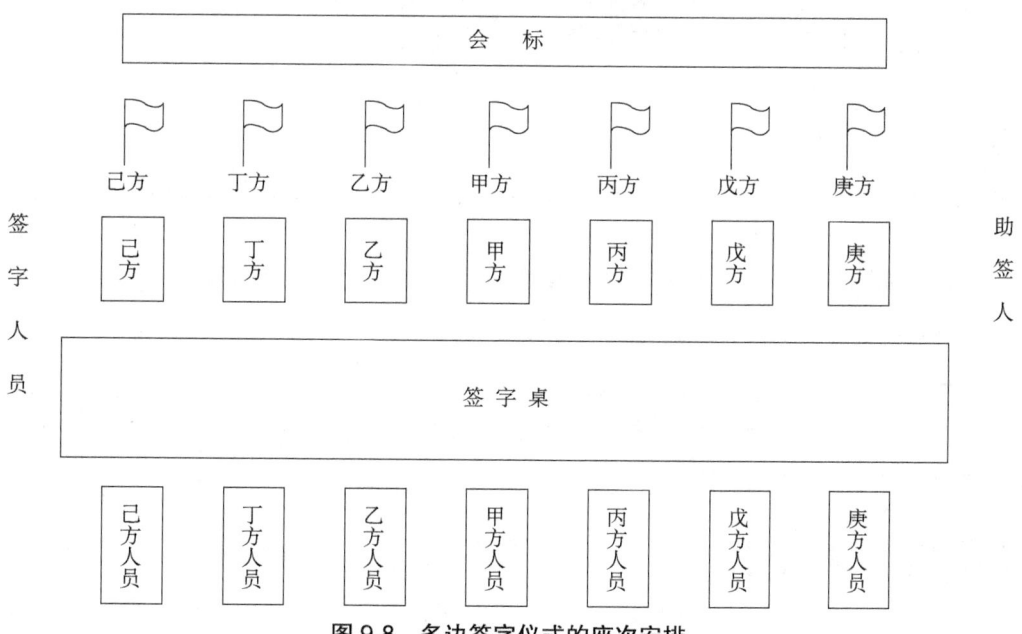

图 9-8　多边签字仪式的座次安排

（二）签约仪式的程序

签约仪式有一套严格的程序，大体如下。

（1）参加签约仪式的双方代表及特约嘉宾按时步入签约仪式现场。

（2）签约者在签约台前入座，其他人员分主、客方各站一边，列队于己方签约者的座位之后。

（3）双方助签人员分别站立在己方签约者的外侧。

（4）签约仪式开始后，助签人员翻开文本，指明具体的签字处，由签字人签上自己的姓名，并由助签人员将己方已签字的文本递交给对方助签人员，交换对方的文本后再签字。

（5）双方保存的协议文本都签字以后，由双方的签字人员郑重地相互交换文本，同时握手致意、祝贺，双方站立人员同时鼓掌。

（6）协议文本交换后，服务人员用托盘端上香槟酒，双方签约人员举杯同庆。

（7）签约仪式结束后，双方可共同接受媒体采访。退场时，可安排客方人员先走，主方送客后再离开。

（三）签约仪式的礼仪

1. 注意服饰整洁

参加签约仪式，应穿正式服装，切不可随意着装。这反映了签约一方对签约的整体态度和对对方的尊重。

2. 签约者的身份和职位应对等

双方签约者的身份和职位应对等，过高或过低都会造成不必要的误会。其他人员在站立的位置和排序上也应有讲究，不可自以为是。在整个签约仪式完成之前，参加仪式的双方人员都应微笑站立，不要走动或谈话。

3. 遵守国际惯例

签字应遵守"轮换制"的国际惯例，即签字者应先在本方保存的文本左边首位处签字，然后交换文本，在对方保存的文本上签字。这样可使双方都有一次机会首位签字。在对方文本上签字后，签字者应亲自与对方签字者互换文本，而不是由助签者代办。

4. 互相庆贺

当签字人员正式交换已经由各方签署的合约时，签字人员应彼此握手，互相祝贺，在场人员应鼓掌以示庆贺。最后，举杯共饮香槟酒时，碰杯要轻，然后高举示意，浅抿一口即可，举止要文雅有风度。

【思考与练习】

1. 开幕仪式的程序是怎样的？
2. 庆典仪式的类型有哪些？负责来宾接待工作的人员的任务是什么？

3. 会见会谈前工作人员要准备什么？怎么安排座次？整套程序是怎样的？

4. 案例分析。

某机关定于某月某日在单位礼堂召开总结表彰大会，发了请柬邀请有关部门的领导光临，在请柬上把开会的时间、地点写得一清二楚。接到请柬的几位部门领导很积极，提前来到礼堂开会，一看会场布置不像是开表彰会的样子，经询问礼堂负责人才知道，今天上午礼堂开报告会，该机关的总结表彰会更改地点了。几位领导同志感到莫名其妙，个个都很生气，改了地点为什么不重新通知？一气之下，都回家去了。事后，会议主办机关的领导才解释说，因秘书人员工作粗心，在发请柬之前还没有与礼堂负责人取得联系，一厢情愿地认为不会有问题，便把会议地点写在请柬上，等开会的前一天下午去联系，才知道礼堂早已租给别的单位用了，只好临时改换会议地点。由于邀请的单位和人员较多，来不及一一通知，结果造成了上述失误。尽管领导登门道歉，但造成的不良影响还是难以消除。

（资料来源：百度网百度文库社交礼仪案例分析 https://wenku.baidu.com/view/6abfc81d4431b90d6c85c7b7.html?from=search）

讨论：会议准备应注意什么问题？

第十章　中国传统礼俗

 **主要内容**

- 汉族传统礼俗

 二维码链接

- 春节的传说
- 各地年俗
- 清明节的由来
- 重阳节的由来

 春节的传说　 各地年俗　 清明节的由来　 重阳节的由来

礼俗是指礼仪和民俗。民俗即民间风俗，是指一个国家或民族的广大民众所创造、享用和传承的生活文化。

（一）汉族概况

汉族先民经夏、商、周三代，至春秋战国时代已形成以"华""夏"单称或"华夏"连称的族体，以与周边各族相区别。汉以后，周边各族即以"汉人"称呼中原人。汉族因汉朝而得名，是以先秦华夏为核心，在秦汉时形成的统一的、稳定的民族，又经秦汉以来2000余年的繁衍生息，并不断吸收其他民族的血统与文化，得以发展成为拥有灿烂的古代文明和众多人口的民族。

（二）汉族的传统节日

1. 春节

春节是中华民族最隆重的节日，又称"年节"。春节古称"元旦"，自辛亥革命后我国开始采用阳历，称阳历1月1日为"元旦"，而称农历正月初一为"春节"。除汉族外，蒙古族、壮族、布依族、朝鲜族、侗族、瑶族也过此节。

春节起源于原始社会的腊祭。我国古代居民在岁尾年初之际，用一年的收获物来祭祀众神和祖先，并举行各种娱乐活动，逐渐形成了新春佳节。

在我国的习俗中，年节虽然定在正月初一，但是年节的活动并不是从正月初一开始，而是从腊月二十三过小年开始，经过除夕、春节，直到正月十五元宵节结束。春节活动因时因地而异，主要有以下内容：挂年画、祭灶、祭祖、掸尘、刷墙壁、剪窗花、置办年货、添置新衣、守岁、贴春联、吃团圆饭等。节日期间，人们还相互拜年、放爆竹、吃年糕、吃饺子、吃元宵、舞狮、扭秧歌、玩花灯等。

除夕之夜，即年三十晚，家家团聚，吃团圆饭，闭门团坐待旦，称为"守岁"。据传说，除夕晚上如果人们彻夜不眠、毫无倦意，则预兆来年精力充沛。

年画起源于古代的桃符，后演变为门神画，东汉时期已经很流行。北宋时期出现了木版印刷的年画。明末清初，年画的题材越来越广泛，形成了天津杨柳青、苏州桃花坞和山东潍坊杨家埠三大木刻年画产地。而春联始于五代十国时期。明代普遍流行贴年画和贴春联并发展为一种习俗，一直流传至今。

春节是阖家团圆的日子。为了这一天举家团聚，一起吃团圆饭，许多人不远千里往家赶，形成了蔚为壮观的春运现象。除夕夜，全家欢聚一堂，吃年夜饭，过去亲人之间互相赠送礼物的馈岁风俗逐步演变为长辈向晚辈发放压岁钱。

北方人以饺子为年夜饭和团圆饭，取"岁末交子"之意；南方人吃汤圆，蕴含了团团圆圆的祝福。而各地的年糕、年粽等，无不以"年"来预祝新年兴旺。有的地方至今还流行正月初一凌晨"起五更"，放鞭炮、吃饺子、磕头拜年。拜年是我国民间的传统习俗，是人们相互走访祝贺春节，表示辞旧迎新的一种形式。正月初一后开始走亲访友，互送礼品，庆祝新年。春节更是老百姓狂欢的日子。在我国大部分地区，除夕过后，各种精彩纷呈的活动就拉开了序幕：舞龙灯、耍狮子、扭秧歌、踩高跷等，为新春佳节增添了浓厚的喜庆气氛。

2. 元宵节

元宵节是农历正月十五，民间俗称"灯节"，也是我国传统节日中的大节。正月十五是春节后新的一年中第一个月圆之夜，古代称夜为宵，因此把正月十五这天叫作"元宵节"，也叫"上元节"，是春节活动的高潮和结束。这一天，一般人家都要扎彩灯挂在门外供人欣赏，有的还要写上灯谜。彩灯越扎越多，逐渐发展为灯会，即把各种彩灯聚集在公园、广场或其他公共场所，同时举行猜灯谜、耍龙灯、踩高跷、扭秧歌、划旱船、吃元宵等活动。我国很多地区在元宵节晚上还有放烟花的习俗。其实元宵燃放灯火的习俗始于汉武帝祭祀太乙神，由于官方大力倡导，所以在民间传播很快，后来逐渐演变为民间的盛大节日，各地区各民族因地制宜，形成了具有地方特色和民族风格的活动，直至今天仍盛传不衰。

另外，在元宵节这天，人们习惯吃元宵（汤圆），因为人们认为元宵寄托着人们祈求新的一年圆满顺利的美好心愿。

3. 清明节

清明节又称踏青节，是汉族民间传统节日，流行于全国各地。现在我国已把清明节作为法定节日，由此可见它的重要性。除汉族外，彝、壮、布依、满、侗、瑶、白等族皆过此节。节期在农历三月间，即阳历每年的4月5日前后。这个节日与农业生产有着密切关系。《岁时百问》中写道："万物生长此时，皆清洁而明净，故谓之清明。"所以，清明节作为一个农事节气，标志着春耕时节的到来。古代谚语如"植树造林，莫过清明""清明前后，种瓜点豆"

等，无不说明这一点。

清明节融合了寒食节、上巳节的有关风俗，所以人们常把它们合称为清明寒食节。在清明节期间，人们会开展禁火寒食、祭扫坟墓等一系列的风俗活动。其实禁火、祭墓两大习俗周代已有，但那时并没有固定的日期。如今，除祭扫祖先坟墓外，人们还到烈士陵园扫墓以示悼念。除扫墓、禁火两大习俗外，清明节期间民间还有戴柳、踏青、荡秋千等习俗。踏青又叫春游，古时叫探春，起源于唐代。人们趁着春光明媚，结伴嬉游于郊外。荡秋千盛行于唐代，当时宫中及民间都流行此活动。时至今日，清明节依然是我国民间的主要节日。

4. 端午节

端午节在每年的农历五月初五，又叫"端五""端阳""重五""天中节""蒲节""女儿节""诗人节""龙节""五毒节"等，现在也是我国的法定节日。除汉族外，蒙古、回、藏、苗、彝、壮、布依等族也过此节日。由于古代"午"与"五"相通，古代人又有在这天用兰草汤沐浴的习惯，因此，端午又称"端五""沐兰节"。唐宋年间称为"端阳节""天中节"，道教称为"地腊节"。关于端午节的起源，各地说法不一。大部分地区认为是纪念爱国诗人屈原。相传，屈原于农历五月初五投汨罗江而死。由此可见，在我国民间，端午节的历史由来已久。

端午节流传至今的最主要的习俗活动是吃粽子、赛龙舟，这两项在最初也是驱除瘟疫的活动。赛龙舟主要流行于我国南方地区。端午节吃粽子的风俗，魏晋时期已很盛行。到了唐宋时期，粽子已成为端午节的名食。所以，每逢端午节，几乎家家户户都要吃粽子。众所周知，自从端午节与屈原的故事结合后，吃粽子、赛龙舟等主要习俗获得了新的历史意义，一直延续至今，久盛不衰。在端午节当日纪念屈原，也就成了一切活动的永恒主题。

端午节除吃粽子、赛龙舟外，还有不少其他风俗，如挂钟馗像、挂香袋、饮雄黄酒、插菖蒲、采药等。端午节在门口悬挂菖蒲和艾草（称蒲剑和艾虎）用以驱邪，用菖蒲根和雄黄泡制黄酒来驱毒。还有许多地方在这一天用绸布缝制小荷包，里面装菖蒲或各种香草，在即将到来的暑期起防止瘴疠的作用。钟馗原来是岁暮时张挂的门神，清代成为端午之神。

5. 中秋节

每年农历八月十五是中秋节，又名"团圆节""女儿节""八月节"。因为八月是秋季的第二个月，故又称"仲秋节"。除汉族外，蒙古、回、彝、壮、布依、朝鲜等族也过此节。在中国人的心目中，中秋节是象征团圆的传统佳节。此时秋收已毕，桂花飘香，各种时鲜水果收获上市，正是家家户户团聚，共享丰收，庆祝五谷丰登、富裕安康、圆满美好的时节，因而又称"团圆节"。过去有中秋祭月的风俗，如今多是中秋赏月。在中秋节的形成与发展过程中，嫦娥神话起到了一定的渲染和推动作用。在先秦时代，就有帝王春天祭日、秋天祭月的礼制；汉魏以后，出现了赏月、咏月的诗赋之作；到宋代达到极致，并且一直延续至今。

在我国民间，有祭月、赏月、吃月饼、吃团圆饭及舞龙灯等活动。每到中秋之夜，家家户户设供桌于前厅，上面摆上芋头、葡萄、苹果、月饼等各种食物，合家团坐，一边赏月，一边聊天。月饼是祭拜月亮时最主要的食品，祭供后由全家分食。相传，月饼起源于初唐，宋代已出现"月饼"一词，明代始有关于中秋节吃月饼的大量记载。到了清代，月饼的种类越来越多，制作越来越精细。今天月饼的种类更多，色香味俱全。时至今日，拜月的观念和礼俗有所淡化，但是赏月、吃月饼等习俗依然是人们的习惯。

6. 重阳节

每年的农历九月初九为重阳节。因日月逢"九"，且九为"阳数"，故称"重阳"，也称"重九"。在重阳节这天，主要的活动包括登高、赏菊、插茱萸、吃菊花糕等。随着岁月的流逝，重阳节逐渐演变成一个以登高、赏菊、宴饮等为主要内容的游乐性节日。现如今，每到重阳节，趁秋高气爽之时，结伴郊游、赏菊、饮菊花酒、吃菊花糕，依然是广为流传的民俗活动。

【思考与练习】

1. 汉族的传统节日有哪些？
2. 重阳节是哪天？

 # 第十一章　其他国家礼俗

 **主要内容**

- 亚洲主要国家礼俗
- 欧洲主要国家礼俗
- 美洲主要国家礼俗
- 非洲主要国家礼俗
- 大洋洲主要国家礼俗

 二维码链接

国外馈赠举例　　　国外馈赠举例

一、亚洲主要国家礼俗

（一）韩国

1. 概况

韩国是单一的朝鲜族，佛教徒占全国人口的1/3。

2. 服饰及待客

韩国人注重服饰，男子穿西服、系领带。初次见面时，经常交换名片。韩国很多人养成了通报姓氏的习惯，并和"先生"等敬称联用。韩国人洽谈业务，往往选在旅馆的咖啡室或附近类似的地方。大多数办公室都有一套会客用的舒适的家具。在建立密切的工作关系之前，举止合乎礼仪是至关重要的。

韩国人不轻易流露自己的感情，公共场所不大声说笑。特别是女性在笑的时候还用手帕捂着嘴，防止出声失礼。在韩国，女性十分尊重男性。双方见面的时候，女性总会先向男性行鞠躬礼、致意问候。男女同座的时候，往往也是男性在上座，女性在下座。

去韩国人家里做客，按习惯要带一束鲜花或一份小礼物，用双手奉上。进到室内，要把鞋子脱掉留在门口。韩国人讲究礼貌，待客热情。见面时，一般用咖啡、不含酒精的饮料或大麦茶招待客人，有时还加上适量的糖和淡奶。这些茶点客人必须接受。

3. 饮食

韩国人以米饭为主食，还喜欢吃辣椒、泡菜。韩国人不喜欢边吃饭边谈话。

4. 节庆与禁忌

韩国的农历节日和我国差不多，也有春节、清明节、端午节、中秋节。

韩国人对"4"非常反感，因为在韩语中，"4"和"死"的发音一样。许多楼房的编号中忌出现"4"。韩国人在喝茶或喝酒的时候，总是以单数来敬酒、敬茶、布菜，并忌讳用双数停杯摆盏。韩国人聚会时，除专业女歌手外，忌讳随便邀请女性唱歌。

韩国人说话比较直率，但是在公共场合和社交活动中，他们忌谈国内政治问题、宗教问题。

（二）日本

1. 服饰及待客

日本是一个注重礼仪的国家。日本人在日常生活中都互致问候，脱帽鞠躬，以示诚恳、可亲。初次见面，常向对方鞠躬90°，而不一定握手。如果是老朋友或比较熟悉的人就主动握手，甚至拥抱。日本女子只行鞠躬礼，而不握手。在各种商务场合，如果日本女子主动伸出手，作为来宾就要应和，但握手时不要用力过猛或久握不松手。日本人把善于控制自己的举止视为一种美德，他们主张低姿态待人，说话时尽量避免凝视对方，并弯腰鞠躬，以示谦虚和有教养。

日本人非常注意穿着打扮，平时穿着大方整洁。在正式场合一般穿礼服，男子大多穿成套的深色西服，女子穿和服。在天气炎热的时候，不随便脱衣服，如果需要脱衣服，要先征得主人的同意。

日本人非常守时。在商务活动中，一定要按约定的时间准时到场。同日本人打招呼，要称呼他们的姓，只有家人和朋友才称呼名字。如果你对你的日本朋友有进一步的了解，并希望表示尊重，你可以称呼姓加上"君"，如"山田君"，这会使你们的关系更近一些，但是"君"不应加在根本不认识人的姓后。

与日本人初次见面时，交换名片是一种最基本的礼节。如果初次相会时未带名片，不仅失礼，而且会使对方认为你不好交往或拒绝与之交往。在接名片时，习惯上是左手接对方的名片，右手送自己的名片。日本人在与他人交往时经常会在名片背后简单写几句话寄给对方，互致问候。

日本是一个盛行送礼的国家，日本人喜欢名牌货，送给别人的礼物可以对受礼人毫无用处，但必须是名牌货，这样便于他转送他人。

2. 饮食

日本料理以大米、鱼和蔬菜为主。就餐的方式也十分特别，男性盘腿席地而坐就餐，女子则采用跪食。

3. 节庆与禁忌

日本人送礼不用偶数。同日本人合影，一般不要为3人，有些日本人认为中间的人被左右两人夹着，这是不幸的预兆。在色彩和图案方面，日本人忌讳绿色和荷花。礼品上不能标有醒目的、令人生厌的公司名字。

日本人举止庄重，谈吐文雅，图吉利，避凶祸，在日常生活和社会交往中有不少忌讳，归纳如下。

1）语言忌

参加别人的婚礼时忌说"完了""断绝"等词；参加葬礼时，忌说"频繁""又"等词；与男士交谈时，忌问收入、物价等；与女士谈话时，忌问年龄及婚配情况；对老人忌用"年迈"等字眼；和残疾人谈话时，忌说"残疾"之类的词语，应称盲人为"眼睛不自由的人"，称聋子为"耳朵不自由的人"，称哑巴为"嘴巴不自由的人"；众人一起评论他人时，忌谈他人的生理缺陷等。

2）数字忌

日本人对数字的吉凶概念很敏感，忌讳"4"（与"死"发音相同）和"9"（在日语中有一种发音同"苦"字谐音）。因此，在喜庆场合和剧场、影院、医院等场所，一般不使用这几个"不吉利"的数字。

3）衣着忌

在正式场合忌衣着不整。参加别人的婚礼时，男士宜穿黑西服，系白领带；女士宜穿色彩明快的服装，但艳丽的程度忌超过新娘的服装。参加葬礼时，男士应穿黑色西装或燕尾服，系黑色领带，女士应穿黑色套装或黑色连衣裙。

4）筷子忌

一家人或亲朋好友围坐在一张桌子上吃饭时，忌舔筷（用舌头舔筷子）、迷筷（拿筷子在餐盘上晃来晃去）、移筷（连续夹两种菜）、扭筷（扭转着筷子用嘴舔粘在筷子上的饭粒）、插筷（用筷子插着菜送进嘴里）、掏筷（用筷子从菜的中间扒开挑菜吃）、跨筷（把筷子跨放在碗碟上面）、剔筷（用筷子当牙签剔牙）。

5）邮信忌

忌邮票倒贴。向受灾人发慰问信时，忌用双层信封。折叠信纸时，忌将收信人的名字倒置。

（三）新加坡

1. 概况

新加坡华人占77%，华裔多信奉佛教，马来语为国语，英语、华语为官方语言。

2. 服饰及待客

新加坡人十分讲究礼节，而且保留了中国古代传统，如两人见面时相互作揖。通常的见面礼节是鞠躬、握手。华裔新加坡人信奉佛教，而且很虔诚。他们喜欢在室内诵经，诵经的时候不可以被打扰。在新加坡随地吐痰、扔废弃物都要受到法律制裁。

3. 饮食

新加坡附近水域的海产丰富，龙虾、螃蟹、贻贝、墨鱼及各种海产品都是上桌的好菜，菜色中最受欢迎的是辣椒蟹，这是将肥美的螃蟹连肉带壳加上茄汁及辣椒一起拌炒，口味令人回味无穷。

新加坡菜式不但有三大民族的中式、马来式、印度式菜肴，还有法国、意大利、英国等欧洲菜，新加坡可称为美食者的乐园。

4. 节庆与禁忌

新加坡人忌"7"和黄色，不喜欢乌龟。忌说"恭喜发财"，因为他们认为这句话有教唆他人发横财的意思。忌放烟花爆竹。与新加坡人谈话时，一般不谈论与宗教、政治有关的话题。新加坡人对留胡须、蓄长发的男士较厌恶。众多的家长和学校严禁男青年留长发。许多公共场所的标语牌上写着："长发男子不受欢迎！"。

（四）泰国

1. 概况

泰国华裔有 300 多万，佛教为国教。

2. 服饰及待客

泰国人待人接物有许多约定俗成的规矩。朋友相见，要双手合十，互致问候。晚辈向长辈行礼时，要双手合十举过前额，长辈也要合十回礼。年纪大或地位高的人还礼时，双手不必高过前胸。行合十礼时，双手举得越高，表示尊重程度越高。泰国人也行跪拜礼，但要在特定场合，平民、高官在拜见国王和国王近亲的时候行跪拜礼。国王拜见高僧的时候要下跪。把东西扔给别人是不礼貌的行为。进入室内要脱鞋，从坐着的人们面前走过时，要略微躬身，表示礼貌。

3. 饮食

泰国菜的特点是酸辣、开胃，让人一吃就上瘾。这是因为泰国菜的调料很独特，许多调料是东南亚甚至泰国特有的。

泰国人爱辛辣，喜欢在菜里放鱼露和味精，但不喜欢酱油，不爱吃红烧食物，也不在菜里放糖。泰国民族风味"咖喱饭"，是用大米、肉片（或鱼片）和青菜调以辣酱油做成的。泰国人爱吃鱼、虾、鸡、鸡蛋等，一般不爱吃牛肉，不喝酒。用餐顺序没有讲究，随个人喜好。餐后点心通常是时令水果或用面粉、鸡蛋、椰奶、棕榈糖做成的各式甜点。泰国菜色彩鲜艳，红绿相间，视觉极佳，可让人们大饱眼福。

4. 节庆与禁忌

（1）头部忌。泰国人十分重视头部，认为头部是人的智慧所在，是身体的最重要部位，是神圣不可侵犯的。随便用手触摸他人的头部，被视为对他人的极大侮辱。即使对小孩表示亲昵，也不要随便抚摸头部，以免给小孩带来"厄运"。

（2）门槛忌。到泰国朋友家中做客，进门时要小心跨过门槛，万万不可踩着人家的门槛。泰国人认为门槛下住着神灵，断不可冒犯。

（3）红色忌。在泰国，人们用红笔将死者的姓名写在棺木上。因此，泰国人忌用红笔签名，认为红色是不吉利的。

（4）鹤、龟忌。鹤和龟的图案在泰国是不受欢迎的。鹤被视为"色情"鸟，龟则被视为男性"性"的象征。因此，泰国人忌讳这两种动物及印有其形象的物品。

（5）发怒忌。泰国人讨厌在公共场所勃然大怒的人。在社交场所大发脾气的人，常常会失去友谊；在商务活动中容易发怒的人，往往会丢掉生意。

（6）就座时，最忌讳跷腿。把鞋底对着别人，被认为是把别人踩在脚底下，是一种侮辱性的举止；妇女就座时，双腿要靠拢，否则会被认为没有教养。

（7）在泰国，男女仍然遵守授受不亲的戒律，所以男女不能过于亲近。

（五）印度

1. 概况

印度居民大多信奉印度教。在印度，月亮是一切美好事物的象征。

2. 服饰及待客

男士穿西装、打领带，在夏天可以穿整洁的短袖衬衫。女士穿整齐保守的裙装或裤装，上臂、身体和膝盖以下任何时候都必须被包裹在里面。穿着皮革服饰可能会冒犯严格的印度教徒。

印度人相见应递英文名片，英语是印度的商业语言。主客见面时，都要双手合十在胸前致意。晚辈在行礼的时候弯腰摸长辈的脚，表示对长辈的尊敬。男子不能和妇女握手。一般关系的男女不能单独谈话。

印度人用摇头表示赞同，用点头表示不同意。人们用手抓耳朵表示自责；召唤某人的动作是将手掌向下摆手指，但不能只用一个指头；指人时也要用整个手掌，不能用一两个指头。

到印度庙宇或家庭做客，进门必须脱鞋。迎接贵客时，主人常献上花环，套在客人的颈上。花环的大小和长度视客人的身份而定。献给贵宾的花环既粗又长，超过膝盖。给一般客人的花环仅到胸前。到印度家庭做客时，可以带水果和糖果作为礼物，或给主人的孩子们送点礼品。

3. 饮食

用右手拿食物、礼品和敬茶，不用左手，也不用双手。就餐的时候，喜欢分餐进食，印度教徒最忌讳在同一个容器里取用食物。信奉印度教和锡克教的人，忌吃猪肉、牛肉。他们一般不喝酒，因为喝酒是违反宗教习惯的，但有喝茶的习惯。

4. 节庆与禁忌

忌讳白色，习惯用百合花作为悼念品。忌讳弯月图案，视 1、3、7 为不吉利的数字。和印度人交谈，要回避有关宗教矛盾、工资及两性关系等话题。

印度奉牛为神圣，忌吃牛肉，忌用牛皮制品。崇拜蛇，视杀蛇为触犯神灵。

二、欧洲主要国家礼俗

（一）英国

1. 概况

英国人重视礼节和自我修养，也注重别人对自己是否有礼。他们重视行礼时的礼节程序。他们很少在公共场合显露自己的感情。

2. 服饰及待客

英国人较注意服饰打扮，什么场合穿什么衣服都有讲究。下班后，英国人不谈公事，特别讨厌就餐时谈公事，也不喜欢邀请有公事交往的人来自己家中吃饭。在宴会上若英国人当主人，他可能先向女子敬酒，敬酒之后客人才能吸烟、喝酒。当着英国人的面吸烟时，要先礼让一下。

英国人，特别是年长的英国人，喜欢别人称他们的世袭头衔或荣誉头衔，至少要用先生、夫人、阁下等称呼。见面时对初次相识的人行握手礼。在大庭广众之下，他们一般不行拥抱礼，男女在公共场合不手拉手走路。

他们安排时间讲究准确，而且照章办事。若请英国人吃饭，必须提前通知，不可临时匆匆邀请。英国人若请你到家赴宴，你可以晚去一会儿，但不可早到。若早到，有可能主人还没有准备好，导致失礼。

英国人特别欣赏自己的绅士风度，认为这种风度是他们的骄傲。他们感情含蓄，不喜欢别人问及有关个人生活的问题，如职业、收入、婚姻等。

"女士第一"在英国比世界其他国家都明显。对英国人做表示胜利的 V 形手势时，一定要注意手心对着对方，否则会招致不满。和英国人闲谈最好谈天气等，不要谈论政治、宗教和有关皇室的小道消息。安排英国客人的住房时，要注意他们喜欢住大房间并愿独住的特点。

3. 饮食

英国人饮食没有什么特别的禁忌，只是喜清淡酥香，不爱辣味。用餐讲究座次、服饰、方式。英国人每餐都喜欢吃水果，晚餐还喜欢喝咖啡。夏天爱吃各种果冻和冰淇淋，冬天则爱吃蒸的布丁。

英国人爱喝茶，一早起床就要喝一杯浓红茶。冲奶茶要先往杯子里倒入冷牛奶，加点糖，再倒茶。若先倒茶后倒奶，会被认为无教养。

4. 节庆与禁忌

1）忌问私事

英国人忌讳询问别人的私事，忌讳打听女子的年龄与婚姻状况等。在日常交往中，不要问人家从哪里来、到哪里去，不要问别人的收入、存款、物价、房租等，也不要问别人属于哪个党派、选举中投谁的票等，以免落个没趣和让人讨厌。

2）忌讳"13"

绝大多数英国人忌讳数字"13"，认为这个数字不吉利。因此，英国人请客时总是避免宾主共13人，重要的活动也不安排在13日，英国的饭店一律没有13号房间。英国人还忌"3"，特别忌用打火机或火柴为他们点第三支烟。

3）忌讳黑猫、孔雀等

虽然不少英国人喜欢养狗喂猫，但有些英国人却认为，黑猫是不祥之物。如果有人看见黑猫在他的面前穿过，便预示他将遭到不幸。英国人视孔雀为淫鸟，认为孔雀开屏是自我炫耀。英国人忌用大象图案，因为他们认为大象是蠢笨的象征。他们忌送百合花，认为百合花意味着死亡。

4）忌碰响水杯

有些英国人认为，在吃饭时如果刀叉碰响了水杯，便会带来不幸。所以，英国人吃饭时，尽量避免刀叉与器皿碰撞出声，万一碰到杯子发出响声，要赶快用手捏一下，使它停止作响。

此外，还有一些英国人认为，家中镜子破碎和百叶窗突然不关自合，预兆家中将有丧事发生。

（二）法国

1. 概况

在法国，法兰西人约占94%，绝大多数居民信奉天主教。

2. 服饰及待客

法国人讲究服饰美，特别是妇女穿着非常时尚，特别喜欢使用化妆品，光口红就有早、中、晚之分，是世界上最爱打扮的民族。送鲜花给法国人是很好的礼品。

法国人热情开朗，初次见面就能亲热交谈，而且滔滔不绝。通常以"女士"来称呼除年轻女孩外的所有女性。法国人很重视职业头衔，公司里有严格的等级制度。地位较高的人进入房间时，男士通常会站立。在问候和告别时按惯例握手，力度可以很轻微。法国是世界上最早公开行亲吻礼的国家，也是使用亲吻礼频率最高的国家。和法国人约会必须事先约定时间，准时赴约是有礼貌的表现，但不要提前。在公共场所不能有懒散动作，不能大声喧哗。

3. 饮食

法国菜世界闻名，用料讲究。法国人不吃辣的食品。

4. 节庆与禁忌

（1）法国人忌讳黄色的花，认为其是不忠诚的象征。在法国，人们通常把黄色的菊花放在墓前吊唁死者。因此，法国人忌讳菊花。法国人忌讳灰绿色，因为在第二次世界大战期间，法西斯军队穿着灰绿色军服。法国人也讨厌紫色，因为它是西方公认的属于同性恋者的颜色。

一般法国人喜欢天蓝色或淡蓝色。

（2）忌讳黑桃图案，认为不吉利；忌讳仙鹤图案，认为其是蠢汉的象征。

（3）忌数字"13"。信奉天主教的法国人不喜欢"13"这个数字，认为13号加上星期五是非常不吉利的。因此，他们往往以"14（A）"或"12（B）"代替"13"。

（4）忌打听隐私。不送香水或化妆品给恋人、亲属之外的女人，因为他们认为这表示过分亲热或图谋不轨。

（三）德国

1. 概况

德国绝大多数人都是德意志人，居民中信奉基督教的约占一半，另外有46%的人信奉天主教。

德国人纪律严明，讲究信誉，极端自尊，待人热情，十分注重感情，爱好音乐。

2. 服饰及待客

德国人注意衣着打扮，外出时必须穿戴整齐、清洁。约会准时，时间观念强。待人热情，好客，态度诚实可靠。

德国人对发型较为重视。在德国，男士不宜剃光头。德国少女的发式多为短发或披肩发，烫发的妇女大半是已婚者。

重视称呼是德国人在人际交往中的一个鲜明特点。对德国人称呼不当，通常会令对方大为不快。一般情况下，切勿直呼德国人的名字。可以称其全称，或仅称其姓。和德国人交谈时，切勿疏忽对"您"与"你"这两种人称代词的使用。对于熟人、朋友、同龄者，方可以"你"相称。在德国，称"您"表示尊重，称"你"则表示地位平等、关系密切。

宴席上，男士坐在妇女和地位高的人的左侧；女士离开和返回饭桌时，男士要站起来以示礼貌；请德国人进餐，事先必须安排好。和他们交谈最好谈原野风光、个人业余爱好及体育活动。接电话要首先告诉对方自己的姓名。

3. 饮食

德国人最爱吃猪肉，其次是牛肉。以猪肉制成的各种香肠，令德国人百吃不厌。德国人忌讳吃核桃。如果同时喝啤酒和葡萄酒，要先喝啤酒，再喝葡萄酒，否则会被视为有损健康。

4. 节庆与禁忌

在公共场合窃窃私语，被认为是十分无礼的。在德国，蔷薇专用于悼亡，不可以随便送人。德国人忌讳茶色、红色、深蓝色。

（四）意大利

1. 概况

意大利主要是意大利人，90%以上的居民信奉天主教。

意大利人对资历和年龄极为尊重。女士受到尊重,特别是在各种社交场合,女士处处优先。

2. 服饰及待客

意大利人热情好客,待人接物彬彬有礼。在正式场合,穿着十分讲究。男士穿剪裁得体的深色西装,配时尚手表、衬衫袖的链扣、丝绸手帕和时髦的领带。女士穿简单而优雅的套装、裙子或衬衫。见面礼是握手或招手示意。对长者、有地位的人和不太熟悉的人,要称呼他的姓,加上"先生""太太""小姐"和荣誉称号。和意大利人谈话要注意分寸,一般谈论工作、新闻、足球,不要谈论政治和美国橄榄球。

3. 饮食

意大利人有早晨喝咖啡、吃烩水果、喝酸牛奶的习惯。酒特别是葡萄酒是意大利人离不开的饮料,不论男女几乎每餐都要喝酒,甚至在喝咖啡时,也要掺上一些酒。

4. 节庆与禁忌

(1)意大利人忌讳菊花,视菊花为墓地之花。所以,意大利人平时忌讳以菊花相赠,甚至连带菊花图案的礼品也属禁忌之列。

(2)如果有人打喷嚏,旁边的人马上会说:"萨尔维(祝你健康)!"。另外,当着别人打喷嚏或咳嗽,被认为是不礼貌和讨嫌的事,所以本人要马上对旁边的人表示"对不起"。

(3)忌送手帕。因为他们认为手帕是分手时擦泪之物。

案例

国内某家专门接待外国游客的旅行社,有一次准备在接待来华的意大利游客时送每人一件小礼品。于是,该旅行社订购了一批纯丝手帕,是杭州制作的,还是名厂名品,每个手帕上绣着花草图案,十分美观大方。手帕装在特制的纸盒内,盒上又有旅行社社徽,显得很正式。中国丝织品闻名于世,料想会受到客人的喜欢。

旅游接待人员带着盒装的纯丝手帕,到机场迎接来自意大利的游客。欢迎词致得热情、得体。在车上他代表旅行社赠送给每位游客两盒包装甚好的手帕,作为礼品。

没想到车上一片哗然,议论纷纷,游客显出很不高兴的样子。特别是一位夫人,大声叫喊,表现得极为气愤,还有些伤感。旅游接待人员心慌了,好心好意送人家礼物,不但得不到感谢,还出现这般景象。

(资料来源:王连义. 怎样做好导游工作. 北京:中国旅游出版社,1993)

思考:中国人总以为送礼人不怪,这些外国人为什么怪起来了?

分析:在意大利和其他一些西方国家有这样的习俗,即亲朋好友相聚一段时间告别时送手帕,意为"擦掉离别的眼泪"。在本案例中,意大利游客兴冲冲地踏上盼望已久的中国大地,准备开始愉快的旅行,你就让人家"擦掉离别的眼泪",人家当然不高兴。那位大声叫喊而又气愤的夫人,是因为她所得到的手帕上面还绣着菊花图案。菊花在中国是高雅的花卉,但在意大利则是祭奠亡灵的。本案例告诉我们:旅游接待与交际场合,要了解并尊重外国人的风俗习惯。

（五）俄罗斯

1. 概况

俄罗斯人性格开朗、豪放、集体观念强。他们重视文化教育，喜欢艺术品和艺术欣赏。所以，和他们谈论艺术是个很受欢迎的话题。

2. 服饰及待客

在待客中，常以"您"表示尊敬和客气，而对亲友往往以"你"相称，这样显得随意，同时还表示对亲友的亲热和友好。外出时，十分注重仪容仪表，衣扣要扣得完整。男子外出活动时，一定要把胡子刮净。赴约要准时。在社交场合，处处尊重女性。对妇女要十分尊重，忌问年龄和服饰价格等。

和人见面，大都行握手礼，拥抱礼也是常用的一种礼节。一般朋友之间或长辈对晚辈，以吻面颊为多。男子对特别尊敬的已婚女子，一般多行吻手礼，以示谦恭和崇敬。吻唇礼一般只在夫妇或情侣间使用。

3. 饮食

主人给客人吃面包和盐，是最殷勤的表示。一般对晚餐要求较简单，对早、午餐较重视。用餐时间通常拖得很长。乐于品尝不同风味的菜肴，菜肴喜欢熟透和酥烂。俄罗斯人非常喜欢中餐。对盐十分崇拜，并视盐为珍宝和祭祖用的供品，认为盐具有驱邪除灾的力量。如果有人不慎打翻了盐罐，或将盐撒在地上，便认为是家庭不和的预兆。为了摆脱凶兆，他们习惯将打翻在地的盐拾起来撒在自己的头上。

4. 节庆与禁忌

去俄罗斯人家里做客时可带上鲜花或烈性酒，送艺术品或图书是受欢迎的。女主人对来访客人带给她的单数鲜花是很欢迎的，最好是三枝或五枝，不送一枝花。男主人则喜欢高茎、艳丽的大花。决不能在街上丢弃任何东西。这种行为有损俄罗斯的整洁，而且是违规的。

1）颜色忌

俄罗斯人忌讳黑色，他们认为黑色是不吉利的颜色，因此对黑猫更为厌恶，并视黑猫从自己面前走过为不幸的象征。而红色是美丽和吉祥的象征，白色表示纯洁，绿色代表希望，粉红色是青春的象征，蓝色表示忠诚。黄色在俄罗斯人的眼中是背叛、分手的象征，因此，送花一般不送黄色的花。

2）数字忌

俄罗斯人和大多数西方人一样，也忌讳"13"这个数字，认为它是凶险和死亡的象征，而数字"7"则是吉祥的标志，意味着幸福和成功。

3）动物忌

俄罗斯人忌讳兔子，他们认为兔子胆小无能，是不吉利的动物，而认为马能驱邪，会给人带来好运气。他们还喜欢猴子、熊等动物。

此外，俄罗斯人还忌讳打碎镜子，打听女子的年龄，询问别人的收入等。

三、美洲主要国家礼俗

（一）美国

1. 概况

美国 80%以上是欧洲移民的后裔，50%的居民信奉基督教和天主教。

2. 服饰及待客

在美国，如果是在非正式场合，人与人之间的交往是非常随便的。朋友之间见面时，只要招呼一声"hello"即可。即使是两个人第一次见面，也不一定要握手，只要笑一笑，打个招呼就行了。

但是在正式场合，美国人又十分讲究礼节，并且毫不逊色于欧洲国家，握手是最普遍的见面礼。握手时应注视对方，并摘下手套，如果因故来不及脱掉手套，须向对方说明原因并表示歉意。同时，还要注意人多时不要交叉握手，女性之间见面时可不必握手。

大多数美国人不喜欢用先生、夫人或小姐之类的称呼，他们认为这类称呼太过于郑重其事。因此，多数美国人，无论男女老少，一般都比较喜欢别人直呼自己的名字，并认为这是亲切友好的表示。

3. 饮食

美国人一般乐于在自己家里宴请客人，而不习惯在餐馆请客。不喜欢清蒸和红烩菜肴。不喜欢过烫过热的菜肴，喜欢少盐，味道忌咸，以偏甜为好。喜欢喝可口可乐、啤酒、冰水、矿泉水、威士忌、白兰地等。不喜欢别人在自己的餐碟里剩食物，认为这是不礼貌的。喜爱中国的苏菜、川菜、粤菜。

4. 节庆与禁忌

在美国，一般每逢节日、生日、婚礼或探视病人时，都有送礼的习惯。互赠礼品当属圣诞节最为盛行，礼品大多是书籍、文具、巧克力糖或盆景等不贵重的东西。探视病人时最爱送鲜花，或加上气球，如果是探视小孩，则加上毛绒玩具，有时也会送多肉之类的小盆景。美国人认为单数吉利。

美国人有以下禁忌。

1）忌打听或谈论别人的隐私

美国人注重个人隐私权。美国俗语"kite"（放你自己的风筝），形象而婉转地点明了这一点。因此，在社交场合，忌问女子的年龄、婚配、履历等，忌问男子的收入、财产、信仰、党派等，也不要随便问别人来自何方、去向哪里。

2）忌同性跳舞

同性双双起舞，往往被认为是同性恋者的行为。

3）忌在宴会上喝醉

在宴会上喝酒要适量，切勿贪杯，喝得大醉。

4）忌在别人面前吐舌头

美国人认为，成年人在别人面前吐舌头，是一种既不雅观又不礼貌的行为。

5）忌讳"13""星期五"

美国人忌讳"不吉利"的"13""星期五"等。

6）忌随地吐痰和乱扔果皮纸屑

美国人普遍认为，在公共场合随地吐痰和乱扔果皮纸屑，是缺乏教养的行为。

美国人还十分讲究"个人空间"。和美国人谈话时，千万不要站得太近，一般应保持在 50cm 以外。在美国的社交场合，女士们总是得到格外的优待，尊重妇女是优良的传统习俗。

（二）加拿大

1. 概况

加拿大人大部分是英、法等国家移民的后裔，大多信奉天主教和基督教。

2. 服饰及待客

受欧洲移民的影响，加拿大的礼节和英、法两国差不多。握手被认为是一种友好的表示，一般在见面和临别时握一下就行，不必反复握手。熟人、亲友或情人之间，还有行亲吻礼和拥抱礼的习惯。

加拿大人的生活习性综合了英、法、美三国人的特点。他们既有英国人的含蓄，又有法国人的开朗，还有美国人的无拘无束。在日常生活中，加拿大人着装以欧式为主。上班时，他们一般要穿西服、套裙。公务时间，加拿大人很注意个人仪表和卫生。所以，他们希望客人也能这样。参加社交活动时往往要穿礼服或时装。在休闲场合则讲究自由穿着，只要自我感觉良好即可。

他们待人热情友善、爽朗大方，商务活动中喜欢在高级饭店或俱乐部宴请客人，有时也邀请客人到家中做客。加拿大人时间观念极强，有准时赴约的良好习惯。按照他们的礼貌习惯，若因故不能按时赴约，则要事先打个电话通知对方。

3. 饮食

加拿大人对法式菜肴比较偏爱，并以面包、牛肉、鸡肉、土豆、西红柿等物为日常之食。从总体上讲，他们以肉食为主，特别爱吃奶酪和黄油。加拿大人重视晚餐。饮食上讲究菜肴的营养和质量，注重菜肴的鲜和嫩。口味一般不喜太咸，偏爱甜味。一般以米饭为主食。偏爱以煎、烤、炸等烹调方法制作的菜肴。喜爱中国的苏菜、沪菜、鲁菜。习惯饭后喝咖啡和吃水果。忌讳吃各种动物内脏，不爱吃肥肉。

4. 节庆与禁忌

他们有邀请亲朋好友到自己家中共进晚餐的习惯。如果被邀到别人家做客，明智的选择是给主人送点鲜花。不要送白色的百合花，它是与葬礼联系在一起的。加拿大人以自己的国家为傲，对加拿大人民及其国家给予好评是最受欢迎的。在加拿大，人们酷爱枫叶，对其怀有特殊的深厚感情，并视其为国宝和祖国的骄傲，还将其作为友谊的象征。

每年6～8月加拿大人多去度假，商务活动宜避开这段时间。此外，当地节假日期间也应避免前往，特别是圣诞节和复活节前后两周均不宜前往。

信奉基督教的加拿大人忌讳"13"这个数字，认为它不吉利。因此，门牌号码、聚会日、宴会的桌号均不用"13"这个数字。

加拿大人在社交场合温文尔雅，但大家都忌讳谈及死亡、灾难、性等方面的话题，以免破坏轻松的气氛。

此外，一些加拿大人认为，吃饭时碰撒盐不吉利，打碎玻璃也是不祥之兆。所以，应尽量避免发生此类事件。

（三）巴西

1. 概况

巴西是南美洲面积最大、人口最多的国家，也是世界上种族融合最广泛的国家之一。95%左右的巴西人信奉天主教或基督教。

从民族性格来讲，一方面，巴西人喜欢直来直去，有什么就说什么；另一方面，巴西人在人际交往中大都活泼好动，幽默风趣，爱开玩笑。

2. 服饰及待客

巴西人在社交场合通常以拥抱或亲吻作为见面礼。巴西人感情外露，人们在大街上相见也热烈拥抱。妇女们相见时脸贴脸，虽然唇不触脸，但双方都用嘴发出接吻时的声音。只有十分正式的活动中，他们才相互握手为礼，无论男女，见面和分别都以握手为礼。

在正式场合，巴西人的穿着十分考究。他们不仅讲究穿戴整齐，而且主张在不同的场合，人们的着装应当有所区别。在重要的政务、商务活动中，巴西人主张一定要穿西装或套裙。在一般的公共场合，男士至少要穿短衬衫、长西裤，女士则最好穿高领带袖的长裙。

3. 饮食

巴西人平常主要吃欧式西餐。因为畜牧业发达，巴西人食物之中肉类所占的比重较大。在巴西人的主食中，巴西特产黑豆占有一席之地。巴西人喜欢饮咖啡、红茶和葡萄酒。

4. 节庆与禁忌

适于谈论的话题有足球、笑话、趣闻等。与巴西人打交道时，不宜向其赠送手帕或刀子。英美人所采用的表示"OK"的手势，在巴西人看来是非常下流的。

（四）墨西哥

在墨西哥，熟人见面时所采用的见面礼主要是拥抱礼与亲吻礼。在上流社会中，男士往往还会温文尔雅地向女士行吻手礼。通常，他们最惯于使用的称呼是在交往对象的姓氏之前，加上"先生""小姐""夫人"之类的尊称。前去赴约时，墨西哥人一般都不习惯准时到达约会地点。通常情况下，他们总要比双方事先约定的时间晚一刻钟到半个小时。在他们看来这是一种待人的礼貌。

四、非洲主要国家礼俗

（一）埃及

1. 概况

埃及地跨非、亚两洲。伊斯兰教是国教。

埃及人正直、爽朗、宽容、好客，他们往往以幽默的心态来面对严酷的现实生活。

2. 服饰及待客

晚餐在日落以后和家人共享，所以在这段时间内，有约会是失礼的。埃及伊斯兰教教徒有个绝不可少的习惯：一天之内祈祷数次。

3. 饮食

埃及人通常以"耶素"（就是不发酵的平圆形埃及面包）为主食。他们喜食羊肉、洋葱、胡萝卜、土豆等。烤全羊是他们的佳肴。他们习惯用自制的甜点招待客人，客人如果谢绝，会让主人失望且失敬于人。

4. 节庆与禁忌

埃及人在正式用餐时，忌讳交谈，否则会被认为是对神的亵渎。忌吃猪、狗肉，也忌谈猪、狗。男士不要主动和妇女攀谈，不要夸人身材苗条。不要称道埃及人家里的东西，否则会被认为是在向他索要。不要和埃及人谈论宗教纠纷、中东政局及男女关系。

在埃及，进伊斯兰教清真寺时，务必脱鞋。埃及人喜爱绿色、红色、橙色，忌蓝色和黄色。不论是送给别人礼物，还是接受别人的礼物，都要用双手或右手，千万别用左手。

（二）南非

1. 概况

南非位于非洲大陆的最南端。英语和南非荷兰语同为官方语言。

2. 服饰及待客

南非社交礼仪可以概括为"黑白分明""英式为主"。受到种族、宗教、习俗的制约，南非的黑人和白人所遵从的社交礼仪不同；白人的社交礼仪，特别是英国式社交礼仪广泛流行于南非社会。

在社交场合，南非人普遍采用的见面礼是握手礼，他们对交往对象的称呼则主要是"先生""小姐"或"夫人"。在黑人部族中，尤其是广大农村，南非黑人往往会表现和社会主流不同的风格。例如，他们习惯以鸵鸟毛或孔雀毛赠给贵宾，客人得体的做法就是把这些珍贵的羽毛插在自己的帽子上或头发上。

在城市里，南非人的穿着打扮基本西化。正式场合，他们都讲究着装端庄、严谨。南非黑人通常还有穿着本民族服装的习惯。不同部族的黑人在着装上往往会有自己不同的特色。

3. 饮食

南非当地白人以吃西餐为主，爱喝咖啡和红茶。而黑人喜欢吃牛肉、羊肉，主食是玉米。南非著名的饮料是如宝茶。在南非黑人家做客，主人一般会送上刚挤出的牛奶或羊奶，有时是自制的啤酒。客人一定要多喝，最好一饮而尽。

4. 节庆与禁忌

信仰基督教的南非人，忌讳数字"13"和星期五；南非黑人非常敬仰自己的祖先，他们特别忌讳外人对自己的祖先言行失敬。跟南非人交谈，有 4 个忌讳的话题：一是不要为白人评功摆好，二是不要非议黑人的古老习惯，三是不要为对方生了男孩表示祝贺，四是不要评论不同黑人部族或派别之间的关系及矛盾。

（三）尼日利亚

1. 概况

尼日利亚位于西非东南部，是西非的"天府之国"。居民中伊斯兰教教徒占47%，基督教教徒占34%。尼日利亚是全世界人口最多的黑人国家。

2. 服饰及待客

尼日利亚有许多部族，其习俗与文化传统有很大差别，所以他们的生活方式也截然不同。施礼时，习惯先用大拇指轻轻地弹一下对方的手掌再行握手礼。谈话中应回避的一个话题是宗教。他们不愿谈论政治，特别是有关非洲的政治问题。要避免谈有关南非的事。另外，携带的印刷品中不要有涉及南非的内容。恰当的话题是有关尼日利亚的工业成就和发展前景。

3. 饮食

尼日利亚的薯类品种繁多，人们除用薯粉煮粥外，还用它来烤饼。烤好的饼，皮脆里嫩，松软可口，颇受人们欢迎。此外，人们还喜欢吃别具风味的芋粉粥和芋粉烤饼。尼日利亚南方人喜欢喝"埃古西汤"，其主要用料是炸甜瓜干或西葫芦干，配上切碎的西红柿、鱼或鸡一起煮，喝起来甜中透辣，味美可口。他们用餐一般习惯以手抓饭，社交场合也使用刀叉。

4. 节庆与禁忌

尼日利亚人和人交谈的时候，从不盯视对方，也忌讳对方盯视自己，认为这是不尊重人的举止。他们忌讳用左手传递东西或食物，忌讳"13"。已婚妇女最忌讳吃鸡蛋。在尼日利亚用右手食指指向别人，是一种挑衅的举动；伸出手并张开五指对向别人，更是粗暴地侮辱人的手势，相当于辱骂祖宗。这些都是令人不能容忍的。

五、大洋洲主要国家礼俗

（一）澳大利亚

1. 概况

澳大利亚95%的居民是英国和其他欧洲国家移民的后裔，98%的居民信奉基督教。

2. 服饰及待客

澳大利亚人办事认真爽快，喜欢直截了当，待人诚恳热情，不喜欢被施加压力。见面时喜欢热烈握手，称呼名字。乐于结交朋友，即使是陌生人，也一见如故。他们崇尚友善，并谦逊礼让，重视公共道德，组织纪律严，时间观念强，赴约准时并珍惜时间。澳大利亚人比较保守，这也体现在着装方面，冬天穿套装，夏天穿长裤、裙子或衬衫。在不是很正式的场合，男士可穿得体的短装、及膝长袜、衬衫配领带。

澳大利亚人往往邀请友人一同外出游玩，他们认为这是双方关系亲密的捷径之一。澳大利亚的基督教教徒有"周日做礼拜"的习惯，所以要避免在这天和他们邀约。跑马是非常受欢迎的话题。

3. 饮食

澳大利亚人的饮食习惯、口味和英国人差不多。菜清淡、不吃辣。澳大利亚人食量比较大，啤酒是最受欢迎的饮料，达尔文城的居民更是以喝啤酒而闻名。

4. 节庆与禁忌

在澳大利亚人眼里，兔子是一种不吉利的动物。他们认为，碰到兔子，可能是厄运降临的预兆。

澳大利亚人喜欢体育活动，游泳和日光浴是人们的癖好，如果有人不会游泳，则会成为众人嘲讽的对象。

（二）新西兰

1. 概况

新西兰是南太平洋上的岛国，扼南太平洋的海空交通要冲。人口320万，其中90%是英国移民的后裔。80%的人信仰基督教。全国通用英语，毛利人使用本民族语言。

新西兰为英联邦成员国。英国女王为新西兰的国家元首。新西兰现政府为君主立宪、责任内阁制。

新西兰气候温和，牛羊遍地，自19世纪初从澳大利亚和英国引进种羊以来，已成为举世闻名的"畜牧之国"和"农牧业王国"。

2. 服饰及待客

新西兰人的生活质量一般都比较高，通常对衣、食、住、行都比较讲究。他们大都喜爱户外运动，除喜爱赛马外，还特别喜爱橄榄球。毛利人有一种传统礼节：当遇到尊贵的客人时，他们要行"碰鼻礼"，即双方要鼻尖碰鼻尖二三次，然后分手离去。据说，按照其风俗，碰鼻子的时间越长，就说明礼遇越高，越受欢迎。

新西兰人在商务活动中一般穿着保守样式的西装。拜访商界人士或政府办公厅大多需预约。新西兰的商界气息被认为接近伦敦，保守刻板，与澳大利亚不同。在新西兰，凡是当地能生产制造的产品，都不准进口。生意谈成之后，为了表示谢意，可以宴请有关人士，这样做不但效果最佳，而且对方也会很高兴。

新西兰人见面和分手时都握手。和妇女相见时，要等对方先伸出手再握。商务活动最好事先约定，客人要先到一会儿，以示礼貌。客商通常喜欢请主顾到自己住的饭店或旅馆吃午饭，会谈一般在当地人的办公室里进行。如应邀到新西兰人家里吃饭，可以带一盒巧克力或一瓶威士忌作为礼物，礼品不要太多或太贵重。

新西兰人视几维鸟为珍贵动物，在其国徽和硬币上都有几维鸟。

3. 饮食

新西兰人在饮食上习惯吃英式菜肴，口味喜清淡。一般都爱喝咖啡、红茶，爱吃水果，尤其喜食"几维果"，即百年前引种自中国的猕猴桃，其在港澳台地区又称奇异果。

4. 节庆与禁忌

新西兰人绝不说他人的坏话，对朋友的政治立场、宗教信仰等都不闻不问。通常在星期五晚上和朋友相约到酒店，一边喝啤酒一边聊天，这使他们感到兴趣盎然，主要的话题是运动，私人事情大都避免谈及。

出入境时须注意，生的东西一律禁止带入。一般而言，海关对食品的检查相当严格。

【思考与练习】

1. 日本人在日常生活和交往中主要有哪些禁忌？
2. 巴西人对"OK"手势的理解是什么？
3. 印度人的点头和摇头表示什么？用手抓耳朵又是什么意思？

主要参考文献

[1] 李建峰，董媛. 社交礼仪实务[M]. 北京：北京理工大学出版社，2010.
[2] 金正昆. 社交礼仪教程[M]. 3版. 北京：中国人民大学出版社，2009.
[3] 李荣建. 社交礼仪[M]. 武汉：武汉大学出版社，2010.
[4] 刘厚钧. 社交礼仪[M]. 成都：西南财经大学出版社，2008.
[5] 王兴斌. 中国旅游客源国/地区概况[M]. 北京：旅游教育出版社，2006.
[6] 陈家刚. 中国旅游客源国概况[M]. 天津：南开大学出版社，2006.
[7] 全国导游人员资格考试教材编写组. 导游基础知识[M]. 北京：旅游教育出版社，2004.
[8] 李小鲁，叶梓效. 毕业生就业概论[M]. 广州：广东高等教育出版社，2001.
[9] 韦克俭. 现代礼仪教程[M]. 北京：清华大学出版社，2006.
[10] 百度百科，社交礼仪网.